U0833831

全球价值链背景下
中国增加值贸易要素含量
与就业拉动效应研究

蓝　天　著

对外经济贸易大学出版社
中国・北京

图书在版编目（CIP）数据

全球价值链背景下中国增加值贸易要素含量与就业拉动效应研究 / 蓝天著. --北京：对外经济贸易大学出版社，2025. 3. -- ISBN 978-7-5663-2676-8

Ⅰ. F752；D669. 2

中国国家版本馆 CIP 数据核字第 202592KL14 号

全球价值链背景下中国增加值贸易要素含量与就业拉动效应研究

QUANQIU JIAZHILIAN BEIJINGXIA ZHONGGUO ZENGJIAZHI MAOYI YAOSU HANLIANG YU JIUYE LADONG XIAOYING YANJIU

蓝　天　著

责任编辑： 刘晟男

出版发行：对外经济贸易大学出版社
社　　址：北京市朝阳区惠新东街 10 号
网　　址：www. uibep. com
资源网址：www. uibepresources. com

邮政编码：100029
邮购电话：010 - 64492338
发行部电话：010 - 64492342
E - mail：uibep@ 126. com

成品尺寸：185mm × 260mm
印　　张：12. 25
字　　数：261 千字
ISBN 978-7-5663-2676-8

印　　刷：北京九州迅驰传媒文化有限公司
版　　次：2025 年 6 月北京第 1 版
印　　次：2025 年 6 月第 1 次印刷
定　　价：52. 00 元

本书受到国家社科基金青年项目“全球价值链背景下中国增加值贸易要素含量与就业拉动效应研究”（批准号：15CJL041）的资金资助。

序　言

20 世纪 80 年代以来，随着全球范围内关税水平的显著下降以及国际贸易和投资环境的不断改善，资本和生产要素在全球范围内流动加剧。与此同时，国际产业分工的深入和范围的扩大，使得工业制成品的生产工序不断细化、生产链条逐渐拉长，进而带来中间品贸易的飞速发展。目前，国际分工模式的基本特征是全球价值链分工，表现为微观主体的生产活动和生产过程越来越分散化。企业通过 FDI 或非股权模式如外包等途径将其不同的生产阶段布局于不同的国家和地区，从而极大限度地利用资源禀赋等方面的跨国差异而产生的商业机会。这样，一种产品的生产往往由多个经济体的多家企业协同完成，其不同生产环节及其增加值在不同经济体实现，增加值贸易由此而生。随着全球化进程的加速，增加值贸易已成为衡量一个国家或地区经济结构和贸易竞争力的重要指标。这种基于全球价值链的贸易与分工模式不仅对传统的国际贸易和投资理论提出新的课题，而且有着非常不同的经济涵义，如对就业与福利产生的深远影响。

作为世界各经济体之间经贸联系方式之一的国际贸易，表面上呈现的是产品与服务的跨国交易，但其背后隐含着资本、劳动力等生产要素的跨国流动。基于增加值贸易的测算不仅能更加细致、客观地刻画一国或地区在全球价值链分工中的地位，而且可以准确地评估一国或地区的净要素含量或禀赋价格。在增加值贸易模式下，跨国公司将管理、营销等活动转移到中国，特别是东南沿海地区，为其带来了大量的就业机会，有效减轻了当地的就业压力。增加值贸易也促进了中国出口企业经济实力的提升，增加了资金投入和研发投入，从而提高了岗位的薪资水平，提升了就业质量。从产业层面看，增加值贸易加强了中国制造业与国外企业的互动交流，推动了制造业向高质量、高附加值方向发展，提升了制造业在国民经济中的地位，同时也创造了更多高技术含量、高收入水平的就业机会。

党的二十大确立了全面建成社会主义现代化强国、实现第二个百年奋斗目标，以中国式现代化全面推进中华民族伟大复兴的中心任务。党的二十届三中全会通过《中共中央关于进一步全面深化改革、推进中国式现代化的决定》，紧紧围绕推进中国式现代化、落实党的二十大战略部署来谋划进一步全面深化改革，强调“聚焦构建高水平社会主义市场经济体制，推进高水平对外开放，加快构建新发展格局，推动高质量发展”“聚焦提高人民生活品质，完善收入分配和就业制度，健全高质量充分就业促进机制”。中国经济步入全面深化改革开放的新纪元。由此可见，不论从中国对外贸易的实际情况，还是从目前对世界贸易分析方法改进的程度来看，对贸易增加值的深入研究均极其重要。

本书作为国家社会科学基金项目的研究成果，研究中国增加值贸易和要素含量的变动情况和特点，不仅可以认清中国在全球价值链中所处的位置，也将给与中国有类似贸易特点、存在大量加工贸易的国家提供有价值的借鉴。从就业方面看，研究增加值贸易对中国就业的影响，可对未来贸易结构、就业结构的调整等相关政策起到一定的指导作用，有利于有效促进就业、缓解就业压力、提高就业质量。

本书感谢国家社会科学基金项目的资助，感谢课题组成员蒋庚华、毛其淋、牟逸飞、郭沛对研究成果的辛勤付出，感谢对外经济贸易大学出版社的出版及责任编辑的认真校订。更加感谢我的家人在本书出版过程中给予的关心和支持！

蓝天

2025 年 5 月

目　录

第一章　导论 …………………………………………………………………… 1

第一节　研究背景 ……………………………………………………………… 1
第二节　研究意义 ……………………………………………………………… 3
一、理论意义 ……………………………………………………………… 3
二、现实意义 ……………………………………………………………… 3
第三节　研究方法 ……………………………………………………………… 4
一、文献分析法 …………………………………………………………… 4
二、比较研究法 …………………………………………………………… 4
三、投入产出法 …………………………………………………………… 4
四、数理统计和经济计量分析法 ………………………………………… 4
五、实地调研法 …………………………………………………………… 5
第四节　研究框架和内容 ……………………………………………………… 5
一、主要研究框架 ………………………………………………………… 5
二、主要研究内容 ………………………………………………………… 6
第五节　技术路线 ……………………………………………………………… 7
第六节　主要创新点和不足 …………………………………………………… 8

第二章　相关文献综述 ………………………………………………………… 11

第一节　全球价值链的测度方法 ……………………………………………… 11
一、实地调研 ……………………………………………………………… 11
二、特别关税减让条目下的贸易统计 …………………………………… 12
三、使用国际贸易标准分类中的统计数据 ……………………………… 12
四、投入产出法 …………………………………………………………… 13
第二节　出口增加值中要素含量的测度方法 ………………………………… 17
第三节　全球价值链对就业结构的影响 ……………………………………… 18
第四节　全球价值链对要素报酬差距的影响 ………………………………… 19

第三章 一国参与全球价值链影响的理论模型 …… 23
第一节 封闭经济下的产出和价格均衡 …… 23
一、市场结构 …… 23
二、封闭经济下的价格均衡 …… 24
三、封闭经济下的产出均衡 …… 25
四、连续中间投入 …… 26
第二节 开放经济下的产出和价格均衡 …… 27
一、中间品可自由贸易条件下的产出和价格均衡 …… 27
二、中间品和服务均可贸易下的产出和价格均衡 …… 28

第四章 中国在全球价值链中真实贸易利益的测度与核算 …… 31
第一节 中国出口贸易增加值的分解方法和数据来源 …… 31
一、中国出口贸易增加值的分解方法 …… 31
二、相关数据来源 …… 33
第二节 按最终用途分解的中国货物贸易总出口 …… 34
一、最终品出口的变化 …… 34
二、最终由外国消耗的中间品出口的变化 …… 37
三、最终回到中国的中间品的变化 …… 40
第三节 按增加值来源分解的中国货物贸易总出口 …… 44
一、中国出口产品中外国增加值的变化 …… 44
二、中国出口产品中国内增加值的变化 …… 47
三、中国间接出口的国内增加值的变化 …… 51
第四节 按最终流向分解的中国货物贸易出口中国内增加值的变化 …… 54
一、最终品出口中国内增加值的变化 …… 54
二、最终由外国消耗的中间品中国内增加值的变化 …… 55
三、最终回到中国的中间品中国内增加值的变化 …… 57
第五节 中国与东亚主要国家（地区）的真实贸易利益测度 …… 59
一、中日真实贸易利益的测度 …… 59
二、中韩真实贸易利益的测度 …… 69
第六节 本章小结 …… 81

第五章 中国出口国内增加值中的要素含量测度 …… 83
第一节 要素含量的分解方法和数据来源 …… 83
一、中国出口国内增加值分解的计算方法 …… 83

二、数据来源 …… 86
第二节 总出口中国内增加值的要素含量 …… 86
第三节 不同用途出口中国内增加值的要素含量 …… 87
第四节 不同目的地出口中国内增加值的要素含量 …… 89
第五节 不同货物贸易行业出口中国内增加值的要素含量 …… 90
第六节 本章小结 …… 93

第六章 全球价值链对中国就业和要素报酬的影响 …… 95

第一节 进口中间投入对中国就业结构的影响 …… 95
一、理论分析与实证假设 …… 96
二、测算方法和数据来源 …… 97
三、中国货物行业进口中间投入率的变化 …… 97
四、中国货物行业就业结构的变化 …… 99
五、进口中间投入对中国就业结构影响的实证分析 …… 100
六、研究结论 …… 105
第二节 进口中间品、最终品对行业要素报酬的影响 …… 105
一、理论框架 …… 106
二、测算方法和数据来源 …… 107
三、中国中间品进口和最终品进口的变化趋势 …… 108
四、中国要素报酬差距的变化趋势 …… 109
五、进口中间品、最终品对行业要素报酬影响的实证分析 …… 110
六、研究结论 …… 115
第三节 服务中间品进口、最终品出口对服务业要素报酬的影响 …… 116
一、理论框架 …… 117
二、测算方法和数据来源 …… 118
三、中国服务中间品和服务最终品出口的变化趋势 …… 119
四、中国服务业要素报酬的变化趋势 …… 121
五、服务中间品、最终品出口对服务业要素报酬影响的实证分析 …… 122
六、研究结论 …… 129
第四节 全球价值链位置对中国行业要素报酬的影响 …… 130
一、理论框架 …… 131
二、测算方法和数据来源 …… 133
三、中国在全球价值链中位置的变化趋势 …… 134
四、中国不同行业要素报酬差距的变化趋势 …… 135
五、全球价值链位置对中国行业要素报酬影响的实证分析 …… 135

六、研究结论 …… 140
第五节　全球价值链参与度对中国行业要素报酬的影响 …… 140
一、理论框架 …… 141
二、测算方法和数据来源 …… 142
三、中国全球价值链参与度的变化趋势 …… 143
四、中国行业内要素报酬差距的变化趋势 …… 144
五、全球价值链参与度对中国行业要素报酬影响的实证分析 …… 145
六、研究结论 …… 151
第六节　全球价值链长度对中国就业弹性的影响 …… 153
一、测算方法和数据来源 …… 154
二、全球价值链长度对中国就业弹性影响的实证分析 …… 156
三、研究结论 …… 160
第七节　全球价值链长度对工资差距的影响 …… 160
一、理论机制分析 …… 161
二、全球价值链长度对中国工资差距影响的实证分析 …… 162
三、研究结论 …… 167

第七章　结论和对策建议 …… 169

第一节　主要结论 …… 169
第二节　对策建议 …… 172

参考文献 …… 175

第一章　导　　论

第一节　研究背景

20 世纪 60 年代以来，随着关税和由于技术进步而导致的以运输和通信为代表的服务成本的下降，以全球性生产协作为基础的新型国际分工体系逐步形成的，产品的生产过程被分割成若干个生产工序，并依据各工序生产成本的不同分散至世界不同国家和地区来完成。这种因全球生产分割而导致的以全球价值链为基础的产品内贸易（垂直专业化贸易、价值链贸易、外包）[①] 作为国际贸易领域中一种新形式，成为世界贸易中增长速度最快的部分。这也是引起世界贸易非线性增长的一个重要原因，极大地改变了世界贸易的格局。相关研究表明，垂直专业化贸易占世界贸易总量的 30% 左右，并且在 20 世纪的最后 25 年以年均 40% 的速度增长（Hummels et al.，2001）。20 世纪 90 年代后期，全球进口中间品投入市场更是得到迅速发展，1998—2000 年外包市场份额增长了 1 倍，2001 年全球产品内贸易市场规模达到 3.78 万亿美元，占全球商务活动总金额的 14%，2003 年上升到 5.1 万亿美元，并以每年约 20% 的速度增长。在产品内贸易中，由于大量中间品需要以国际贸易的形式从生产价值链的上游国家和地区移向下游国家和地区，中间品的多次跨境移动使得现行的贸易统计方式存在“双重统计”问题，导致各国对贸易量的统计与实际价值投入存在偏差。这一问题在以中国为代表的处于全球生产价值链末端，主要承担最终品加工组装的国家中表现得尤为明显。1996 年 9 月 22 日，美国《洛杉矶时报》刊登题为《芭比娃娃与世界经济》的文章表明，一个由中国生产在美国售价为 9.99 美元的芭比娃娃中，中国的劳动所得仅为 0.35 美元。中美在 iPhone 产品上，这一问题同样表现得十分明显。2009 年美国进口的 19.01 亿美元 iPhone 产品中，中国的增加值只有 7350 万美元，仅相当于传统贸易统计方式的 3.87%（Miroudot，2011）。中国社科院财贸所的一项针对中国出口企

---

① 鉴于产品内贸易、垂直专业化贸易、价值链贸易、外包这四个词的含义基本相同，故在本书中将上述四个词交替使用，但其基本含义均指由于全球价值链而导致的各国间的中间品贸易以及由此而引起的各国的增加值贸易。

业的调查则表明，在中国的手机出口中，中国不得不将国产手机售价的20%、计算机售价的30%、数控机床售价的20%～40%，支付给国外专利持有者，致使中国企业在计算机出口中每台平均利润不足5%；DVD机每台售价不到30美元，交给别人的专利费接近10元人民币。

经济全球化的全面和深入发展、跨国公司的全球布局和产业转移的不断加快，深刻改变着全球生产方式和贸易方式，不断优化要素在世界范围内配置，形成了以国际生产分工为基础的全球生产网络，尤其“世界制造”概念的出现，开启了一个审视全球价值链（GVCs）及其影响的全新视角。全球价值链视角下，单个区域难以发挥作用，整个价值链条的有效运作需要参与全球价值链环节的各个国家和地区基于比较优势进行合理分工。

对外贸易在促进中国就业、增加中国生产要素收入报酬的同时，也相应地对中国不同生产要素在要素收入分配方面产生了影响。相关研究表明，在中国对欧盟的出口中，资本报酬所占比重最高，高技术劳动报酬所占比重呈上升趋势，低技术劳动报酬所占比重则呈下降趋势（Gasiorek and Lopez－Gonzalez，2014）。这其中的部分原因虽然可以用生产技术进步导致对高技术劳动者的需求不断增加来解释，但也从另一方面说明了，随着中国对外贸易额的增加，相应地扩大了不同生产要素在生产要素收入报酬方面的差距。将视角由中国转向世界可以发现，20世纪六七十年代以来，信息技术的进步和运输成本的降低，导致了国际贸易交易成本的下降。这使得原本由单一企业进行生产的产品可以将其按照技术水平和要素配置的差异划分为不同的生产环节，配置到不同的国家进行生产和贸易，全球价值链逐步形成。由于各国根据自身生产要素禀赋和产品技术水平的差异，可以选择具有比较优势的若干个生产环节生产并出口，使得世界各国可以通过利用自身的比较优势来参与国际分工，获得由此产生的国际贸易所带来的好处，中国改革开放后对外贸易所取得的成就，其中的部分原因可以归因于中国承接了大量发达国家中、低端生产环节。

本书的研究目的在于：测算中国在全球价值链贸易中的真实利益，解析中国出口增加值中的要素含量，分析全球价值链对中国就业和要素报酬的影响，进而论证转变贸易增长、实现产业结构升级的方式与思路，为中国产业向全球价值链的中高端迈进建言献策。具体而言，就是研究中国在全球价值链分工中处于什么地位？如何衡量中国在全球价值链贸易中的真实收益？全球价值链背景下中国增加值贸易的要素含量如何测度？如何评价全球价值链对中国就业和要素报酬产生的影响？在全球价值链这种新型国际生产体系下，中国如何转变贸易增长模式、实现产业结构优化升级进而提升在国际分工中的地位？

第二节 研究意义

一、理论意义

随着技术进步、关税的下调，以及以运输和通信为代表的服务成本的下降，全球生产网络逐渐形成，国际分工模式由产业间分工和产业内分工逐渐向产品内分工过渡，各国的比较优势也逐渐由产业和产品转向了产品的某一生产环节。全球生产网络的形成不仅极大地促进了世界贸易的发展，对各国产业发展、国际竞争力水平的提升和就业问题也产生了重要的影响。

对于双边贸易利益的测算问题，现有文献大多依据国际标准贸易分类（SITC）或联合国广义分类法（BEC）等统计方式，采用零部件产品贸易或者加工贸易数据进行测算。在传统的国际贸易统计方式下，由于不可避免地存在着诸如原产地被误读、贸易额被夸大或缩小、贸易统计被重复计算等问题，此方法不能准确反映双边贸易中的真实获益。而以国际垂直专业化分工为基础，运用增加值衡量贸易利益的方法能够准确反映各国在全球价值链中的真实分工、增值和获利情况。本书从全球价值链的分析视角，基于国际垂直专业化分工和全球价值链的理论框架，运用投入产出方法，对中国在全球价值链贸易中的增加值贸易（trade in value added）和贸易中的价值增值（value added in trade）进行测度，解析中国在全球价值链出口增加值中的资本、高技术劳动、中技术劳动和低技术劳动等要素含量，分析进口中间投入、全球价值链位置、长度和参与度对中国就业结构、就业弹性、要素报酬产生的影响，不仅丰富了国内学术界对全球价值链的相关研究理论，而且从动态的角度看，在全球价值链这种新型分工模式下将一国贸易利益的衡量深入到了产品内分工层次。

二、现实意义

党的十八大报告明确提出“坚持出口和进口并重”，“强化贸易政策和产业政策协调”，“促进加工贸易转型升级”，“加快实施自由贸易区战略”。随着中国融入全球价值链程度的不断加深，本书对中国在全球价值链贸易中的真实利益进行测度和核算，研究中国出口的国内增加值中的要素含量以及全球价值链位置、参与度和价值链长度等全球价值链指标的变化对中国就业结构、就业弹性和要素报酬产生的影响，不仅帮助我们更加清楚地认识中国在全球价值链中所处的位置，也将给与中国有类似贸易特点、存在大量加工贸易的国家提供有价值的借鉴。从就业方面看，本书研究全球价值链和增加值贸易对就业结构、就业弹性、要素报酬的影响，可对优化贸易结构和调整就业结构等相关政策起到重要的指导性作用，进而为推动中国转变贸易增长方式、促进产业结构升级、灵活实施贸易自由化和促进就业、增加收入、缩小要素报酬差距提供理论依据和决策参考。

第三节 研究方法

在研究方法上，本书通过理论研究与实证研究相结合、定量分析与定性分析相结合的方法对中国融入全球价值链的贸易利益和全球价值链对中国就业结构、就业弹性和要素报酬的影响程度进行研究。具体来看，主要包括以下几种研究方法。

一、文献分析法

通过梳理有关全球价值链和增加值贸易研究的国内外文献，确立中国贸易增加值核算的科学方法。并且，通过文献研究，从不同层次、不同角度系统分析中国融入全球价值链的贸易利益和影响机理，进一步完善一国参与全球价值链影响的理论模型，阐述一国参与全球价值链的影响。

二、比较研究法

在贸易增加值核算、要素含量测度与解构、全球价值链对就业的影响等研究内容中广泛使用此方法进行国别、行业、双边等层面的比较研究。

三、投入产出法

利用 WIOD 数据库中的国际投入产出表，结合 Koopman 等（2014）和 Wang 等（2013）提出的总贸易流分解框架，构建国际投入产出模型，核算中国的贸易增加值；借鉴 Dietzenbacher 等（2013）和 Timmer 等（2014）分解贸易要素含量的数理模型，测量并解构中国增加值出口中的各类要素含量。

四、数理统计和经济计量分析法

使用数理统计分析法，测度中国在全球价值链中的位置、参与度和价值链长度；使用经济计量分析法，研究进口中间投入、全球价值链位置、参与度和价值链长度对中国就业和要素报酬的影响。

五、实地调研法

在长三角和珠三角地区，北京、上海、广州，包括山东、辽宁等在内的省市进行调研，考察中国出口企业参与全球价值链国际分工模式的现实特征。

第四节　研究框架和内容

一、主要研究框架

依据“理论分析——实证分析”的规范研究的分析范式，从理论和实证两个方面，对中国融入全球价值链的特征、中国在全球价值链贸易的真实利益、中国在全球价值链的地位、中国参与全球价值链的程度、中国全球价值链的长度进行测度及核算，对全球价值链对中国就业结构、就业弹性和要素报酬产生的影响进行实证分析。具体来说，主要包括以下几个方面。

（一）相关理论模型的构建

首先构建一国参与全球价值链影响的理论模型；其次利用比较静态分析，研究当要素投入、贸易进口、贸易壁垒和运输成本4个变量发生变化时，一国参与全球价值链的变化，最后提出一国参与全球价值链影响的理论假说。

（二）对中国出口贸易按增加值的来源进行分解

利用世界投入产出数据库提供的国家间投入产出表和UN Comtrade数据库中的贸易数据，在Koompan等（2010）的框架下，将中国货物行业出口贸易量按照增加值的来源分解为本国（中国）增加值和外国增加值，按照货物出口的最终用途分解为中间品出口和最终品出口。

（三）对中国融入全球价值链的贸易利益进行测度和核算

（1）确立中国贸易增加值核算的科学方法。

（2）按最终用途分解中国货物贸易的总出口。

（3）按增加值来源分解中国货物贸易的总出口。

（4）按最终流向分解中国货物贸易出口中的国内增加值的变化。

（5）对中国与东亚主要国家的双边贸易的真实利益进行测度。

（四）对中国出口国内增加值中的要素含量进行分解

（1）确立中国出口的国内增加值中的要素含量分解的方法。

（2）分解中国出口的国内增加值中的要素含量。

（3）按增加值来源分解中国货物贸易的总出口。

（4）按最终流向分解中国货物贸易出口中的国内增加值的变化。

（5）对中国与东亚主要国家的双边贸易的真实利益进行测度。

（五）对中国出口国内增加值中的要素含量进行分解

（1）确立中国出口的国内增加值中的要素含量分解的方法。

（2）分解中国出口的国内增加值中的要素含量。

（3）对不同用途出口的国内增加值中的要素含量进行分析。

（4）对不同目的地出口的国内增加值中的要素含量进行分析。

（5）对不同行业出口的国内增加值中的要素含量进行分析。

（六）对全球价值链对中国就业和要素报酬的影响进行实证分析

（1）分析进口中间投入对中国就业结构的影响。

（2）分析中间品、最终品对行业要素报酬的影响。

（3）分析服务中间品、最终品对服务业要素报酬的影响。

（4）分析全球价值链位置对中国行业要素报酬的影响。

（5）分析全球价值链参与度对中国行业要素报酬的影响。

（6）分析全球价值链长度对中国就业弹性的影响。

（7）分析全球价值链长度对工资差距的影响。

（七）对策建议

基于全球价值链的视角，对全球价值链对中国就业和要素报酬产生的影响进行实证分析，验证增加值贸易对中国就业结构和就业增长的积极作用，进而提出促进产业结构转型升级、转变贸易增长方式、提升真实贸易利益和实现高质量就业、缩减要素报酬差距的对策建议。

二、主要研究内容

第一章为导论。首先分析了本书的选题背景和选题意义，确定了研究的方法、框架和结构，然后指明本研究的创新点和不足之处。

第二章为相关文献综述。主要对全球价值链的测度方法、出口增加值中要素含量的测度方法、全球价值链对就业结构和要素报酬的影响等方面的相关文献进行梳理和评述。

第三章为一国参与全球价值链影响的理论模型。主要是在新贸易理论的框架下，通过建立一国参与全球价值链影响的理论模型来分析一国参与全球价值链的影响，并提出相应的可供实证检验的理论假说。

第四章为中国在全球价值链中真实贸易利益的测度与核算。主要是基于 KWW 模型对中国出口的贸易增加值在任意部门层面（包括国家/部门层面、双边层面、双边/部门层面）进行较为全面的核算，并按照出口产品的最终用途和增加值来源对中国货物行业出口产品所包含的增加值进行分解，以准确测度中国货物贸易参与全球价值链分工获取到的真实贸易利益。

第五章为中国出口国内增加值中的要素含量测度。使用 WIOD 数据库的社会经济账户（Socio Economic Accounts）数据，对中国在全球价值链出口增加值中的要素含量进行分解，即将出口增加值中的生产要素分为资本、高技术劳动、中技术劳动和低技术劳动，考察中国出口增加值中的要素禀赋结构的特征和变化。

第六章为全球价值链对中国就业和要素报酬的影响。通过对全球价值链指标的测算，如全球价值链位置指标、参与度指标和价值链长度指标，分析中国在全球价值链中的地位、参与全球价值链的程度和融入全球价值链的深度方面表现出的特征；进而基于全球价值链的视角，对全球价值链对中国就业和要素报酬产生的影响进行分析，实证研究进口中间投入（特别是离岸外包）、全球价值链位置、全球价值链参与度和全球价值链长度的变化对中国的就业结构、就业弹性和要素报酬产生的影响，验证增加值贸易对中国就业结构和就业增长的积极作用。

第七章为结论和对策建议。

第五节 技术路线

本书的研究思路是，在全球价值链理论的框架下，首先梳理有关全球价值链和增加值贸易研究的国内外文献，确立中国贸易增加值核算的科学方法，测算中国贸易增加值的来源和对外贸易中所获取的真实利益；其次基于对增加值贸易中国内增加值和国外增加值的准确划分，测量中国对外贸易中的要素含量，通过进一步对要素进行分解，挖掘资本和劳动等要素含量在增加值贸易中表现出的出口特征；最后，基于全球价值链的视角，对全球价值链对中国就业和要素报酬产生的影响进行实证分析，验证增加值贸易对中国就业结构和就业增长的积极作用，进而提出促进产业结构转型升级、转变贸易增长方式、提升真实贸易利益和实现高质量就业、缩减要素报酬差距的对策建议。

研究的技术路线如图 1－1 所示。

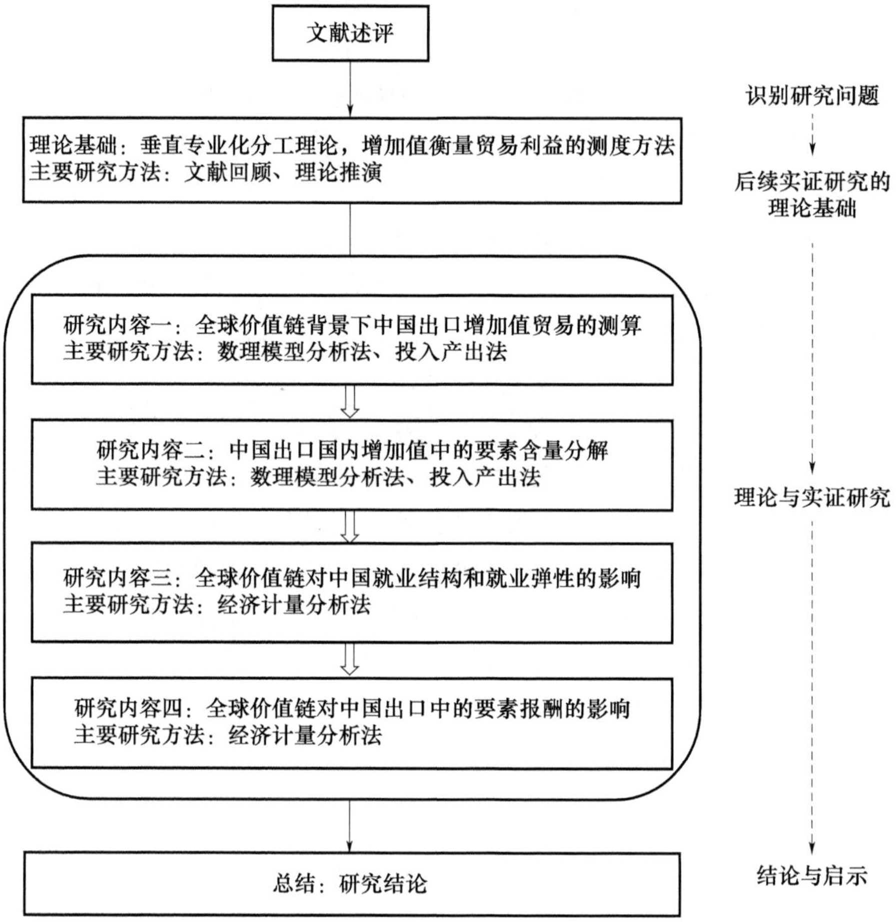

图1－1　技术线路图

第六节　主要创新点和不足

本书的主要创新点在于：

第一，理论创新。改进了一国参与全球价值链影响的理论模型，提出了研究假设；在垂直专业化分工和全球价值链理论的基础上，结合投入产出理论对中国在全球价值链贸易中的真实利益进行测度，对中国在全球价值链中的要素含量进行分解；使用全球价值链诸多分析指标，如全球价值链位置指标、参与度指标和价值链长度指标，对全球价值链对中国就业结构、就业弹性、要素报酬产生的影响进行实证分析，极大丰富了现有国内学术界对全球价值链的理论研究体系。

第二，研究方法创新。使用投入产出法，基于 KWW 模型对中国在全球价值链中的贸易增加值进行较为全面的核算，对中国出口贸易的国内附加值中的要素含量进行分解；使用数理统计分析法，测度中国在全球价值链中的位置、参与度和价值链长度；使用计量经济分析法，研究进口中间投入、全球价值链位置、参与度和价值链长度对中国就业和要素报酬的影响；运用实地调研法，分析中国出口企业参与全球价值链国际分工模式的现实特征。

第三，研究角度创新。在研究角度上，基于全球价值链分工，立足于增加值贸易的分析视角，探讨中国在全球价值链中的真实贸易利益，评价中国在全球价值链中的地位；从贸易增加值的角度分解中国出口增加值中的要素含量，并分析中国在全球价值链位置、参与度和价值链长度的特征。

第四，研究内容创新。基于 KWW 模型对中国出口的贸易增加值在任意部门层面（包括国家/部门层面、双边层面、双边/部门层面）进行较为全面的核算，测度中国与东亚（特别是日本和韩国）、美国、欧盟等世界主要经济体的真实贸易利益；使用 WIOD 数据库的社会经济账户数据，对中国在全球价值链出口增加值中的要素含量进行分解，即将出口增加值中的生产要素分为资本、高技术劳动、中技术劳动和低技术劳动，考察中国出口增加值中的要素禀赋结构的特征和变化；通过对全球价值链指标的测算，如全球价值链位置指标、参与度指标和价值链长度指标，分析中国在全球价值链中的地位、参与全球价值链的程度和融入全球价值链的深度方面表现出的特征；基于全球价值链的视角，实证研究进口中间投入（特别是离岸外包）、全球价值链位置、参与度和价值链长度对中国的就业结构、就业弹性和要素报酬差距产生的影响。

第五，研究观点创新。在研究观点上，本书认为中国产业为了向全球价值链的中高端迈进，应大力推动产业技术变革和优化升级，推动制造业产业模式和企业形态根本性转变；要不断创新，对于劳动密集型产业要提升质量水平，增强技术创新能力；针对技术密集型和资本密集型产业，对于已经掌握核心技术的产业来说，比如通信设备、核电、轨道交通、基础设施建设、航空航天等领域，要强化中国品牌和中国标准，提升国际合作话语权，通过制定标准扫除进军国际市场的阻碍，参与全球生产网络；对于缺乏关键核心技术的产业领域，一方面鼓励自主创新研发，另一方面鼓励企业“走出去”，通过并购等获得国外先进技术。

本书的不足之处在于：首先，成果对中国货物贸易出口增加值的核算比较详细，但是对于中国服务贸易出口增加值的核算比较欠缺。其次，出于技术难度，研究未能编制反映加工贸易的国际非竞争性投入产出表，未能评估加工贸易在出口增加值中发挥的重要作用。另外，由于受到数据的限制，本书对中国参与全球价值链影响的研究仅能深入到行业层面，而无法进一步在企业层面对这一问题进行探讨。再次，由于 WIOD 数据库中国际投入产出表的发布时效性，本书中的大部分增加值贸易的测算和对要素含量的分解仅限于 2011 年之前，缺少对于最新年度的增加值贸易和要素含量的分解研究。最后，成果对于全球价值链对中国的就业结构、就业弹性和生产要素报酬差距的分析比较全面，但由于非竞争性国际投入产出表中劳动要素投入的数据限制，研究对全球价值链分工对于中国出口贸易对本国就业的量化拉动效应以及中国从贸易伙伴国进口对贸易伙伴国就业产生的量化拉动作用未能够进行充分的量化评价。

第二章 相关文献综述

第一节 全球价值链的测度方法

在全球价值链背景下，对产品内分工的测度方法上，可以主要分为实地调研法（或个案分析法）、特别关税减让条目下的贸易统计、使用国际贸易标准分类（SITC）中的统计数据、投入产出法等4种方法（Daudin et al.，2011）。

一、实地调研

通过实地调研获取相关企业在出口中的进口投入的方法被称为实地调研法。1996年9月22日，美国《洛杉矶时报》刊登题为《芭比娃娃与世界经济》的文章。文中指出，在美国，一个芭比娃娃的售价为9.99美元，从中国进口时的计价为2美元，其余部分为在美国国内增加的费用，如运输、广告和商家利润等，它为美国人创造了数以千计的工作。在进口的2美元中，中国只占35美分的劳务成本，其余部分为65美分原材料，1美元的运输与管理费用，其中包括经营玩具生产的香港公司所获的10～20美分的利润。在65美分的原材料中，石油产自沙特，经美国得克萨斯州等地精炼为乙烯后，由中国台湾加工成乙烯塑料颗粒，然后制成芭比娃娃的身体；日本提供尼龙制的头发；美国生产硬纸包装盒。中国0.35美元的劳务所得，仅占芭比娃娃在美国售价的3.5%。Linden（2009）针对第五代iPod的研究表明，苹果第五代iPod产品总价值299美元，共有451个部件，其主要部件的分工网络和价值分割体系基本如下：销售，美国渠道商和零售商获取75美元；资源整合，美国苹果公司获取80美元；硬盘，日本东芝公司提供，30G硬盘价值73美元，东芝获得19美元，实际生产地在中国；显示器模块，东芝合资公司提供，20美元，在日本生产；芯片，美国公司提供，13美元，生产地在美国、新加坡或中国台湾；存储器，韩国公司提供，2美元，韩国生产；组装，中国大陆（中间通过中国台湾代工商），获得近4美元。亚洲开发银行研究所的研究表明：一部苹果手机批发价是178.96美元，其中日本、德国、韩国分别能取得34%、17%、13%的分成，中国只能拿到3.6%，约6.4美元。

国内学者使用实地调研法对全球生产价值链中收益分配的研究主要包括水清木华研

究中心（2006）对一台采用 Pentium M740 为 CPU 的笔记本电脑的成本进行了分解，其采用二代 SONOMA 平台，15.4 英寸 WXGA 型 LCD 显示屏，256MB DDR333 内存，DVD 刻录光驱，60G5400 转硬盘，预装 Windows XP。该产品出厂成本价大约为 900 美元，“高技术壁垒”生产环节如 CPU、软件、显示屏等占据了成本的绝大部分，而低技术、高度竞争的制造、外壳等环节只占总成本的极小一部分。张纪（2006）针对中国笔记本电脑价值链的分析表明，在笔记本电脑产业零部件供应网络中，关键零部件如 CPU、计算机芯片、动态随机存储器等高技术含量的产品集中在美国、日本、韩国和中国台湾，一般零部件如主板、显卡、鼠标等主要由中国大陆、中国台湾等生产，台湾 ODM 企业的总部和研发中心一般设在台北市，为了保护知识产权，提高竞争优势，大型企业积极扩大台北的研发机构，而为了降低成本，几乎所有的生产设施都位于中国长江三角洲地区的上海、昆山、苏州等地。裴长洪和高培勇（2008）对中国手机企业的调研表明，在中国的手机出口中，中国不得不将国产手机售价的 20%、计算机售价的 30%、数控机床售价的 20% ~40%，支付给国外专利持有者，致使中国企业每台计算机的平均利润不到 5%；DVD 机每台售价不到 30 美元，交给别人的专利费接近 10 元人民币。与上述研究相类似的使用实地调研法来研究全球生产价值链中各国利益分配的研究还包括诸如刘戒骄（2011）对苹果、波音和英特尔等信息技术公司的分析等。

二、特别关税减让条目下的贸易统计

全球价值链测度方法中的第二种是使用特别关税减让条目下的贸易统计来计算或者衡量一国出口产品中的进口中间投入。Swenson（2005）针对美国境外装配计划（OAP）的相关研究表明，1980—2000 年美国企业的外包活动显著上升，Egger 和 Egger（2005）针对欧盟国家相关数据的研究也认为欧盟国家的企业外包活动明显上升。

三、使用国际贸易标准分类中的统计数据

全球价值链测度方法中的第三种是使用国际贸易标准分类（SITC）中的第七、八两章中的五位数分类产品作为中间投入品。由于国际贸易标准分类（SITC）中第七、八两章中的五位数分类产品多为中间品，因此，可以将其近似地作为一国进口中间品的替代。Yeats（2001）利用这一方法认为 OECD 国家出口的中间品上升了 30%。Athukorala 和 Yamashita（2006）的研究则表明 1992—2003 年世界中间品贸易出口占世界总出口的比重由 18.5% 上升到 22.0%。Miroudot（2009）的研究表明，中间投入品贸易占世界机械产品贸易的比重由 1999 年的接近 50% 上升到 2007 年的接近 60%。与之类似的国外学者研究还包括 Ng 和 Yeats（1999）利用区域间和区域内的零部件贸易的相关数据对东亚生产分工体系形成的原因、性质、幅度、动机的研究；Grg（2000）利用美国和欧盟之间的零部件贸易的相关数据对全球生产网络形成的决定因素的分析；Ng 和 Yeats（2003）

使用 SITC3.0 版中第七、八两章中五位数分类数据的进出口贸易数据对东亚地区贸易趋势的研究；Yi（2003）对全球中间品贸易的估计；Lall 等（2004）对全球价值链生产网络的推动力以及东亚、拉美电子和汽车行业垂直专业化贸易的分析；Amighini（2005）使用联合国贸易数据库（UN Comtrade）中的 SITC Rev. 3.0 五位数的数据对中国信息技术产品贸易（ICT 产品）的研究；Zeddies（2007）对欧盟国家内部间垂直专业化贸易的影响因素的分析等。

国内的研究中较有代表性的是蒲华林（2011）使用 SITC 分类中第七、八章两章五位数分类数据对中国零部件贸易的研究表明，中国同时进口和出口零部件，中国对北美自由贸易区（NAFTA）、欧盟、东欧 10 国以及南方共同体市场等四大地区零部件出口均大于进口，对东盟则表现为零部件进口大于出口；从国别情况来看，则表现为中国零部件贸易主要贸易对象为中国香港、日本、韩国、美国、德国等国家和地区，对韩国、新加坡、马来西亚、泰国等国的零部件贸易增幅较大。与蒲华林（2011）所使用的方法相类似的研究还包括成丹和赵放（2011）对中国中间品贸易的研究、林桂军和邓世专（2011）对亚洲各国关联度的分析、喻春娇等（2012）对台海两岸 ICT 制造业的贸易模式及其决定因素的分析、邓世专（2013）对亚洲工厂零部件产品依存度的分析等。

四、投入产出法

第四种测度方法可以称之为投入产出法，即根据投入产出表中的相关数据来计算一国出口产品中的进口成份，在这一方法下，又可以进一步分为外包法和垂直专业化法两种，二者的区别在于对产品内贸易的定义不同，其中外包法主要通过计算一国进口的中间投入品来反映产品内贸易情况，垂直专业化法则通过计算一国出口中的进口中间投入品来反映一国的产品内贸易的情况，二者在计算上的差别则在于外包法是计算一国进口的中间投入品，而不关注这些进口的中间投入品最终是由本国消费还是用于出口，而垂直专业化法则只是计算一国出口中的进口中间投入品。

（一）外包法

利用外包法的相关研究一是在 Feenstra 和 Hanson（1996）所提出的外包指数（以下简称 FH 指数）的基础上进行的。Feenstra 和 Hanson（1996）将离岸外包定义为进口中间品占一国非能源类产品总投入的比重，利用外包指数计算了 1972—1990 年美国工业离岸外包程度，其结果表明这一时期进口中间投入占美国非能源类投入的比重由 5.3% 上升到 11.6%。Campa 和 Goldberg（1997）利用 FH 指数对美国、英国、加拿大、日本四国工业行业离岸外包情况进行了测度，认为除日本外，其他三国工业行业的离岸外包程度均有所上升。Geishecker（2006）在 Feenstra 和 Hanson（1996）的基础上，将离岸外包率分为广义离岸外包率和狭义离岸外包率，其中广义离岸外包率是指进口中间品占总投入的比重，狭义离岸外包率指进口的本行业中间品占总投入的比重，并据此计算了中东欧国家的广义和狭义离岸外包水平。Amador 和 Cabral（2008）对葡萄牙工业离岸外包水平的研究表明，20 世纪 90 年代后葡萄牙工业广义离岸外包水平显著上升，约占葡萄牙工业总产出的 23.8%，机械行业和运输设备行业的离岸外包程度最高。Geishecker 和 Görg（2008）结合大量家庭数据和投入产出表对国际外包与工资之间关系的研究也采用了基于产业总产出来衡量的 FH 指标。由于 FH 指数所采用的“相同比例假定”即中间投入品进口占该产品最终使用的比重近似作为各行业中间品进口比重这一强假设导致 FH 指数在计算一国外包程度时存在低估一国外包率的现象，Daveri 和 Jona - Lasinio（2008）直接回到了离岸外包率的原始定义上来，利用区分了进口中间投入和本国中间投入的投入产出表来直接计算意大利工业行业的离岸外包程度。

国内的研究中，徐毅和张二震（2008）将广义离岸外包与狭义离岸外包之差定义为“差额离岸外包”，并利用中国 1997 年和 2002 年投入产出表中的数据计算了中国 35 个工业行业广义离岸外包率、狭义离岸外包率和差额离岸外包率，认为上述 3 种形式外包的平均值从 1997 年到 2002 年分别增长了 18%、17% 和 19%，除公用事业的离岸外包比率呈下降趋势外，其他绝大多数行业的离岸外包比率都出现了不同程度的增长。唐玲（2009）将一国总体离岸外包分解为离岸物质外包和离岸服务外包，测度了中国 1997—2006 年 34 个工业行业的总体离岸外包率、离岸物质外包率和离岸服务外包率，认为中国工业行业的总体离岸外包率稳步提升；资本及技术密集型行业总体离岸外包率增长较快，高技术水平和高开放度行业离岸外包率明显高于低技术水平和低开放度行业；服务离岸外包率普遍偏低，生产性和分配性服务业离岸外包率高于消费性和社会性服务业离岸外包率。王中华和代中强（2009）使用 FH 指数，利用中国 1997 年与 2002 年的投入产出表分别计算了以中国为本位的工业行业物品外包、服务外包比率，并对两种外包率进行了比较，结果表明，物品外包的平均值由 1997 年的 0.0763 上升到 2002 年的 0.0927，而服务外包的平均值由 1997 年的 0.0017 上升到 2002 年的 0.0057，其上升的速度远远超过制造外包。鲍晓华和张莉（2011）对 1987—2006 年中国工业行业离岸外包水平的测度表明中国离岸外包水平整体呈上升趋势，资本密集型和技术密集型行业的离岸外包水平增长快于劳动密集型行业。国内学者中与之类似的研究还包括诸如徐毅（2011）、肖芍芳和王俊杰（2012）等。蔡宏波（2011）在 Daveri 和 Jona - Lasinio（2008）所提出的 DJ 指数的基础上，进一步提出了完全外包系数，并计算了 1997 年、2002 年和 2007 年中国材料外包、服务外包和狭义材料外包率，结果表明，劳动密集型行业外包水平较低。

（二）垂直专业化法

利用垂直专业化法计算一国全球价值链发展的相关研究中，在对出口产品国内增加值的计算方法研究上，Hummels 等（2001）将垂直专业化定义为出口产品中的进口品数额，提出了用于计算一国出口产品中外国要素投入的垂直专业化指数（以下简称 HIY 模型），并通过绝对量和相对量两种方法计算一国出口中的外国要素投入。以平新乔为主要负责人的北京大学中国经济研究中心课题组（2006）利用 HIY 模型，结合中国 1992 年、1997 年及 2000 年的投入产出表，根据联合国进出口贸易数据，对中国 1992—2003 年共 12 年的出口贸易中垂直专业化与中国对美出口贸易中的垂直专业化程度作了分年度的计算。结果显示，在这 12 年中，中国的出口贸易中垂直专业化的价值比率已从 1992 年的 14% 上升至 21.8%。中国对美国的出口贸易中垂直专业化的价值比率上升得更多，从 1992 年的 14.7% 上升至 22.94%。来自日本的中间品在中国向美国的出口品的垂直专业化程度占比大约为 1/5，如果加上来自韩国的中间品进口，那么日韩对中国的中间品出口在中国向美国出口的垂直专业化程度中约占 1/3，说明中国对美出口贸易反映了东亚对美国的产业链效应。由于投入产出表无法提供连续时间的数据，宗毅君（2010）通过使用 RAS 法计算了中国工业行业连续时间的直接消耗系数，在此基础上，使用 HIY 模型计算了中国 21 个工业行业 1992—2005 年的垂直专业化程度，结果表明，这一时期中国工业行业垂直专业化程度不断上升，资本密集型行业和技术密集型行业垂直专业化程度上升幅度较大，从横向比较来看，这一时期中国垂直专业化平均程度高于 1978—1990 年美国、日本、澳大利亚等发达国家的垂直专业化平均程度，但低于韩国、中国台湾等新兴工业化国家和地区垂直专业化的平均水平。

HIY 模型存在两个关键假设：一是出口产品和国内最终消费品对进口中间投入品的依赖程度相同，这一假设在以中国为代表的加工贸易占出口很大比例的国家中得不到满足；二是在进口中不存在间接国内成分，从而排除了一国向另一国出口的中间品，经加工后再返销给本国的情况，事实上，国际生产分割背后的关键本质正在于这种国家在最终品的生产价值链上彼此承接且紧密关联。基于上述两个过强的假设条件，在 Hummels 等（2001）的基础上，部分学者从方法和数据两个方面对 HIY 模型进行了完善，以更加符合现实情况。在对数据的修正方面，早期对 HIY 模型的修订方式是通过将非竞争型投入产出表拆分成能够反应加工贸易特性的投入产出表或使用能够区分本国中间投入和进口中间投入的投入产出表，来达到放松 HIY 模型的第一个假设条件的目的。刘遵义等（2007）在中国非竞争型投入产出表的基础上，提出了能够反映中国加工贸易特点的非竞争（进口）型投入产出模型，并以此为依据计算了中国对美出口中的国内增加值。黄宁和蒙英华（2012）在 HIY 模型的基础上，使用细化的区分了加工贸易与一般贸易方式的海关进出口贸易数据，将某行业的进口产品精确地划分为进口中间品和进口最终消费品，将以加工贸易方式进口的产品归类为进口中间品从而将进口品划分为进口中间品以及进口最终消费品两类，达到了放松了 HIY 模型中第二个假设的目的，并以此计算了中国出口产品结构优化程度，结果表明，中国的出口贸易依然具有明显的“加工贸易”特征，而亚洲国家和地区则是提供给中国中间品的主要来源地；出口份额与垂直专业化比率具有明显的正相关性，充分表明当前中国出口产业结构提升的主要原因在于进口中间品所做出的贡献，中国出口商品的比较优势依然在于廉价的劳动力；尽管中国目前仍处于国际垂直生产体系的低增加值阶段，但随着时间推移，中国已开始优化其出口产业结构，改变过度依赖加工贸易的生产与贸易模式。

Koopman 等（2008）在对中国出口产品增加值的研究中，将加工贸易出口从传统的非竞争型投入产出表中独立出来，以体现加工贸易中使用更多的国外中间投入的特性（以下简称 KWW 法）。Dean 等（2008）在 KWW 法的基础上利用中国投入产出表将中国出口分为加工贸易出口和一般出口，计算了中国出口产品的垂直专业化程度，结果表明，2002 年中国出口的垂直专业化程度约占总出口的 25% ~46%，部分行业甚至达到 52% ~95%。郑昭阳和孟猛（2011）根据 HIY 模型，利用 OECD 数据库提供的区分了进口中间投入和本国中间投入的投入产出表和 UN Comtrade 数据库中的相关数据，测算了 1993—2008 年中国出口中的国内价值和外国价值，结果发现中国出口中的外国价值自 1993 年后显著上升，在外国价值中，来自东亚地区的外国价值在中国出口中占据了重要地位，从不同类型行业中的外国价值含量来看，高技术行业出口中外国价值含量较高，低技术行业出口价值基本都由本国创造。

近年来，更多的学者是从使用国家间投入产出数据和对 HIY 模型进行修订两个方面来计算各国出口产品的增加值，其优点在于：一是由于现实中各国对其他国家进口产品的需求不同，使用国家间投入产出表可以更加准确地体现出一国出口中对各国进口中间投入品的依赖程度，从而克服 HIY 模型中第一个假设的缺陷；二是通过对 HIY 模型计算方法的修订可以更加准确的测度一国出口产品中的间接增加值和再进口增加值，从而克服 HIY 模型中第二个假设的缺陷。在使用国家间投入产出数据来计算出口产品增加值方面，Daudin 等（2011）利用 GTAP 投入产出表数据的研究表明，2004 年世界贸易中的 27% 为增加值贸易，东亚地区的区域内贸易大多为增加值贸易。Johnson 和 Noguera（2012）利用 GTAP7. 1 数据库中 2004 年 19 个地区 94 个国家 57 个行业投入产出数据的研究表明，工业出口中的国内增加值要低于服务业出口中的国内增加值。在对 HIY 模型的修订方面，Koopman 等（2010）在 HIY 模型的基础上提供了一个用于计算一国出口中不同类型增加值的统一框架，将一国的出口分解为最终品出口的国内增加值、出口中间品中的国内增加值、再进口的国内增加值和外国增加值四部分，并根据 GTAP 数据库的数据计算了 2004 年世界主要国家出口中的增加值，结果表明，欧盟、东亚和北美三大地区内部各国间的贸易更为紧密。Johnson 和 Noguera（2012）将一国出口产品的国内增加值分解为最终品出口的增加值、中间品出口中增加值和本国间接出口到第三国的增加值三部分。Koopman 等（2012a）在上述研究的基础上将一国的总产出分解成本国消费和出口两部分，每一部分又按照增加值来源的不同分解为本国生产、外国进口、间接出口以及再进口四部分，从而完成了对一国总产品中不同增加值来源的分解。Koopman 等（2012b）进一步考虑了当存在加工贸易的情况下，一国出口产品中增加值的变化，并计算了中国加工贸易出口中的国内增加值的变化，结果表明，中国加工贸易出口中的国内增加值由加入 WTO 前的 50% 上升到 2007 年的 60%，但部分技术密集型行业的国内增加值仍低于 30%。Foster - McGregor 和 Stehrer（2013）提供了一个当进口和出口中同进存在中间品时，一国贸易增加值的测算方法，并使用世界投入产出数据中的相关数据对1995—2011年世界主要国家的出口进行了分解，结果表明，这一时期世界各国出口产品中的外国附加上升幅度为6%～60%。

国内的研究中，童伟伟和张建民（2013）使用Koopman等（2010）所提出的对一国贸易增加值的分解方法，根据世界投入产出数据库（WIOD）中的相关数据，对1995—2009年中国对美出口中的国内价值含量进行了测算，结果表明，中国对美出口中的国内价值含量在波动中呈总体下降趋势；日本、韩国、中国台湾、美国在中国对美出口的境外价值构成中居于主导地位，但前三者的份额正逐步被欧盟国家取代，这表明中国的中间品进口已呈现多元化趋势；在中国制造业各行业的对美出口中，低技术行业的国内价值含量较高，而高技术与资源依赖型行业的国内价值含量则相对较低，这说明中国在参与国际产品内分工时，所承担的依然主要是劳动密集型环节。

第二节　出口增加值中要素含量的测度方法

目前国内外学者对中国出口产品增加值的研究主要集中在测算问题上，主要从两个层面对这一问题进行研究。第一个层面是从中国出口总体和行业两个维度来进行研究，使用的测算方法主要是以Hummels等（2001）提出的HIY模型为基础，并对其作必要的改进，以使其更符合现实情况。早期对中国出口产品国内增加值的研究主要集中在对中国出口产品垂直专业化程度的测算上，其结论均为中国出口产品的垂直专业化程度不断上升。在HIY模型的基础上，Koopman等（2010）提出了测算一国出口产品国内增加值的方法，并据此测算中国出口产品的国内增加值，结果表明，2004年中国出口产品中仅有58%的增加值由中国创造。由于在中国出口贸易中“加工贸易”现象导致使用传统的贸易增加值计算方法将高估中国出口产品的国内增加值，Koopman等（2012）将一国总出口拆分为加工贸易和一般贸易，在此基础上对中国出口产品的增加值重新进行了测算，结果表明，虽然中国出口产品的国内增加值由加入WTO前的50%上升到2007年的60%，但在加工贸易占主要地位的高技术行业，中国出口产品的国内增加值仅为30%左右。对中国出口产品增加值测算的第二个层面是从微观（企业）的角度来测算中国企业出口的增加值，张杰等（2013）对中国企业出口国内增加值率进行的测算表明，中国出口国内增加值率从2000年的49%上升到2006年的57%；加工贸易的国内增加值率低于一般贸易，外资企业国内增加值率低于本土企业；生产技术复杂程度高的行业具有较低的出口国内增加值率。

目前对一国出口产品中国内增加值进行分解的研究中，Gasiorek和Lopez－Gonzalez（2014）对中欧贸易的研究表明，中国对欧出口中的国内增加值60%以上由资本和低技术劳动创造。Timmer等（2014）利用WIOD数据库测算了40个国家中14个制造业行业增加值中的资本、低技术、中技术和高技术劳动要素的比重，结果表明，在新兴经济体和高收入国家中，资本占增加值的比重上升；在新兴经济体中，低技术劳动占增加值的比重下降。

综合上述分析可以发现，目前国内外学者对中国出口产品国内增加值的分析更多地集中在对中国出口产品国内增加值的测算上，较少关注中国出口产品国内增加值的构成，仅有的一篇针对中国出口产品国内增加值进行分解的文献也只是对中欧双边贸易的分析。相对于单纯地测算中国出口产品国内增加值，通过对中国出口产品国内增加值按照其所使用的国内生产要素进行分解，分析中国出口产品国内增加值的生产要素构成，有助于更加准确地认识中国在全球生产分工中的地位和比较优势，可以更为合理地制定新形势下中国产业结构升级和对外贸易结构转型的发展战略。因此，本书的主要创新在于，将中国出口贸易置于全球价值链分工这一大背景下，通过将中国国内要素禀赋分为低技术劳动、中技术劳动、高技术劳动和资本四部分，通过从中国出口总量、对不同用途出口以及对不同地区出口等几个方面深入研究 4 种生产要素在中国出口产品国内增加值中地位的变化来间接分析中国出口比较优势的变化。

第三节　全球价值链对就业结构的影响

伴随着各国全球价值链参与程度的加深，全球价值链对劳动力市场产生了深刻影响（Milberg 和 Winkler，2011）。学者主要从增加值贸易和中间品贸易等角度探究全球价值链对就业的影响。其中，张志明等（2016）基于多区域投入产出模型估算中国 22 个行业的增加值出口，实证发现中国增加值出口能够拉动大多数行业的总就业。Shen 和 Silva（2018）的研究则认为中国对美国的增加值出口对美国劳动力市场的影响取决于该行业在中国的全球价值链位置。

关于全球价值链对就业结构影响的研究，更多则是在研究进口中间投入[①]对就业结构产生的影响。在进口中间投入对发达国家就业结构影响的研究上，国外学者的研究可大致分为 3 种观点。第一种观点认为进口中间投入促进了发达国家就业结构的优化。Feenstra 和 Hanson（1996）对美国工业数据的实证研究表明，1975—1985 年美国工业非熟练劳动力向熟练劳动力转移的 31% ~51% 可归因于美国工业企业的外包行为，部分学者对英国、法国、德国等欧洲主要国家相关数据的研究也证明了此种观点（Falk and Koebel，2001；Strauss - Kahn，2004；Hijzen et al.，2005）。第二种观点认为进口中间投入与就业结构不存在统计上的显著关系，Ito 和 Fukao（2005）对进口中间投入对日本就业结构影响的实证研究即表明此种观点。第三种观点认为进口中间投入对一国就业结构的影响因行业不同而有差异，Fzlzoni 和 Tajoli（2008）对意大利工业数据的实证研究表明，进口中间投入优化了意大利技术密集型行业的就业结构，对非技术密集型行业的就

① 根据定义，离岸外包即进口中间投入品，二者意义相同，故本书中将二者交替使用。

业结构则产生不利影响。在进口中间投入对中国就业结构的影响上，国内学者同样有3种不同的观点。第一种观点认为进口中间投入降低了中国熟练劳动力的相对就业，恶化了就业结构（唐宜红、马风涛，2009）。第二种观点认为进口中间投入增加了中国熟练劳动力的就业，优化了就业结构（王中华、梁俊伟，2008；蔡宏波、陈昊，2012）。第三种观点则认为进口中间投入对中国就业结构的影响因进口中间投入品来源的不同和行业技术密集度的不同而有差别。臧旭恒和赵明亮（2011）对中国工业行业相关数据的研究表明，虽然进口中间投入品从总体上降低了对熟练劳动力的相对需求，但从不同技术密集度行业来看，离岸外包降低了中低技术行业对熟练劳动力的相对需求，增加了高技术行业对熟练劳动力的相对需求。

在对进口中间投入对一国就业结构的影响的研究上，目前的研究在变量的选择上多使用工程技术人员占全部劳动力的比重来表示就业结构，由于工程技术人员仅能够作为高级技能就业的代表，而中国货物行业就业中既包括高级技能从业人员，也包括中级和初级技能从业人员，进口中间投入对中国3种不同技能劳动力就业的影响而应有所不同，因此，单纯的以工程技术人员占全部从业人员的比重作为衡量中国就业结构的指标，显然无法准确区别进口中间投入对中国不同技能就业影响的差异，最后，目前针对进口中间投入对中国就业结构的影响的相关研究更多的是从整体上来研究进口中间投入对中国就业结构的影响，并没有针对来自不同国家的进口中间投入对中国就业结构的影响来进行实证研究，由于来自不同国家的进口中间投入的技术密集度存在差异，其对中国就业结构的影响也应有所不同。

基于此，本书的创新在于：首先以世界投入产出数据库提供的连续的国家间投入产出表为基础，利用DJ指数计算了连续时间的中国货物行业的完全外包率、货物外包率和服务外包率；其次利用世界投入产出数据库中的按不同学历区分的高、中、低3种技能劳力从业时间的相关数据分析了这一时期中国货物行业就业结构的变化；最后，利用动态面板数据模型在考虑到可能存在的内生性问题的基础上，对进口中间投入对中国货物行业就业结构的影响以及来自不同国家的外包对中国货物就业结构的影响进行实证研究。

第四节　全球价值链对要素报酬差距的影响

随着中国对外开放程度的扩大以及参与全球价值链程度的深入，更多的学者开始关注国际贸易、外资流入等对工资差距的影响。现有研究主要围绕产业层面以及微观企业两个层面展开。从行业层面分析国际贸易对行业工资差距的影响主要包括两个方面：一是分析国际贸易对熟练劳动者和非熟练劳动者之间的工资差距的影响（Rama，2003；刘瑶，2016）；二是分析贸易开放对不同要素密集度行业工资差距的影响（Attanasioetal，2004；阳春艳，2012）。从微观企业层面分析的结论指出：出口贸易自由化会拉大技术工人和非技术工人的工资差距（姜凌，2010；陈波，2013）。作为新型的国际贸易分工形式，参与全球价值链对工资影响的分析是对研究国际贸易与工资差距问题的进一步深化和细化。

关于参与全球价值链分工对要素报酬差距的影响，主要研究包括两个方面：一是从全球贸易分工角度，研究垂直专业化即外包对工资差距的影响，结论普遍认为，承接全球外包扩大了不同行业、不同技能劳动力之间的工资差距（Baumgarten et al.，2013；孙文杰，2014）；二是从全球价值链参与度与参与位置对本国工资差距的影响，通过研究发现，不论是发达国家还是发展中国家，参与全球价值链都会扩大其国内熟练劳动力和非熟练劳动力工资差距（Timmer et al.，2014；刘瑶，2016；林玲、容金霞，2016）。

在参与全球价值链对一国生产要素收入分配影响的相关研究中，Feenstra 和 Hanson（1996）针对美国的实证研究表明，参与全球价值链显著提高了美国不同技术水平工人的工资差距。Feenstra 和 Hanson（1997）针对墨西哥数据的实证研究表明，由于美国公司将大量中间品的制造外包给墨西哥的企业，扩大了对墨西哥高技术工人的需求，推动了墨西哥工资差距的上升。国内的相关研究中，李瑞琴（2014）基于超越对数生产函数的实证研究表明，参与全球价值链缩小了中国劳动密集型行业和资本密集型行业的行业内熟练劳动和非熟练劳动之间的收入差距，扩大了技术密集型行业的行业内熟练劳动和非熟练劳动之间的工资差距。张少军（2015）认为参与全球价值链通过价格驱动、低端锁定和世界劳动力市场一体化效应 3 种渠道，降低发展中国家劳动的工资和劳动在国民收入中的份额。在国内学者对中国在全球价值链位置对中国生产要素报酬差距的研究中，胡昭玲和李红阳（2016）基于下游度指标对参与全球价值链对中国工资差距的影响研究表明，分工位置下滑导致不同技能劳动力之间的工资差距扩大，在价值链嵌入位置 50 分位以上，熟练劳动力之间的工资差距扩大更快，在 50 分位以下，非熟练劳动力之间的工资差距扩大更快。刘瑶（2016）利用 OECD－TiVA 数据的实证研究表明，一国的全球价值链参与度和全球价值链位置指数是影响工资差距的主要因素，参与度越高、参与位置越处于下游，工资差距越大。

通过以上分析发现，现有研究仍存在以下不足：第一，现有文献的研究对象多集中于工业或制造业。这可能的原因是一方面工业企业数据库以及中国工业统计年鉴、科技统计年鉴等为制造业和工业提供了丰富的数据来源；另一方面，不论是从贸易总额还是贸易地位，中国制造业在进出口贸易中具有明显的优势，这成为学者在研究国际贸易对工资影响时主要分析制造业或工业的主要原因。但是，随着中国服务贸易的发展，2013 年服务业贸易进出口总额跃居世界第二，服务业也应该成为研究国际贸易的一个重要方向，因此本书的边际贡献之一是将世界投入产出表中的 35 个行业作为本书的研究对象，研究的重点不仅包括制造业，也将服务业纳入其中。第二，在对参与全球价值链对一国生产要素收入分配差距影响的相关研究中，国内外学者则多采用计量分析的方法来研究参与全球价值链对一国劳动收入差距的影响，所得到的结论多为参与全球价值链将扩大一国不同技术劳动者在工资收入上的差距，较少研究当一国在全球价值链上的移动，是否会对一国生产要素收入差距产生影响。第三，现有对全球价值链的测算的文献主要集中于对一国或多部门全球价值链位置的测算，大多使用全球价值链参与度指标和价值链位置指数（林玲、容金霞，2016；刘瑶，2016），对价值链长度的测算或以价值链长度作为主要分析指标的文献较少，而价值链长度指标作为衡量全球价值链具体位置的替代指标，对其研究可以为研究全球价值链对要素报酬差距影响提供另一种分析思路。

第三章　一国参与全球价值链影响的理论模型

为从理论上对一国参与全球价值链的影响进行分析，并形成可经实证检验的理论假说，本章以 Long 等（2005）在 Dornbush 等（1977）的连续传统模型基础上所提出的理论模型为基础，并对其做了进一步的简化处理。

第一节　封闭经济下的产出和价格均衡

一、市场结构

假设世界只有一种要素 L，生产两种最终品 X 和 Y，产品 Y 由如下方程决定：

$$Y = \frac{L_Y}{a_Y} \tag{3-1}$$

其中，L_Y 为 Y 行业所使用的劳动的数量，$a_Y > 0$ 为生产 1 单位 Y 产品所需使用的劳动的数量，即 Y 产品的投入产出系数。

为简化分析，令 Y 产品为计量产品，其价格 $P_Y = 1$，相应地，生产 Y 产品的工人的工资 $w = 1/a_Y$。

假设生产产品 X，其生产需投入 k 种中间品，其生产函数为 Leiontief 形式：

$$X = \min\{Q_1, \cdots, Q_k\} \tag{3-2}$$

其中，Q_i 为第 i 种中间投入的数量。

令 π_i 为第 i 种中间投入的价格，假设 X 为完全竞争行业，则生产一单位 X 单品的价格：

$$P_X = \sum_{i=1}^{k} \pi_i \tag{3-3}$$

假设生产中间品需投入劳动 L 和由 n 种服务产品构成的“总服务” S，S 满足 CES 生产函数：

$$S = \left[\sum_{j}^{n} s_j^{\alpha} \right]^{1/\alpha} \tag{3-4}$$

其中，$0 < \alpha < 1$，S_j 为第 j 种服务产品的数量，n 为服务的种类，由于本书主要研究

的是短期情况，故在此假定 n 为外生变量。

相应地，“总服务” S 的价格：

$$P_S = \left[\sum_{j=1}^{n} p_j^{\alpha/(\alpha-1)} \right]^{(\alpha-1)/\alpha} \tag{3-5}$$

其中，p_j 为第 j 种服务产品的价格。假设 n 种服务产品的生产技术相同，即 $p_j = p$，则

$$P_S = pn^{(\alpha-1)/\alpha} \tag{3-6}$$

第 i 中间投入品的价格（单位成本）π_i 为

$$\pi_i = w + e_i P_S = w + e_i pn^{(\alpha-1)/\alpha} \tag{3-7}$$

假设每个服务企业 j 只使用劳动生产一种服务产品 j，则服务企业 j 生产 S_j 数量的服务产品 j 所需劳动 $cs_j + f$，每个服务企业的固定成本 $FC = wf$，边际成本 $MC = wc$。

二、封闭经济下的价格均衡

根据式（3－5），由 Shephard 引理得

$$s_j^d = S\left[\frac{\partial P_S}{\partial p_j}\right] = ASp_j^{1/(\alpha-1)} \tag{3-8}$$

其中，S 为加总的服务需求：

$$A = \left[\sum_{j=1}^{n} p_j^{\alpha/(\alpha-1)} \right]^{-1/\alpha} \tag{3-9}$$

需求弹性：

$$\varepsilon = \frac{\alpha}{1-\alpha} > 1 \tag{3-10}$$

由厂商最大化条件得到：

$$MR = MC = p_j\left[1 - \frac{1}{\varepsilon}\right] = MC = wc \tag{3-11}$$

求解式（3－11）可得 $p_j = \dfrac{cw}{\alpha} = p$。（3－12）

由于 $p_j = p$，即每一种专业服务在总服务中的比重相同，则式（3－4）可以得到总服务和每种专业服务之间的关系：

$$S = [ns^\alpha]^{1/\alpha} \tag{3-13}$$

每个专业服务生产企业的利润为

$$r = (p - wc)s - wf = \left(\frac{1}{\alpha} - 1\right)cws - wf \tag{3-14}$$

由厂商利润的非负条件可以得到：

$$s \geqslant \frac{\alpha f}{(1-\alpha)c} \tag{3-15}$$

在李嘉图模型（Ricardian－type）下各种要素的均衡价格为

$$p_j = p = \frac{cw}{\alpha}, w = \frac{1}{a_Y} \tag{3-16}$$

$$P_S = \frac{cn^{1-(1/\alpha)}}{\alpha a_Y} \tag{3-17}$$

$$\pi_i = w + e_i P_S = w + e_i pn^{(\alpha-1)/\alpha} \tag{3-18}$$

$$P_X = \sum_{i=1}^{k} \pi_i = kw + \frac{cw}{\alpha}(n^{(\alpha-1)/\alpha})E = \frac{1}{a_Y}\left[k + \frac{cE}{\alpha}n^{1-(1/\alpha)}\right] \tag{3-19}$$

其中，

$$E = \sum_{i=1}^{k} e_i \tag{3-20}$$

对方程（3－19）对专业服务的数量 n 求导，可得$\frac{\partial P_X}{\partial n} < 0$，即随着专业服务数量 n 的上升，商品 X 的价格将下降。

由式（3－13）可以得出每种专业服务的供给数量为 $s = Sn^{-1/\alpha}$，相应地，每种专业服务需使用$f + cS^{-1/\alpha}$单位劳动。则服务部门所需的总的劳动数量为

$$L_S = nf + cSn^{1-(1/\alpha)} \tag{3-21}$$

$$L_S = nf + cEXn^{1-(1/\alpha)} \tag{3-22}$$

其中，

$$S = EX$$

由中间品所雇佣的劳动为

$$L_C = kX \tag{3-23}$$

各部门（包括最终品部门 Y、服务部门 S 和中间品部门 C）所使用的总的劳动投入为

$$L_Y + L_C + L_S = L \tag{3-24}$$

进一步，由式（3－22）、式（3－23）和式（3－24）可以得到 Y 部门的劳动需求：

$$L_Y = L - nf - [cEXn^{1-(1/\alpha)} + k]X \tag{3-25}$$

由式（3－1）和式（3－25）可以得到最终品 X 和 Y 的生产可能性边界（PPF）为

$$Y = \frac{L - nf}{a_Y} - \frac{[cEXn^{1-(1/\alpha)} + k]X}{a_Y} \tag{3-26}$$

生产可能性边界的斜率为

$$\frac{dY}{dX} = -\frac{[cEXn^{1-(1/\alpha)} + k]}{a_Y} \tag{3-27}$$

三、封闭经济下的产出均衡

令 M 为国民收入，则 M 由工资收入（$wL = L/a_Y$）和企业利润两部分构成：

$$M = \frac{1}{a_Y}\left[L + n\left(\frac{1}{\alpha} - 1\right)cs - nf\right] \tag{3-28}$$

相应地，代表性消费者 d 对 X 产品的需求函数可以表示为

$$X^d = \phi(P_X)M \tag{3-29}$$

均衡条件下，对专业服务 S 的需求：

$$s = Sn^{-1/\alpha} = n^{-1/\alpha}XE = n^{-1/\alpha}X^dE = n^{-1/\alpha}\phi(P_X)ME \tag{3-30}$$

将式（3－30）代入式（3－28）得

$$M = \frac{L-fn}{a_Y - \left(\frac{1-\alpha}{\alpha}\right)cn^{(\alpha-1)/\alpha}\phi(P_X)E} \tag{3-31}$$

最终品 X 的均衡产出：

$$\overline{X} = \frac{(L-fn)\phi(P_X)}{a_Y - \left(\frac{1-\alpha}{\alpha}\right)cn^{(\alpha-1)/\alpha}\phi(P_X)E} \tag{3-32}$$

最终品 Y 的均衡产出：

$$\overline{Y} = \frac{L-fn}{a_Y} - \frac{[cEXn^{1-(1/\alpha)}+k]}{a_Y}\overline{X} \tag{3-33}$$

对每种专业服务的均衡需求：

$$\bar{s} = n^{-1/\alpha}\overline{X}E \tag{3-34}$$

由利润非负条件可以得出：

$$\frac{(L-fn)\phi(P_X)n^{-1/\alpha}E}{a_Y - \left(\frac{1-\alpha}{\alpha}\right)cn^{(\alpha-1)/\alpha}\phi(P_X)E} \geqslant \frac{\alpha f}{(1-\alpha)c} \tag{3-35}$$

四、连续中间投入

为更容易的处理在开放条件下的理论模型，在这一部分中，根据 Dornbusch 等（1977）的方法，通过假设中间投入品在［0，1］连续分布来对前文的模型进行简化处理。

假设存在 τ 种中间投入品在［0，1］之间连续分布，生产第 τ 种产品的单位生产成本为 $\pi(\tau)$，则商品 X 的价格 P_X 为

$$P_X = \int_0^1 \pi(\tau)d\tau \tag{3-36}$$

则中间投入品价格 π（τ）满足如下形式：

$$\pi(\tau) = w + e(\tau)P_S \tag{3-37}$$

进一步假设 $e(\tau) = b\tau$，$b > 0$，则 $e'(\tau) = b > 0$，则：

$$\pi(\tau) = w + \tau bP_S \tag{3-38}$$

封闭条件下的均衡：

$$\pi(\tau) = w + \tau bn^{(\alpha-1)/\alpha}\left(\frac{cw}{\alpha}\right) \tag{3-39}$$

其斜率 $k=bn^{(\alpha-1)/\alpha}\left(\frac{cw}{\alpha}\right)$。若服务产品的数量上升，即 n 上升，其斜率 k 的变化：

$$\frac{\partial k}{\partial n}=\frac{\alpha-1}{\alpha}bn^{(-1/\alpha)}\left(\frac{cw}{\alpha}\right)<0 \tag{3-40}$$

即随着服务产品数量上升，中间投入产品曲线的斜率下降。

第二节　开放经济下的产出和价格均衡

现假设本国为发展中国家，外国为发达国家，即本国劳动力资源相对丰裕，考察当中间品可以贸易但服务不可贸易以及中间品和服务均可贸易时的两国均衡条件，其中外国由 * 表示，为简单起见，接下来的模型均以 Dornbush 等（1977）的连续统模型，即假设中间投入品在［0，1］连续分布。

一、中间品可自由贸易条件下的产出和价格均衡

令本国劳动力为 L，外国为 L^*。

假设：1. 本国为劳动相对丰裕国家且劳动生产率低于外国，因此，本国主要从事最终品 X 的加工组装，其中中间品 Q_i（$i=1$，…，k）和生产 Q_i 所需的专业服务既可以由本国生产，也可以由外国进口；2. 为简化模型，进一步假设外国单纯生产中间品 Q_i 和生产 Q_i 所需的专业服务，通过出口中间品 Q_i 和生产 Q_i 所需的专业服务来进口最终品 X；3. 本国生产国内使用的 X 商品和出口的 X 商品所使用的技术相同。

根据假设 1，本国劳动丰裕，则本国工资低于外国，即 $w<w^*$，本国和外国分别提供 n 种和 n^* 种专业服务，且 $n<n^*$，即本国所提供的专业服务的种类少于外国。相应地，外国中间品的单位生产成本为

$$\pi^*(\tau)=w^*+\tau b^*P_S^*=w^*+\tau b^*\frac{1}{(n^*)^{(1-\alpha)_\alpha}}\left(\frac{c^*w^*}{\alpha}\right) \tag{3-41}$$

其斜率为
$$b^*P_S^*=b^*\left(\frac{c^*w^*}{\alpha}\right)\frac{1}{n^{*(1-\alpha)/\alpha}} \tag{3-42}$$

假设外国在产品 Y 的生产上有绝对优势，即 $a_Y^*<a_Y$，假设产品 Y 可以自由贸易，由于 Y 为计数产品，则有：

$$1=P_Y=a_Yw=a_Y^*w^*=P_Y^* \tag{3-43}$$

由于 $w<w^*$，即本国工资水平低于外国，则 $bP_S>bP_S^*$。

当存在国际贸易时，两国中间品的生产种类由两国中间品生产曲线 $\pi(\tau)$ 和 $\pi^*(\tau)$ 决定，即

$$w+\tau_I bP_S=w^*+\tau_I b^*P_S^* \tag{3-44}$$

将式（3-39）和式（3-41）代入式（3-44）得到：

$$w+\tau_I bn^{(\alpha-1)/\alpha}\left(\frac{cw}{\alpha}\right)=w^*+\tau_I b^*(n^*)^{(\alpha-1)/\alpha}\left(\frac{c^*w^*}{\alpha}\right) \tag{3-45}$$

因此，可以将τ_I看成是本国服务种类n、外国服务种类n^*、本国工资w和外国工资w^*的函数，即

$$\tau_I=\tau_I(n,n^*,w,w^*)=\frac{w-w^*}{\Delta} \tag{3-46}$$

其中，
$$\Delta=\tau_I b^*(n^*)^{(\alpha-1)/\alpha}\left(\frac{c^*w^*}{\alpha}\right)-bn^{(\alpha-1)/\alpha}\left(\frac{cw}{\alpha}\right)=b^*P_S^*-bP_S \tag{3-47}$$

两条曲线的交点为τ_I，其中$0\sim\tau_I$由发展中国家生产，$\tau_I\sim1$由发达国家生产。

当允许中间投入品自由贸易，但服务品不能自由贸易时的两国均衡如图3－1所示。考虑当本国服务投入增加，但外国服务投入不变的情况。在这种情况下，本国中间品生产成本曲线$\pi(\tau)$和外国中间品生产成本曲线$\pi^*(\tau)$二者相交于τ^0，此时，$0\sim\tau^0$部分由本国生产并出口，$\tau^0\sim1$由外国生产并出口。假设本国服务业生产数量增加，即n增加。当本国服务业投入增加时，本国中间品单位成本曲线由$\pi(\tau)$变为$\pi'(\tau)$，与外国中间品单位成本曲线相交于τ'，相应地，本国生产并出口$0\sim\tau'$的中间品，进口$\tau'\sim1$的中间品。即本国生产复杂产品X所需的进口中间品数量减少，进一步地，根据假设条件3，本国出口中的进口中间品也相应减少，即出口中的外国增加值减少。

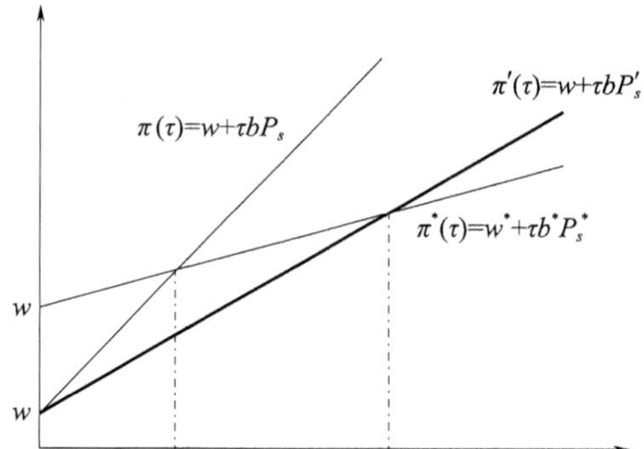

图3－1　中间品进出口种类

基于上述理论模型的分析，我们得出第一个理论假说：

随着本国中间品投入的增加，一国中间品进口减少，出口中的外国增加值减少。

二、中间品和服务均可贸易下的产出和价格均衡

接下来考察中间品和服务均可贸易时两国均衡情况，首先考察不存在运输成本时的情况，其次考察存在服务贸易壁垒时的两国均衡，最后考察存在运输成本时的两国均衡情况。

当服务可自由贸易时，一方面，生产性服务自由贸易意味着国际服务价格的均等化；另一方面，此时服务业投入既可能两国同时生产每一种服务也可能每一个生产不同的服务，无论哪种情况，此时本国总服务可以表示为

$$S = \left[\sum_i (s_i + s_i^*)^\alpha \right]^{1/\alpha} \tag{3-48}$$

总服务 S 的价格：

$$P_S = \left\{ \sum_i \left[\min(p_i, p_i^*) \right]^{\alpha/(\alpha-1)} \right\}^{(\alpha-1)/\alpha} \tag{3-49}$$

由式（3－48）和式（3－49）可知，此时，服务业投入的增加降低了“总服务”S 的价格，进而降低了中间投入的成本 π，此时，发展中国家服务规模的扩大会引起进一步的分散化生产和发达国家的外包。因此，生产性服务贸易可以通过增加生产性服务的种类和直接降低生产性服务成本来降低总服务的成本进而推动中间品的出口。在生产性服务部分可贸易、中间品自由贸易的情况下，将最终品 X 的组装成本考虑在内进行分析得出：①若商品 X 是劳动或资源密集型产品，其生产与组装过程中劳动与资源的投入比例较高，则 X 在工资成本较低的发展中国家组装并出口到发达国家，发展中国家会进口更多的中间品和生产性服务；②若商品 X 是服务密集型（高技术密集型）产品，其生产与组装过程中服务的比例较高，则 X 在服务成本较低的发达国家生产并出口，发展中国家出口更多的中间品给发达国家。生产性服务贸易与中间品贸易流向取决于一国不同要素密集度产品的相对比重。生产性服务自由贸易对世界生产性服务种类的确定以及中间品贸易的影响见表 3－1。

根据上述分析，我们得出第二个理论假说：

随着进口中间投入的增加，一国进口中间投入品将减少，出口产品中的外国增加值降低。

表 3－1　自由贸易下生产性服务对中间品贸易的作用机制

<table>
<tr><th>生产性服务种类</th><th colspan="2">作用机制</th><th>结果</th></tr>
<tr><td>$n+n^*$</td><td colspan="2">生产性服务种类和数量的增加降低了中间品的成本</td><td rowspan="3">中间品成本下降
中间品贸易增加</td></tr>
<tr><td rowspan="2">n^*</td><td>Cournots 模型</td><td rowspan="2">生产性服务成本降低，总服务成本降低</td></tr>
<tr><td>Bertrand 模型</td></tr>
</table>

数据来源：作者自制。

接下来考虑当存在服务贸易壁时，服务贸易壁垒的变化对中间品贸易的影响。

假设本国存在服务贸易壁垒，由于服务贸易壁垒的影响主要在于提高了外国服务产品的价格，因此，在此假设本国所面临的外国服务产品的价格为 $p^* + t$，$t > 0$，此时，本国所面临的外国的价格由不存在服务贸易壁垒时的 $p^* = \frac{c^* w^*}{\alpha}$ 上升到 $p^* = \frac{c^* w^*}{\alpha} + t$，相应地，中间品贸易的决定方程（3－45）变为

$$w + \tau_I b n^{(\alpha-1)/\alpha} \left(\frac{cw}{\alpha} \right) = w^* + \tau_I b^* (n^*)^{(\alpha-1)/\alpha} \left(\frac{c^* w^*}{\alpha} + t \right) \tag{3-50}$$

即 τ_I 变为本国服务种类 n、外国服务种类 n^*、本国工资 w 和外国工资 w^* 以及反映服务贸易壁垒的 t 的函数：

$$\tau_I=\tau_I(n,n^*,w,w^*,t)=\frac{w^*-w}{\Delta} \tag{3-51}$$

$$\Delta=bn^{(\alpha-1)/\alpha}\left(\frac{cw}{\alpha}\right)-b^*(n^*)^{(\alpha-1)/\alpha}\left(\frac{c^*w^*}{\alpha}+t\right) \tag{3-52}$$

此时，

$$\frac{\partial\tau_I}{\partial t}=\frac{(w^*-w)b^*(n^*)^{(\alpha-1)/\alpha}}{\Delta^2}>0 \tag{3-53}$$

即随着 t 的上升，τ_I 向右移动，即本国所生产的中间品的种类增加，相应地，本国进口的中间品的种类下降。

根据式（3-53），我们提出第三个理论假说：

贸易壁垒将降低外国中间投入品的进口，相应地增加了出口产品中的国内增加值。

最后考虑当存在运输成本时，运输成本的变化对一国参与全球价值链的影响。参照 Dornbusch 等（1977）使用“冰山成本”（iceberg cost）来处理运输成本问题的方法，即假设外国出口产品在运输过程中存在一部分损失，实际只有 g（$0<g<1$）部分能够真正到达出口国，其中 g 越高表明运输成本最低，此时，本国实际面临的外国中间品的成本为

$$\pi^*=\frac{1}{g}\left[w^*+\tau_Ib^*(n^*)^{(\alpha-1)/\alpha}\left(\frac{c^*w^*}{\alpha}\right)\right] \tag{3-54}$$

相应地，式（3-45）变为

$$w+\tau_Ibn^{(\alpha-1)/\alpha}\left(\frac{cw}{\alpha}\right)=\frac{1}{g}\left[w^*+\tau_Ib^*(n^*)^{(\alpha-1)/\alpha}\left(\frac{c^*w^*}{\alpha}+t\right)\right] \tag{3-55}$$

即 τ_I 变为本国服务种类 n、外国服务种类 n^*、本国工资 w 和外国工资 w^* 以及反映运输成本的冰山成本 g 的函数：

$$\tau_I=\tau_I(n,n^*,w,w^*,g)=\frac{w^*-w}{\Delta'} \tag{3-56}$$

其中，

$$\Delta'=gbn^{(\alpha-1)/\alpha}\left(\frac{cw}{\alpha}\right)-b^*(n^*)^{(\alpha-1)/\alpha}\left(\frac{c^*w^*}{\alpha}+t\right) \tag{3-57}$$

此时，

$$\frac{\partial\tau_I}{\partial g}=\frac{(w^*-gw)b(n)^{(\alpha-1)/\alpha}}{(\Delta')^2}<0 \tag{3-58}$$

由于 g 越高表明运输成本越低，因此，根据式（3-58），我们提出第四个理论假说：

随着运输成本的降低，τ_I 向左移动，即本国进口的中间投入品增加，出口中的外国增加值增加。

第四章　中国在全球价值链中真实贸易利益的测度与核算

第一节　中国出口贸易增加值的分解方法和数据来源

一、中国出口贸易增加值的分解方法

本书在 Koopman 等（2010）所建立的对一国贸易增加值分解的框架下，对中国出口产品中的增加值进行分解。

假设世界上只包括中国和世界其他国家两个组成部分，每个组成部分均有 N 个产业部门，每个产业部门所生产的产品要么作为最终品被各国消费，要么作为中间投入品被各国的生产者使用。各国的总产出按其流向可表示为如下形式：

$$\begin{bmatrix} X_c \\ X_w \end{bmatrix} = \begin{bmatrix} A_{cc} & A_{cw} \\ A_{wc} & A_{ww} \end{bmatrix} \begin{bmatrix} X_c \\ X_w \end{bmatrix} + \begin{bmatrix} Y_{cc} + Y_{cw} \\ Y_{ww} + Y_{wc} \end{bmatrix} \tag{4-1}$$

其中，c、w 分别代表中国和除中国以外的世界其他国家，A_{sr}（S，$r=c$，w）为 $N\times N$ 矩阵，表示 r 国生产中使用的 S 国产品的直接消耗系数矩阵，X 为各国的总产出，Y_{sr}（S，$r=c$，w）代表 r 国对 S 国的最终需求，均为 $N\times1$ 矩阵。式（4－1）经整理可得

$$\begin{bmatrix} X_c \\ X_w \end{bmatrix} = \begin{bmatrix} I-A_{cc} & -A_{cw} \\ -A_{wc} & I-A_{ww} \end{bmatrix}^{-1} \begin{bmatrix} Y_{cc} + Y_{cw} \\ Y_{ww} + Y_{wc} \end{bmatrix} = \begin{bmatrix} B_{cc} & B_{cw} \\ B_{wc} & B_{ww} \end{bmatrix} \begin{bmatrix} Y_c \\ Y_w \end{bmatrix} \tag{4-2}$$

其中，B_{sr}（S，$r=c$，w）为 $N\times N$ 阶 Leontief 逆矩阵，表示 r 国生产额外一单位最终需求所需要的 S 的中间投入。令 V_r（$r=c$，w）为 $1\times N$ 矩阵，代表 r 国的直接国内增加值，则 $V_r = u(I - \sum_s A_{sr})$，其中 $u=(1,\cdots,1)$ 为 $1\times N$ 矩阵，令 V 为 $2\times2N$ 各国直接国内增加值矩阵。则

$$V = \begin{bmatrix} V_c & 0 \\ 0 & V_w \end{bmatrix} \tag{4-3}$$

其对角线上的元素代表各国的直接增加值系数，进一步地，生产一单位产出口的各国增加值可以表示为

$$VAS = VB = \begin{bmatrix} V_c & 0 \\ 0 & V_w \end{bmatrix}\begin{bmatrix} B_{cc} & B_{cw} \\ B_{wc} & B_{ww} \end{bmatrix} = \begin{bmatrix} V_cB_{cc} & V_cB_{cw} \\ V_wB_{wc} & V_wB_{ww} \end{bmatrix} \tag{4-4}$$

由于一国的增加值要么由国内吸收，要么由外国吸收，因此，*VAS* 的每一列之和为1，即

$$V_cB_{cc} + V_wB_{wc} = V_cB_{cw} + V_wB_{ww} = u \tag{4-5}$$

令 E_{rs} 为 $N \times 1$ 阶矩阵，代表 r 国出口到 S 国的中间投入品和最终品，$\hat{E}_{rs}$ 为其 $N \times N$ 阶对角阵，则 r 国的总出口为

$$E_r = \sum_{r \neq s} E_{rs} = \sum_s (A_{rs}X_s + Y_{rs}), r, s = c, w \tag{4-6}$$

两国的出口矩阵可以表示为

$$E = \begin{bmatrix} E_{cw} & 0 \\ 0 & E_{wc} \end{bmatrix} \tag{4-7}$$

$$\hat{E} = \begin{bmatrix} \hat{E}_{cw} & 0 \\ 0 & \hat{E}_{wc} \end{bmatrix} \tag{4-8}$$

其中，E 为 $2N \times 2$ 阶对角阵，$\hat{E}$ 为 $2N \times 2N$ 阶对角阵。

各国出口增加值矩阵可以分解为

$$VAS\_E = VBE = \begin{bmatrix} V_cB_{cc}E_{cw} & V_cB_{cw}E_{wc} \\ V_wB_{wc}E_{cw} & V_wB_{ww}E_{wc} \end{bmatrix} \tag{4-9}$$

其中，矩阵中的每一行代表了一国增加值的最终流向，每一列表示一国出口中增加值的来源，相应地，通过计算 $VAS\_\hat{E}$ 可以计算各行业出口中的各国增加值，其计算公式如下：

$$VAS\_\hat{E} = VB\hat{E} = \begin{bmatrix} V_cB_{cc}\hat{E}_{cw} & V_cB_{cw}\hat{E}_{wc} \\ V_wB_{wc}\hat{E}_{cw} & V_wB_{ww}\hat{E}_{wc} \end{bmatrix} \tag{4-10}$$

通过矩阵计算，可以得到两国模型中的完全消耗系数矩阵：

$$\begin{bmatrix} B_{cc} & B_{cw} \\ B_{wc} & B_{wv} \end{bmatrix} = \begin{bmatrix} (I - A_{cc} - A_{cw}(I - A_{ww})^{-1}A_{wc})^{-1} & B_xA_{cw}(I - A_{ww})^{-1} \\ (I - A_{ww})^{-1}A_{wc}B_{xc} & (I - A_{ww} - A_{wc}(I - A_{cc})^{-1}A_{cw})^{-1} \end{bmatrix} \tag{4-11}$$

相应地，通过进一步矩阵计算，可以计算出两国出口中的外国增加值和国内增加值矩阵，分别为

$$VS = \begin{bmatrix} V_wB_{wc}E_{cw} \\ V_cB_{cw}E_{cw} \end{bmatrix} = \begin{bmatrix} u(A_{wc} - A_{cw}(I - A_{ww})^{-1}A_{wv})(I - A_{cc} - A_{cw}(I - A_{ww})^{-1}A_{wc})^{-1}E_{cw} \\ u(A_{cw} - A_{wc}(I - A_{cc})^{-1}A_{tw})(I - A_{ww} - A_{wc}(I - A_{cc})^{-1}A_{cw})^{-1}E_{wc} \end{bmatrix} \tag{4-12}$$

$$DV = \begin{bmatrix} V_cB_{cc}E_{cw} \\ V_wB_{ww}E_{wc} \end{bmatrix} = \begin{bmatrix} V_c\ (I - A_{cc} - A_{cw}(I - A_{ww})^{-1}A_{wc})^{-1}E_{cw} \\ V_w\ (I - A_{ww} - A_{wc}(I - A_{cc})^{-1}A_{cw})^{-1}E_{wc} \end{bmatrix} \tag{4-13}$$

两国模型中的增加值间接出口矩阵为

$$\begin{bmatrix} VS1_c \\ VS1_w \end{bmatrix} = \begin{bmatrix} V_c B_{cw} E_{wc} \\ V_w B_{wc} E_{cw} \end{bmatrix} \tag{4-14}$$

相应地，在两国模型下，可以将一国出口按照最终流向，分解为如下三部分：

$$E_{rs} = Y_{rs} + A_{rs} X_s = Y_{rs} + A_{rs} X_{ss} + \sum_{s \neq r} A_{rs} X_{sr}, r, s = c, w \tag{4-15}$$

其中，Y_{rs}为 r 国出口到 S 国的最终品，$A_{rs}X_{ss}$为 r 国出口到 S 国并最终为 S 国所吸收的中间品，$\sum_{s \neq r} A_{rs} X_{sr}$ 为 r 国出口到 S 国的中间品经 S 国加工后又回到 r 国并最终为 r 国所吸收的中间品。

进一步地，由式（4－13）和式（4－15），在两国模型下，可以将一国出口产品中的国内增加值按其流向的不同分解为如下几个部分：

$$DV_{rs} = V_r B_{rr} E_{rs} = V_r B_{rr} Y_{rs} + V_r B_{rr} A_{rs} X_{ss} + V_r B_{rr} \sum_{s \neq r} A_{rs} X_{sr} \tag{4-16}$$

其中，$V_rB_{rr}Y_{rs}$为 r 国出口到 S 国的最终品中的 r 国增加值，$V_rB_{rr}A_{rs}X_{ss}$为 r 国出口到 S 国并最终为 S 国所吸收的中间品中的 r 国增加值，$\sum_{s \neq r} A_{rs} X_{sr}$ 为 r 国出口到 S 国的中间品经 S 国加工后又回到 r 国并最终为 r 国所吸收的中间品中的 r 国增加值。

相应地，在两国模型下，一国出口产品按增加值来源的不同分解为如下几个部分：

$$E_{rs} = DV_{rs} + FV_{rs} = V_r B_{rr} Y_{rs} + V_r B_{rr} A_{rs} X_{ss} + V_r B_{rr} \sum_{s \neq r} A_{rs} X_{sr} + FV_{rs} \tag{4-17}$$

二、相关数据来源

本书的相关数据来自欧盟委员会于 2012 年初次编制，并于 2013 年 9 月完成编制后首次修订的世界投入产出数据库（WIOD），该数据库以各国发布的间断的投入产出表为基础，通过 RAS 法将其外推成连续的投入产出表，包括世界投入产出表、国家投入产出表、社会—经济账户表、环境账户表等四大部分 13 个子表，提供了 1995—2011 年世界 40 个主要国家（其中包括 27 个欧洲国家和 13 个其他国家）以及世界其余部分的 35 个行业和 59 种产品的连续的国家间投入产出数据。在国家投入产出表中，针对中国投入产出表区分了 35 个行业（其中包括 1 个农业行业、16 个工业行业、18 个服务业行业）的进口中间投入品和国内中间投入品。根据国家间的投入产出表，可以计算出中国对外贸易中所包含的不同国家的增加值。

由于本书只是单纯的计算中国出口产品中的国内增加值和外国增加值，而不需要考虑中国与某一具体国家间贸易的增加值，而 WIOD 数据库仅能提供国家间的投入产出表，而无法提供一国与世界其他国家之间的投入产出表，因此，本书首先利用 WIOD 数据库所提供的国家间投入产出表合并成中国与世界其他国家间的投入产出表，其次再根据 KWW 法中的两国模型计算中国出口中的不同增加值的变化。

第二节　按最终用途分解的中国货物贸易总出口

根据前文对一国出口产品按最终流向和增加值进行分解的公式，在本节中，笔者对中国出口产品分别按产品最终流向分解为最终品出口、用于世界其他国家使用的中间品的出口以及最终回到中国的中间品出口三部分；按照增加值来源可以分解为中国增加值（国内增加值）、外国增加值和间接出口的国内增加值（*VS*1）三部分，并分别计算了各部分的金额及其占中国历年出口的比重。

一、最终品出口的变化

（一）最终品出口绝对量的变化

表 4 -1 计算了 1995—2011 年部分年份中国出口最终品金额及这一时期均值、极差和年均增长率的变化，从中可以发现这一时期中国出口产品中最终品金额的变化呈现如下特点：第一，与 1995 年相比，2011 年各行业出口的最终品的金额均显著增加，说明从整体上看，各行业出口的最终品均呈上升趋势，这一趋势从各行业这一时期年均增长率的变化上表现得更为明显，17 个行业的年均增长率均为正，其中最低的也在 3% 以上（木材加工业，3. 94%），年均增长率最高的采矿业，其年均增长率更是达到了 26. 80%，年均增长率在 20% 的以上的行业达到了 5 个，占全部行业的 29. 4%，年均增长率在 10% 以下的则仅包括在 4 个行业；第二，从年均增长率在不同类型行业的分布上则表现为以采矿业、机械工业、运输设备制造业、电子和光学设备制造业为代表的资本密集型和技术密集型行业中最终品的年均增长率较高，与之对应的是，以木材加工业、农业和食品、饮料及烟草制品业为代表的传统的劳动密集型产业中最终品的年均增长率较低；第三，从各行业出口的最终品的均值来看，以纺织原料及纺织制品业和食品、饮料及烟草制品业为代表的传统劳动密集型行业和主要处于全球生产价值链低端从事产品的加工组装环节的电子和光学设备制造业中最终品出口的金额较多，与之对应的是，绝大多数资本密集型行业出口的最终品的绝对量相对较少；第四，从各行业出口最终品的极差的变化来看，同样表现为以电子和光学设备制造业为代表的处于全球生产价值链低端从事产品的加工组装环节的行业和部分技术密集型行业的极差相对较大，说明这些行业在这一时期中出口最终品的变化的绝对量较大，绝大多数传统的劳动密集型行业和部分资本密集型行业的极差相对较小；第五，同一年份中不同行业的情况则表现为劳动密集型行业和技术密集型行业出口的最终品相对较多，资本密集型行业中出口中的最终品的绝对额相对较少。

表 4－1　1995—2011 年部分年份中国出口最终品金额变化

单位：百万美元，%

	1995 年	1999 年	2003 年	2007 年	2009 年	2011 年	均值	极差	年均增长率
农业	2 732. 03	1 722. 58	2 599. 75	4 599. 51	6 332. 06	9 336. 35	3 730. 88	7 734. 53	9. 07
采矿业	262. 48	103. 79	131. 72	832. 58	840. 99	1 150. 41	477. 89	1 329. 52	26. 80
食品、饮料及烟草制品业	8 136. 36	8 145. 35	11 765. 18	26 774. 18	27 892. 47	43 655. 42	17 657. 02	35 519. 06	11. 68
纺织原料及纺织制品业	26 770. 87	27 317. 92	47 026. 31	120 031. 07	114 664. 33	163 072. 19	69 055. 74	136 702. 78	12. 61
皮革和制鞋业	7 104. 22	7 392. 34	13 650. 72	27 104. 13	28 778. 33	44 301. 81	18 103. 05	37 197. 60	12. 63
木材加工业	1 600. 11	1 137. 05	1 047. 48	2 144. 37	1 858. 36	2 424. 36	1 598. 83	1 538. 29	3. 94
造纸和印刷出版业	941. 02	848. 05	850. 69	1 372. 73	1 469. 31	2 070. 80	1 163. 62	1 348. 87	5. 97
焦炭、精炼石油及核燃料加工业	268. 74	395. 86	1 537. 08	1 411. 67	1 699. 25	2 959. 61	1 300. 66	2 690. 87	20. 40
化学工业	1 588. 18	2 682. 37	4 908. 79	13 884. 58	15 987. 88	22 601. 79	8 366. 49	21 013. 61	19. 57
橡胶和塑料制品业	2 908. 16	4 054. 93	5 906. 67	13 967. 71	14 652. 71	22 753. 97	8 916. 50	19 845. 81	14. 36
其他非金属矿物制品业	1 822. 29	2 408. 83	2 183. 40	3 264. 17	3 670. 74	5 432. 10	2 959. 81	3 609. 81	8. 08
金属制品业	4 124. 64	3 756. 42	4 577. 27	13 404. 65	13 559. 07	18 654. 47	8 258. 95	15 277. 57	11. 47
机械工业	3 425. 97	5 352. 48	15 976. 33	59 883. 76	60 207. 95	89 185. 27	30 244. 53	85 759. 30	23. 84
电子和光学设备制造业	19 355. 53	27 811. 16	82 618. 85	251 663. 92	256 160. 44	362 179. 94	133 993. 69	342 824. 41	21. 14
运输设备制造业	1 319. 63	2 278. 35	5 923. 13	23 216. 14	26 028. 33	43 588. 03	12 576. 40	42 268. 40	26. 54
机械回收业	3 995. 43	6 153. 34	15 331. 38	33 460. 29	36 983. 86	48 979. 65	19 338. 75	44 984. 22	17. 94
电力、水和天然气的供应业	127. 00	117. 65	138. 27	294. 92	310. 05	449. 43	218. 38	331. 78	10. 09
均值	5 087. 22	5 981. 09	12 716. 06	35 135. 91	35 946. 83	51 929. 15			
极差	26 643. 87	27 707. 36	82 487. 13	251 369. 00	255 850. 39	361 730. 51			

数据来源：根据世界投入产出数据库国际投入产出表中相关数据计算而得，精确到小数点后 2 位。

（二）最终品出口占总出口比重的变化

表 4－2 计算了 1995—2011 年部分年份中国最终品出口占总出口比重及这一时期的均值、极差和年均增长率的变化，从中可以发现如下特点：第一，从年均增长率的变化来看，17 个行业中有仅有 3 个行业出口最终品占出口总额的比重年均增长率为正，其中

采矿业的年均增长率最高，达到 17.83%，除此之外年均增长率为正的行业还包括农业以及皮革和制鞋业，但其年均增长率均在 3% 以下，说明这一时期绝大多数行业中出口的最终品占总出口的比重均呈下降趋势。第二，以其他非金属矿物制品业、化学工业和金属制品业为代表的资本密集型行业中最终品出口占总出口的比重下降的相对较快，上述 3 个行业的年均增长率均为 -4% 左右，与之对应的是以运输设备制造业为代表的处于全球生产价值链低端从事产品的加工组装环节的行业和以食品、饮料及烟草制品业为代表的传统劳动密集型行业中最终品出口所占比重虽也有所下降，但下降幅度不大，其年均增长率则在 -1% 以下。第三，从这一时期各行业最终品出口占总出口比重的均值的变化来看，可以将各行业分为如下 3 个层次，第一个层次是以食品、饮料及烟草制品业，纺织原料及纺织制品业，皮革和制鞋业，机械回收业为代表的劳动密集型行业，其最终品出口占总出口的比重在 70% 以上，食品、饮料及烟草制品业中最终品出口占总出口的比重均值更是达到了 89.23%；第二个层次是以机械工业、电子和光学设备制造业、运输设备制造业为代表的处于全球生产价值链低端从事产品的加工组装环节的行业和部分技术密集型行业，其最终品出口占总出口的比重的均值保持在 40% ~70%；第三个层次是除上述两个层次行业之外的其他行业，这些行业主要是资源密集型行业、资本密集型行业以及部分技术密集型行业，其最终品出口占总出口比重的均值在 40% 以下，其中采矿业中最终品出口占总出口的比重最低，其均值仅为 6.29%。第四，从这一时期各行业的极差变化来看，这一时期极差最大的为木材加工业，其极差达到了 44.14%，说明这一时期木材加工业出口的最终品占该行业出口额的变化的绝对量最大，与之对应的是，食品、饮料及烟草制品业的极差仅为 4.63%，说明该行业出口的最终品占该行业出口的变化的绝对量相对较小。第五，从各年度均值的变化来看，各行业出口的最终品占出口总额的比重由 1995 年的 50.86% 下降到 2011 年的 41.47%，也就是说，平均来看，1995 年各行业中出口中的一半以上为最终品，至 2011 年，各行业的出口中仅有约 40% 为最终品，17 年间，这一比重下降了约 10 个百分点。第六，从各行业在各年度的极差来看，其极差由 2003 年最高的 88.60% 下降到 2011 年的 75.30%，这一比重不仅低于 2003 年 13 个百分点以上，与 1995 年相比也低了 8.5 个百分点以上，这一事实说明了这一时期各行业最终品出口占该行业总出口的比重的差距呈不断缩小的态势。

表 4-2　1995—2011 年部分年份中国最终品出口占总出口比重变化　　单位：%

	1995 年	1999 年	2003 年	2007 年	2011 年	均值	极差	年均增长率
农业	40.39	39.40	34.64	42.90	52.59	43.21	23.28	2.53
采矿业	6.59	3.91	1.77	9.91	11.08	6.29	12.73	17.83
食品、饮料及烟草制品业	90.41	90.91	90.37	88.18	86.38	89.23	4.63	-0.28
纺织原料及纺织制品业	70.48	70.76	70.42	73.31	67.43	70.23	5.89	-0.24
皮革和制鞋业	75.33	74.11	86.88	86.34	86.01	82.30	13.66	0.86

续表

	1995 年	1999 年	2003 年	2007 年	2011 年	均值	极差	年均增长率
木材加工业	54.63	58.28	32.44	24.07	22.29	39.30	44.14	-5.04
造纸和印刷出版业	47.63	41.79	24.59	25.32	22.82	32.48	29.45	-4.07
焦炭、精炼石油及核燃料加工业	26.67	24.10	27.09	17.93	21.20	24.00	10.78	-0.71
化学工业	44.22	25.64	24.49	22.04	19.30	25.67	24.92	-4.49
橡胶和塑料制品业	42.50	43.84	40.93	34.99	31.88	39.30	14.21	-1.65
其他非金属矿物制品业	47.69	47.85	35.01	21.95	20.31	35.06	28.99	-4.95
金属制品业	31.20	26.28	15.18	14.19	14.47	19.92	17.97	-3.86
机械工业	67.35	71.15	73.19	66.57	62.09	68.58	11.10	-0.47
电子和光学设备制造业	56.87	55.79	57.12	51.56	50.20	53.91	7.99	-0.71
运输设备制造业	48.65	48.74	45.65	45.38	44.96	44.89	12.56	-0.18
机械回收业	85.22	82.32	83.07	75.95	67.05	79.18	21.00	-1.42
电力、水和天然气的供应业	28.87	28.83	18.71	25.22	24.94	25.71	12.51	-0.52
均值	50.86	49.04	44.80	42.69	41.47			
极差	83.82	87.00	88.60	78.27	75.30			

数据来源：根据世界投入产出数据库国际投入产出表中相关数据计算而得，精确到小数点后 2 位。

二、最终由外国消耗的中间品出口的变化

（一）最终由外国消耗的中间品出口绝对量的变化

表 4 -3 计算了 1995—2011 年部分年份中国出口中最终由外国消耗的中间品的出口额及其均值、极差和年均增长率的变化，从中可以发现这一时期中国出口产品中最终由外国消耗的中间品的变化呈现如下特点：第一，与 1995 年相比，2011 年各行业出口中最终由外国消耗的中间品的金额均显著增加，说明从整体上看，各行业出口中最终由外国消耗的中间品均呈上升趋势，这一趋势从这一时期各行业出口中最终由外国消耗的中间品年均增长率的变化上表现得更为明显，17 个行业的年均增长率均为正，其中年均增长率最低的也接近 7%（农业，6.98%），年均增长率最高的为化学工业，其年均增长率更是达到了 30.84%，年均增长率在 20% 的以上的行业达到 6 个，占全部行业的 35.29%，年均增长率在 10% 以下的则仅包括在两个行业，即农业、皮革和制鞋业；第二，从年均增长率在不同类型行业的分布上来看，表现为以化学工业、运输设备制造业、机械工业为代表的资本密集型和技术密集型行业的出口中最终由外国消耗的中间品年均增长率较高，与之对应的是，农业、皮革和制鞋业代表的传统的劳动密集型产业的出口中最终由外国消耗的中间品年均增长率较低；第三，从各行业出口中最终由外国消耗的中间品的均值来看，电子和光学设备制造业、金属制品业、化学工业等传统意义上

的资本密集型和技术密集型行业出口中最终由外国消耗的中间品相对较多，与之对应的是，绝大多数传统意义上的劳动密集型行业的最终品的出口中最终由外国消耗的中间品的绝对量相对较少；第四，从各行业出口中最终由外国消耗的中间品极差的变化来看，同样表现为以电子和光学设备制造业、金属制品业、化学工业等传统意义上的资本密集型和技术密集型行业的极差相对较大，说明这些行业在这一时期中出口最终品的变化的绝对量较大，绝大多数传统的劳动密集型行业和部分资本密集型行业的极差相对较小；第五，从各年度均值的变化来看，其均值呈逐年上升趋势，各年度的均值由 1995 年的 35.66 亿美元上升到 2011 年的 510.90 亿美元，17 年上升了 13.33 倍；第六，各年度各行业出口的最终由外国消耗的中间品的极差同样逐年增加，说明不同行业出口的最终由外国消耗的中间品的绝对差距在不断扩大。

表 4-3　1995—2011 年部分年份中国出口中最终由外国消耗的中间品额

单位：百万美元，%

	1995 年	1999 年	2003 年	2007 年	2011 年	均值	极差	年均增长率
农业	4 022.15	2 642.85	4 888.97	6 086.01	8 333.95	4 398.89	5 831.56	6.98
采矿业	3 708.21	2 541.73	7 237.71	7 478.82	9 062.28	6 295.63	8 069.51	10.40
食品、饮料及烟草制品业	860.52	812.03	1 247.72	3 558.07	6 798.69	2 315.37	5 986.66	15.14
纺织原料及纺织制品业	11 087.23	11 137.20	19 423.65	43 093.63	77 437.63	29 173.92	66 847.98	14.03
皮革和制鞋业	2 312.22	2 563.24	2 036.96	4 239.01	7 102.05	3 289.66	5 065.09	8.42
木材加工业	1 325.31	811.29	2 172.21	6 711.64	8 347.38	3 427.92	7 605.56	14.44
造纸和印刷出版业	1 030.56	1 175.65	2 593.14	4 010.59	6 907.24	2 823.62	5 886.97	13.35
焦炭、精炼石油及核燃料加工业	734.85	1 240.97	4 105.06	6 381.77	10 779.37	4 408.43	10 044.52	21.86
化学工业	1 989.53	7 706.80	14 894.93	47 994.58	91 456.00	27 737.32	89 466.47	30.84
橡胶和塑料制品业	3 917.23	5 165.64	8 418.26	25 480.40	47 451.51	15 397.64	43 534.28	17.92
其他非金属矿物制品业	1 994.27	2 615.35	4 022.36	11 513.28	21 058.20	7 256.52	19 063.93	16.92
金属制品业	9 049.80	10 460.09	25 147.20	79 353.63	107 018.82	41 125.11	97 969.03	19.61
机械工业	1 650.52	2 154.23	5 752.55	29 414.69	52 710.27	15 025.36	51 059.76	26.34
电子和光学设备制造业	14 549.55	21 764.47	59 672.41	223 521.84	336 790.15	117 429.29	322 240.60	23.27
运输设备制造业	1 388.32	2 388.38	7 000.67	27 624.89	52 299.33	15 462.54	50 911.01	27.06
机械回收业	691.30	1 315.43	3 098.31	10 464.27	23 650.11	6 642.90	22 958.81	26.49

续表

	1995 年	1999 年	2003 年	2007 年	2011 年	均值	极差	年均增长率
电力、水和天然气的供应业	311.92	289.15	593.70	860.07	1 324.00	635.76	1 039.63	10.90
均值	3 566.09	4 516.74	10 135.64	31 634.54	51 089.82			
极差	14 237.63	21 475.32	59 078.71	222 661.76	335 466.15			

数据来源：根据世界投入产出数据库国际投入产出表中相关数据计算而得，精确到小数点后 2 位。

（二）最终由外国消耗的中间品出口占总出口比重的变化

表 4 -4 计算了 1995—2011 年部分年份中国出口产品中最终由外国消耗的中间品出口占总出口比重及这一时期的均值、极差和年均增长率的变化，从中可以发现这一时期各行业出口中最终由外国消耗的中间品出口的变化呈现如下特点：第一，从年均增长率的变化来看，17 个行业中有仅有 3 个行业出口的最终由外国消费的中间品占总出口的比重的年均增长率为负，其中皮革和制鞋业的年均增长率最低，为 -3.08%，除此之外年均增长率为负的行业还有农业和采矿业，其年均增长率分别为 -1.09% 和 -0.39%，这说明这一时期绝大多数行业最终由外国消耗的中间品占该行业出口总额的比重均呈上升的趋势。第二，以机械回收业、其他非金属矿物制品业、化学工业、木材加工业和食品、饮料及烟草制品业为代表的资本密集型行业以及部分劳动密集型行业中最终由外国消耗的中间品的出口占总出口的比重上升幅度相对较大，上述 5 个行业的年均增长率均在 2% 以上。第三，从这一时期各行业最终由外国消耗的中间品的出口占总出口比重的均值变化来看，可以将各行业分为如下 5 个层次，第一个层次是以采矿业为代表的资源密集型行业，其最终由外国消耗的中间品出口占总出口的比重的均值达到 92.87%；第二个层次是以金属制品业，焦炭、精炼石油及核燃料加工业，化学工业等为代表的资本密集行业，其最终由外国消耗的中间品的出口占该行业总出口的比重在 70% 以上；第三个层次是以木材加工业、造纸和印刷出版业为代表的部分劳动密集型行业，其最终由外国消耗的中间品出口占总出口比重在 60% 以上；第四个层次是以运输设备制造业、电子和光学设备制造业为代表的技术密集型行业，其最终由外国消耗的中间品出口占总出口比重的均值为 40% ~60%；第五个层次是除上述 4 个层次所包含的行业以外的部分劳动密集型和资本密集行业，其最终由外国消耗的中间品出口占总出口的比重占的均值在 40% 以下，其中食品、饮料及烟草制品业中最终由外国消耗的中间品出口占总出口的比重最低，其均值仅为 10.70%。第四，从这一时期各行业最终由外国消耗的中间品出口占总出口比重的极差的变化来看，这一时期极差最大的为木材加工业，达到 43.32%，说明这一时期木材加工业中最终由外国消耗的中间品出口占总出口比重的变化绝对量最大，与之对应的是，食品、饮料及烟草制品业的极差仅为 4.55%，说明该行业最终由外国消耗的中间品出口占总出口比重的变化的绝对量相对较小。第五，从各年度的均值的

变化来看，各行业最终由外国消耗的中间品出口占总出口的比重由 1995 年的 48.91% 上升到 2011 年的 57.24%，17 年间这一比重上升了约 10 个百分点。第六，从各行业在各年度的极差来看，其极差由 2003 年最高的 87.76% 下降到 2011 年的 73.80%，这一比重不仅低于 2003 年约 14 个百分点，与 1995 年相比也低了近 10 个百分点，这一事实说明了这一时期各行业最终由外国消耗的中间品出口占总出口的比重的差距呈不断缩小的态势。

表 4－4　1995—2011 年部分年份中国出口产品中最终由外国消耗的中间品出口占总出口比重

单位：%

	1995 年	1999 年	2003 年	2007 年	2011 年	均值	极差	年均增长率
农业	59.47	60.45	65.13	56.76	46.95	56.54	23.44	－1.09
采矿业	93.09	95.64	97.34	88.98	87.25	92.87	13.29	－0.39
食品、饮料及烟草制品业	9.56	9.06	9.58	11.72	13.45	10.70	4.55	2.68
纺织原料及纺织制品业	29.19	28.85	29.08	26.32	32.02	29.34	5.70	0.76
皮革和制鞋业	24.52	25.70	12.96	13.50	13.79	17.53	13.62	－3.08
木材加工业	45.25	41.59	67.27	75.35	76.76	60.33	43.32	3.81
造纸和印刷出版业	52.17	57.94	74.95	73.97	76.11	67.00	28.59	2.55
焦炭、精炼石油及核燃料加工业	72.93	75.55	72.35	81.04	77.22	75.25	10.23	0.42
化学工业	55.40	73.68	74.32	76.17	78.11	73.06	22.71	2.29
橡胶和塑料制品业	57.24	55.84	58.33	63.83	66.47	59.91	12.84	1.00
其他非金属矿物制品业	52.19	51.96	64.50	77.44	78.74	64.49	28.21	2.68
金属制品业	68.45	73.19	83.38	84.00	83.03	78.83	16.58	1.25
机械工业	32.45	28.63	26.35	32.70	36.70	30.90	10.34	0.91
电子和光学设备制造业	42.75	43.66	41.25	45.80	46.68	44.45	5.69	0.65
运输设备制造业	51.18	51.10	53.96	54.00	53.94	54.66	12.24	0.54
机械回收业	14.74	17.60	16.79	23.75	32.37	20.62	20.49	5.80
电力、水和天然气的供应业	70.90	70.86	80.35	73.56	73.46	73.48	11.84	0.26
均值	48.91	50.66	54.58	56.40	57.24			
极差	83.53	86.58	87.76	77.26	73.80			

数据来源：根据世界投入产出数据库国际投入产出表中相关数据计算而得，精确到小数点后 2 位。

三、最终回到中国的中间品的变化

（一）最终回到中国的中间品的绝对量的变化

表 4－5 计算了 1995—2011 年部分年份中国出口产品中最终回到中国的中间品的数

量及这一时期均值、极差和年均增长率的变化，从中可以发现这一时期中国出口产品中最终回到中国的中间品的数量的变化呈现如下特点：第一，与1995年相比，2011年各行业出口中最终回到中国的中间品的数量均显著增加，说明从整体上看，各行业出口中最终回到中国的中间品的数量均呈上升趋势，这一趋势从这一时期各行业出口中最终回到中国的中间品的数量的年均增长率的变化上表现得更为明显，17个行业的年均增长率均为正，其中年均增长率最低的也在10%以上（皮革和制鞋业，14.02%），年均增长率最高的为化学工业，其年均增长率达到44.92%，年均增长率在20%的以上的行业更是达到了14个，占全部行业的82.35%，年均增长率在20%以下的则仅包括在3个行业，分别为皮革和制鞋业（14.02%）、纺织原料及纺织制品业（17.10%）、农业（17.80%）；第二，从年均增长率在不同类型行业的分布上来看，以化学工业、运输设备制造业、机械工业为代表的资本密集型和技术密集型行业的出口中最终回到中国的中间品的数量的年均增长率较高；第三，从各行业出口中最终回到中国的中间品的数量均值来看，电子和光学设备制造业、金属制品业、化学工业等传统意义上的资本密集型和技术密集型行业出口中最终回到中国的中间品的数量相对较多，与之对应的是，绝大多数传统意义上的劳动密集型行业的最终品的出口中最终回到中国的中间品的数量相对较少；第四，从各行业出口中最终回到中国的中间品数量的极差变化来看，同样表现为以电子和光学设备制造业、金属制品业、化学工业等传统意义上的资本密集型和技术密集型行业的极差相对较大，说明这些行业在这一时期中最终回到中国的中间品的数量的变化的绝对量较大，绝大多数传统的劳动密集型行业和部分资本密集型行业的极差相对较小；第五，从各年度各行业出口的最终回到中国的中间品的数量的均值变化来看，其均值呈逐年上升趋势，各年度的均值由1995年的0.24亿美元上升到2011年的20.93亿美元，17年上升了86倍以上；第六，从各年度各行业出口的最终回到中国的中间品的数量的极差的变化来看，其极差逐年增加，说明在各年度，不同行业出口的最终回到中国的中间品的数量的绝对差距在不断扩大。

表4-5 1995—2011年部分年份中国出口产品中最终回到中国的中间品变化

单位：百万美元，%

	1995年	1999年	2003年	2007年	2011年	均值	极差	年均增长率
农业	9.48	6.82	17.28	36.50	81.53	23.24	75.23	17.80
采矿业	12.72	11.99	66.06	93.88	173.97	66.68	162.06	24.51
食品、饮料及烟草制品业	2.62	2.75	5.81	31.73	85.63	19.84	83.00	27.26
纺织原料及纺织制品业	126.94	151.90	333.96	595.27	1 336.50	442.39	1 215.83	17.10
皮革和制鞋业	14.61	19.01	24.04	50.92	102.25	36.45	88.25	14.02
木材加工业	3.60	2.57	9.30	51.62	103.16	26.33	100.77	27.21
造纸和印刷出版业	3.90	5.56	16.19	38.64	97.47	25.57	93.57	23.52

续表

	1995 年	1999 年	2003 年	2007 年	2011 年	均值	极差	年均增长率
焦炭、精炼石油及核燃料加工业	4.04	5.70	31.89	81.48	220.67	57.74	216.63	33.16
化学工业	13.46	71.11	238.42	1 129.07	3 030.79	673.29	3 017.33	44.92
橡胶和塑料制品业	17.78	29.70	106.47	471.49	1 178.53	277.68	1 160.75	31.75
其他非金属矿物制品业	4.90	9.64	30.49	90.85	252.40	61.63	247.50	29.47
金属制品业	46.99	75.67	434.95	1 715.38	3 223.50	871.18	3 176.51	34.72
机械工业	10.37	16.55	98.54	658.67	1 732.39	371.58	1 722.02	40.91
电子和光学设备制造业	127.08	274.39	2 354.04	12 898.95	22 446.50	6 469.79	22 319.42	41.79
运输设备制造业	4.61	7.53	50.25	317.29	1 068.41	211.04	1 063.80	43.42
机械回收业	1.84	6.08	26.21	128.84	421.37	87.69	419.53	43.71
电力、水和天然气的供应业	1.02	1.29	6.92	14.29	28.89	8.94	27.86	26.62
均值	23.88	41.07	226.52	1 082.64	2 093.17			
极差	126.06	273.10	2 348.24	12 884.66	22 417.61			

数据来源：根据世界投入产出数据库国际投入产出表中相关数据计算而得，精确到小数点后 2 位。

（二）最终回到中国的中间品所占比重的变化

表 4－6 计算了 1995—2011 年部分年份中国出口产品中最终回到中国的中间品占总出口比重及这一时期的均值、极差和年均增长率的变化，从中可以发现这一时期各行业出口中最终回到中国的中间品占总出口比重的变化呈现如下特点：第一，从年均增长率的变化来看，17 个行业中最终回到中国的中间品占总出口比重的年均增长率均为正，其中年均增长率最高的达到 20.53%（机械回收业），年均增长率最低的也在 2% 以上（皮革和制鞋业，2.07%），说明这一时期各行业最终回到中国的中间品占总出口比重均呈上升趋势。第二，以机械回收业、电子和光学设备制造业、其他非金属矿物制品业、化学工业、木材加工业和食品、饮料及烟草制品业为代表的资本密集型行业以及部分劳动密集型行业中最终回到中国的中间品占总出口比重上升幅度相对较大。第三，从这一时期各行业最终回到中国的中间品占总出口比重的均值的变化来看，可以将各行业分为如下 3 个层次，第一个层次是以化学工业、电子和光学设备制造业、金属制品业为代表的资本密集型和技术密集型行业，其最终回到中国的中间品占总出口比重在 1% 以上；第二个层次是以采矿业，焦炭、精炼石油及核燃料加工业，橡胶和塑料制品业等为代表的资源密集型行业和部分资本密集行业，其最终回到中国的中间品占总出口比重为 0.5% ~1%；第三个层次是除上述两个层次所包含的行业以外的部分劳动密集型和资本密集行业，其最终回到中国的中间品占总出口比重的均值在 0.5% 以下，其中食品、饮料及烟草制品业中最终回到中国的中间品占总出口比重最低，其均值仅为 0.07%。第四，从这一时期各行业最终回到中国的中间品占总出口比重的极差变化来看，这一时期

极差最大的为化学工业，其极差达到2.74%，说明这一时期化学工业中最终回到中国的中间品占总出口比重的变化的绝对量最大，与之对应的是，皮革和制鞋业的极差仅为0.05%，说明该行业最终回到中国的中间品占总出口比重的变化的绝对量相对较小。第五，从各年度的均值变化来看，各行业最终回到中国的中间品占总出口比重由1995年的0.23%上升到2011年的1.29%，17年间这一比重上升了约1个百分点。第六，从各行业在各年度的极差来看，其极差同样呈逐年上升趋势，由1995年的0.37%上升到2011年的2.94%，17年上升了近2.6个百分点，上升了近7倍，说明这一时期各行业最终回到中国的中间品占总出口比重的差距呈不断扩大的态势。

表4-6 1995—2011年部分年份中国出口产品中最终回到中国的中间品占总出口比重

单位:%

	1995年	1999年	2003年	2007年	2011年	均值	极差	年均增长率
农业	0.14	0.16	0.23	0.34	0.46	0.24	0.32	8.51
采矿业	0.32	0.45	0.89	1.12	1.67	0.85	1.36	11.46
食品、饮料及烟草制品业	0.03	0.03	0.04	0.10	0.17	0.07	0.14	12.68
纺织原料及纺织制品业	0.33	0.39	0.50	0.36	0.55	0.43	0.23	3.73
皮革和制鞋业	0.15	0.19	0.15	0.16	0.20	0.17	0.05	2.07
木材加工业	0.12	0.13	0.29	0.58	0.95	0.37	0.84	14.23
造纸和印刷出版业	0.20	0.27	0.47	0.71	1.07	0.51	0.88	11.39
焦炭、精炼石油及核燃料加工业	0.40	0.35	0.56	1.03	1.58	0.75	1.28	9.95
化学工业	0.37	0.68	1.19	1.79	2.59	1.27	2.21	13.07
橡胶和塑料制品业	0.26	0.32	0.74	1.18	1.65	0.79	1.39	12.72
其他非金属矿物制品业	0.13	0.19	0.49	0.61	0.94	0.45	0.82	13.79
金属制品业	0.36	0.53	1.44	1.82	2.50	1.25	2.15	13.53
机械工业	0.20	0.22	0.45	0.73	1.21	0.52	1.00	12.18
电子和光学设备制造业	0.37	0.55	1.63	2.64	3.11	1.65	2.74	14.96
运输设备制造业	0.17	0.16	0.39	0.62	1.10	0.45	0.94	13.08
机械回收业	0.04	0.08	0.14	0.29	0.58	0.20	0.54	20.53
电力、水和天然气的供应业	0.23	0.31	0.94	1.22	1.60	0.82	1.37	13.50
均值	0.23	0.30	0.62	0.90	1.29			
极差	0.37	0.65	1.58	2.54	2.94			

数据来源：根据世界投入产出数据库国际投入产出表中相关数据计算而得，精确到小数点后2位。

第三节　按增加值来源分解的中国货物贸易总出口

一、中国出口产品中外国增加值的变化

（一）中国出口产品中外国增加值绝对量的变化

根据式（4－12），表4－7计算了1995—2011年部分年份中国出口产品中外国增加值变化及这一时期均值、极差和年均增长率的变化，从中可以发现这一时期中国出口中外国增加值的变化呈现如下特点。第一，从整体上看，各行业出口产品中的外国增加值的绝对量均呈上升趋势，与1995年相比，2011年各行业出口中的外国增加值的绝对量均显著上升，且上升速度明显快于各行业出口中国内增加值的上升速度，这一特点从各行业出口产品中外国增加值的年均增长率上看更为明显，17个行业出口产品的外国增加值的年均增长率均为正，且年均增长率均在10%以上，17个行业中有3个行业出口产品中的外国增加值的绝对额的年均增长率为20%～30%，更有4个行业出口产品中的外国增加值绝对量的年均增长率在30%以上，与之对应的是，仅有4个行业出口产品中外国增加值的绝对额的年均增长率为10%～15%，具体来看，在以焦炭、精炼石油及核燃料加工业，化学工业，运输设备制造业，机械工业为代表的资本密集型和技术密集型行业中，其出口产品中外国增加值的年均增长率相对较高，上述4个行业也是年均增长率在30%以上的行业，与之对应的是，以农业、皮革和制鞋业、纺织原料及纺织制品业、造纸和印刷出版业为代表的传统的劳动密集型行业中，其出口产品中国内增加值的绝对量的年均增长率相对较低，上述4个行业出口产品中外国增加值绝对额的增长率均在15%以下。第二，从这一时期各行业出口产品中外国增加值的绝对量均值上看，可以将17个行业分为如下4个层次，第一个层次是电子和光学设备制造业，其出口产品中的外国增加值的绝对额的均值达到了804亿美元；第二个层次是纺织原料及纺织制品业和金属制品业，其出口产品中的外国增加值为100亿～200亿美元；第三个层次是以农业、采矿业、木材加工业、造纸和印刷出版业代表的传统的劳动密集型和资源密集型行业，其出口产品中的外国增加值绝对量的均值在10亿美元以下；第四个层次是除上述3个层次以外的行业，主要以绝大多数资本密集型和劳动密集型行业为主，其出口产品中的外国增加值绝对额的均值为10亿～20亿美元。第三，从各行业在这一时期的极差变化来看，以电子和光学设备制造业、机械工业为代表的技术密集型和资本密集型行业和以纺织原料及纺织制品业为代表的部分劳动密集型行业的极差相对较大，其中电子和光学设备制造业的极差更是达到了2 026.36亿美元，说明上述行业在这一时期出口产品中的外国增加值的变化的绝对幅度较大。第四，从各年度各行业出口产品中外国增加值的绝对额的均值的变化来看，其均值呈逐年上升趋势，各年度的均值由1995年的14.49亿美元上升到2011年的

245.46 亿美元，17 年上升了约 16 倍。第五，从各年度各行业出口产品中外国增加值绝对额的极差变化来看，其极差逐年增加，由 1995 年的 74.77 亿美元上升到 2011 年的 2 094.09 亿美元，表明在各年间，不同行业出口产品中外国增加值的绝对量的绝对差距同样是在不断扩大的。

表 4－7　1995—2011 年部分年份中国出口产品中外国增加值变化

单位：百万美元，%

	1995 年	1999 年	2003 年	2007 年	2011 年	均值	极差	年均增长率
农业	390.54	224.36	535.05	807.03	1 297.75	555.16	1 098.37	10.39
采矿业	368.77	200.30	791.97	1 229.88	1 503.12	814.65	1 486.36	16.66
食品、饮料及烟草制品业	749.93	582.57	1 222.62	3 304.36	5 556.20	1 980.51	4 974.61	15.42
纺织原料及纺织制品业	6 706.13	6 169.06	12 366.92	26 866.33	34 352.74	15 660.55	28 991.13	12.41
皮革和制鞋业	1 768.88	1 559.61	2 892.97	5 174.90	7 365.43	3 457.81	5 972.91	10.77
木材加工业	470.10	231.12	484.13	1 577.93	1 792.16	779.84	1 571.82	12.38
造纸和印刷出版业	283.46	262.99	551.92	1 058.52	1 660.13	668.83	1 411.34	13.24
焦炭、精炼石油及核燃料加工业	207.63	282.16	1 687.07	2 949.72	6 014.84	2 027.10	5 807.21	34.15
化学工业	548.21	1 557.01	4 162.39	15 231.60	27 879.91	8 181.32	27 331.70	32.01
橡胶和塑料制品业	1 227.49	1 547.63	3 076.25	9 847.08	16 270.33	5 414.53	15 042.83	19.63
其他非金属矿物制品业	412.44	508.12	885.34	2 485.35	4 412.78	1 511.84	4 000.35	18.31
金属制品业	2 038.52	1 980.66	6 153.80	24 062.50	34 553.86	11 736.77	32 619.59	24.36
机械工业	749.95	1 011.87	4 443.04	22 159.06	32 627.40	9 883.44	31 891.22	30.32
电子和光学设备制造业	7 518.07	10 893.36	47 847.75	171 031.59	209 720.72	80 400.03	202 636.09	26.23
运输设备制造业	439.31	657.86	2 654.09	12 368.70	21 472.82	6 085.91	21 033.51	31.10
机械回收业	719.90	884.06	2 672.46	6 781.62	10 496.38	3 685.66	9 873.08	20.13
电力、水和天然气的供应业	40.95	32.45	90.00	200.13	311.95	122.34	282.01	17.16
均值	1 449.43	1 681.48	5 442.22	18 066.84	24 546.38			
极差	7 477.12	10 860.91	47 757.75	170 831.46	209 408.77			

数据来源：根据世界投入产出数据库国际投入产出表中相关数据计算而得，精确到小数点后 2 位。

（二）中国出口产品中外国增加值所占比重的变化

从各行业出口产品中外国增加值占该行业出口产品的比重变化来看，表 4－8 计算了1995—2011年部分年份中国出口产品中外国增加值占出口比重及这一时期的均值、极差和年均增长率的变化，从中可以发现，这一时期各行业出口产品中外国增加值占该行业出口比重的变化呈现出如下几个特点：第一，从年均增长率的变化来看，17个行业中只有2个行业出口产品中外国增加值所占比重的年均增长率为负，其中年均增长率最低的为皮革和制鞋业，其年均增长率为-1.25%，纺织原料及纺织制品业出口产品中外国增加值的年均增长率同样为负，但其值仅为-0.97%，与之对应的是，有15个行业出口产品中外国增加值所占比重的年均增长率为正，其中焦炭、精炼石油及核燃料加工业的年均增长率最高，达到6.98%，除此之外的14个行业出口产品中外国增加值所占比重的年均增长率在3%以上的还包括电力、水和天然气的供应业（4.74%），金属制品业（4.00%），采矿业（3.59%），机械工业（3.46%），化学工业（3.35%）和其他非金属矿物制品业（3.23%）6个行业，其他行业中，除机械回收业和木材加工业中外国增加值占该行业出口的比重在1%以下之外，其余各行业中外国增加值占该行业出口产品的比重也都在1%～3%。第二，从不同类型行业出口产品中外国增加值所占比重的年均增长率变化来看，以皮革和制鞋业、纺织原料及纺织制品业为代表的传统的劳动密集型行业中外国增加值所占比重的年均增长率较低，说明这些行业出口中的外国增加值增加相对较少，与之对应的是，以焦炭、精炼石油及核燃料加工业，金属制品业，化学工业为代表的资本密集型和技术密集型行业，其出口产品中外国增加值所占其出口比重的年均增长率较高，说明这些行业出口产品中外国增加值所占比重的增幅较为明显。第三，从这一时期各行业出口产品中外国增加值所占比重的均值变化来看，可以将各行业分为如下3个层次，第一个层次是以农业，食品、饮料及烟草制品业为代表的部分劳动密集型和资源密集型行业，其出口产品中外国增加值占总出口比重在10%以下；第二个层次是以电子和光学设备制造业，焦炭、精炼石油及核燃料加工业，橡胶和塑料制品业为代表的部分技术密集型和资本密集型行业，其出口产品中外国增加值占出口比重在20%以上；第三个层次是除上述两个层次所包含的行业以外的部分劳动密集型和资本密集行业，其出口产品中外国增加值占总出口比重为10%～20%。第四，从这一时期各行业出口产品中国内增加值占总出口比重的极差的变化来看，这一时期极差最大的为焦炭、精炼石油及核燃料加工业，其极差达到28.59%，说明这一时期焦炭、精炼石油及核燃料加工业出口产品中外国增加值占总出口比重的变化的绝对量最大，与之对应的是，农业的极差仅为3.40%，说明该行业出口产品中外国增加值占总出口比重的变化的绝对量相对较小。第五，从各年度均值的变化来看，各行业出口产品中外国增加值占总出口比重总体上呈上升趋势，各年度的均值由1995年的14.58%上升到2011年的19.69%，17年间这一比重上升了5个百分点以上。第六，从各行业在各年度的极差来看，其极差同样呈逐年上升趋势，由1995年的16.32%上升到2011年的35.78%，17年上升了近20个百分点，上升了1倍以上，这一事实说明了这一时期各年度各行业出口产品中外国增加值占各行业出口比重的差距呈不断扩大的态势。

表4-8 1995—2011年部分年份中国出口产品中外国增加值占出口比重变化

单位:%

	1995年	1999年	2003年	2007年	2011年	均值	极差	年均增长率
农业	5.77	5.13	7.13	7.53	7.31	6.54	3.40	2.07
采矿业	9.26	7.54	10.65	14.63	14.47	10.97	7.60	3.59
食品、饮料及烟草制品业	8.33	6.50	9.39	10.88	10.99	9.05	5.14	2.43
纺织原料及纺织制品业	17.65	15.98	18.52	16.41	14.20	16.44	7.73	-0.97
皮革和制鞋业	18.76	15.64	18.41	16.48	14.30	16.61	7.43	-1.25
木材加工业	16.05	11.85	14.99	17.71	16.48	14.53	7.38	0.87
造纸和印刷出版业	14.35	12.96	15.95	19.52	18.29	15.71	7.85	1.95
焦炭、精炼石油及核燃料加工业	20.61	17.18	29.73	37.46	43.09	29.55	28.59	6.98
化学工业	15.27	14.89	20.77	24.17	23.81	19.63	11.72	3.35
橡胶和塑料制品业	17.94	16.73	21.32	24.67	22.79	20.45	9.92	1.94
其他非金属矿物制品业	10.79	10.09	14.20	16.72	16.50	13.43	7.98	3.23
金属制品业	15.42	13.86	20.40	25.47	26.81	19.96	13.78	4.00
机械工业	14.74	13.45	20.36	24.63	22.72	18.90	13.37	3.46
电子和光学设备制造业	22.09	21.85	33.08	35.04	29.07	28.28	18.93	2.23
运输设备制造业	16.20	14.07	20.46	24.18	22.15	19.13	12.34	2.64
机械回收业	15.35	11.83	14.48	15.39	14.37	13.76	5.40	0.06
电力、水和天然气的供应业	9.31	7.95	12.18	17.12	17.31	12.46	10.10	4.74
均值	14.58	12.79	17.77	20.47	19.69			
极差	16.32	16.72	25.95	29.93	35.78			

数据来源：根据世界投入产出数据库国际投入产出表中相关数据计算而得，精确到小数点后2位。

二、中国出口产品中国内增加值的变化

（一）中国出口产品中国内增加值绝对量的变化

根据式（4-13），表4-9计算了1995—2011年部分年份中国出口产品中国内增加值变化及这一时期均值、极差和年均增长率的变化，从中可以发现这一时期中国出口中国内增加值的变化呈现如下特点：第一，从整体上看，各行业出口产品中的国内增加值的绝对量均呈上升趋势，与1995年相比，2011年各行业出口中的国内增加值的绝对量均显著上升，这一特点从各行业出口产品中国内增加值的年均增长率上看更为明显，17个行业出口产品的国内增加值的年均增长率均为正，并且只有3个行业的出口产品中国内增加值的年均增长率在10%以下，与之对应的是，有4个行业出口产品中的国内增加

值的年均增长率在20%以上，具体来看，在以化学工业、运输设备制造业、机械工业、电子和光学设备制造业为代表的资本密集型和技术密集型行业中，其出口产品中国内增加值的年均增长率相对较高，上述4个行业也是年均增长率在20%以上的行业，与之对应的是，以农业、木材加工业、采矿业、皮革和制鞋业为代表的传统资源密集型和劳动密集型行业中，其出口产品中国内增加值的绝对量年均增长率相对较低。第二，从这一时期各行业出口产品中国内增加值的绝对量的均值上看，可以分为如下4个层次，第一个层次是电子和光学设备制造业，其出口中的国内增加值绝对额的均值达到1 774.93亿美元；第二个层次是纺织原料及纺织制品业，其均值达到830.12亿美元；第三个层次是以机械工业、金属制品业、运输设备制造业为代表的资本密集型和技术密集型行业，其出口产品中的国内增加值绝对量的均值为200亿~400亿美元；第四个层次是除上述3个层次以外的行业，主要以劳动密集型行业为主，其出口产品中的国内增加值绝对额的均值在200亿美元以下。第三，从各行业在这一时期的极差变化来看，以电子和光学设备制造业、机械工业为代表的技术密集型和资本密集型行业和以纺织原料及纺织制品业为代表的部分劳动密集型行业的极差相对较大，说明上述行业在这一时期出口产品中的国内增加值的绝对变化幅度较大。第四，从各年度各行业出口产品中国内增加值绝对额均值的变化来看，其均值呈逐年上升趋势，各年的均值由1995年的72.28亿美元上升到2011年的805.66亿美元。第五，从各年度各行业出口产品中国内增加值绝对额的极差变化来看，其极差逐年增加，由1995年的308.80亿美元上升到2011年的5 102.06亿美元，说明不同行业出口产品中国内增加值的绝对量的绝对差距在各年间不断扩大。

表4-9　1995—2011年部分年份中国出口产品中国内增加值变化

单位：百万美元,%

	1995年	1999年	2003年	2007年	2011年	均值	极差	年均增长率
农业	6 373.13	4 147.88	6 970.95	9 914.99	16 454.08	7 597.85	12 467.84	7.35
采矿业	3 614.64	2 457.22	6 643.52	7 175.41	8 883.55	6 025.55	7 967.83	10.07
食品、饮料及烟草制品业	8 249.58	8 377.56	11 796.09	27 059.62	44 983.53	18 011.72	36 733.95	11.74
纺织原料及纺织制品业	31 278.91	32 437.96	54 417.00	136 853.65	207 493.57	83 011.50	176 214.66	13.18
皮革和制鞋业	7 662.17	8 414.99	12 818.75	26 219.15	44 140.68	17 971.35	36 478.52	11.99
木材加工业	2 458.92	1 719.79	2 744.85	7 329.70	9 082.75	4 273.23	7 362.96	9.85
造纸和印刷出版业	1 692.02	1 766.27	2 908.10	4 363.44	7 415.38	3 343.98	5 723.35	10.19
焦炭、精炼石油及核燃料加工业	800.00	1 360.37	3 986.95	4 925.21	7 944.81	3 739.72	7 144.80	17.70

续表

	1995 年	1999 年	2003 年	2007 年	2011 年	均值	极差	年均增长率
化学工业	3 042.97	8 903.27	15 879.74	47 776.63	89 208.68	28 595.77	86 165.71	25.96
橡胶和塑料制品业	5 615.68	7 702.64	11 355.15	30 072.52	55 113.69	19 177.29	49 498.01	15.97
其他非金属矿物制品业	3 409.02	4 525.70	5 350.91	12 382.95	22 329.92	8 766.13	18 920.90	13.30
金属制品业	11 182.91	12 311.52	24 005.62	70 411.16	94 342.94	38 518.48	83 160.03	16.38
机械工业	4 336.91	6 511.39	17 384.39	67 798.07	111 000.54	35 758.03	106 663.63	23.67
电子和光学设备制造业	26 514.09	38 956.66	96 797.55	317 053.12	511 695.87	177 492.74	485 181.77	21.09
运输设备制造业	2 273.24	4 016.39	10 319.96	38 789.63	75 482.94	22 164.07	73 209.70	25.72
机械回收业	3 968.68	6 590.78	15 783.43	37 271.78	62 554.75	22 383.68	58 586.07	19.70
电力、水和天然气的供应业	398.99	375.64	648.89	969.16	1 490.36	740.74	1 114.72	9.80
均值	7 227.76	8 857.41	17 635.99	49 786.25	80 565.77			
极差	30 879.92	38 581.02	96 148.66	316 083.96	510 205.50			

数据来源：根据世界投入产出数据库国际投入产出表中相关数据计算而得，精确到小数点后 2 位。

（二）中国出口产品中国内增加值所占比重的变化

从各行业出口产品中国内增加值占该行业出口产品的比重变化来看，表 4－10 计算了 1995—2011 年部分年份中国出口产品中国内增加值占出口比重及这一时期的均值、极差和年均增长率的变化，从中可以发现这一时期各行业出口产品中国内增加值占该行业出口的比重的变化呈现出如下几个特点：第一，从年均增长率的变化来看，17 个行业中只有 3 个行业出口产品中国内增加值所占比重的年均增长率为正，其中年均增长率最高的也仅为 0.35%（皮革和制鞋业），其余两个年均增长率为正的行业还包括纺织原料及纺织制品业（0.27%）和机械回收业（0.08%），与之对应的是，有 13 个行业出口产品中国内增加值所占比重的年均增长率为负，焦炭、精炼石油及核燃料加工业的年均增长率最低，仅为－1.76%，除此之外的 12 个行业出口产品中国内增加值所占比重的年均增长率则均在－1% 以下。第二，从不同类型行业出口产品中国内增加值所占比重的年均增长率变化来看，以皮革和制鞋业、纺织原料及纺织制品业为代表的传统劳动密集型行业中国内增加值所占比重的年均增长率较高，说明这些行业出口中的国内增加值增加相对较快，与之对应的是，以焦炭、精炼石油及核燃料加工业，金属制品业，化学工业为代表的资本密集型和技术密集型行业，其出口产品中国内增加值所占其出口比重的年均增长率较低。第三，从这一时期各行业出口产品中国内增加值所占比重的均值变化来看，可以将各行业分为如下 3 个层次，第一个层次是以农业和食品、饮料及烟草制品业为代表的行业，其出口产品中国内增加值占总出口比重在 90% 以上；第二个层次是以电子和光学设备制造业，焦炭、精炼石油及核燃料加工业，橡胶和塑料制品业为代表的部分技术密集型和资本密集型行业，其出口产品中国内增加值占出口产比重在80%以下；第三个层次是除上述两个层次所包含的行业以外的部分劳动密集型和资本密集行业，其出口产品中国内增加值占总出口比重为80%～90%。第四，从这一时期各行业出口产品中国内增加值占总出口比重的极差变化来看，这一时期极差最大的为焦炭、精炼石油及核燃料加工业，其极差达到28.59%，说明这一时期焦炭、精炼石油及核燃料加工业出口产品中国内增加值占总出口比重的变化的绝对量最大，与之对应的是，农业的极差仅为3.40%，说明该行业出口产品中国内增加值占总出口比重的变化绝对量相对较小。第五，从各年度的均值的变化来看，各行业出口产品中国内增加值占总出口比重总体上呈下降趋势，各年度的均值由1995年的85.42%下降到2011年的80.31%，17年间这一比重下降了5个百分点以上。第六，从各行业在各年度的极差来看，其极差同样呈逐年上升趋势，由1995年的16.32%上升到2011年的35.78%，17年上升了近20个百分点，上升了1倍以上，说明这一时期各年度各行业出口产品中国内增加值占各行业出口比重的差距呈不断扩大的态势。

表4-10　1995—2011年部分年份中国出口产品中国内增加值占出口比重变化

单位：%

	1995年	1999年	2003年	2007年	2011年	均值	极差	年均增长率
农业	94.23	94.87	92.87	92.47	92.69	93.46	3.40	-0.10
采矿业	90.74	92.46	89.35	85.37	85.53	89.03	7.60	-0.36
食品、饮料及烟草制品业	91.67	93.50	90.61	89.12	89.01	90.95	5.14	-0.18
纺织原料及纺织制品业	82.35	84.02	81.48	83.59	85.80	83.56	7.73	0.27
皮革和制鞋业	81.24	84.36	81.59	83.52	85.70	83.39	7.43	0.35
木材加工业	83.95	88.15	85.01	82.29	83.52	85.47	7.38	-0.01
造纸和印刷出版业	85.65	87.04	84.05	80.48	81.71	84.29	7.85	-0.28
焦炭、精炼石油及核燃料加工业	79.39	82.82	70.27	62.54	56.91	70.45	28.59	-1.76
化学工业	84.73	85.11	79.23	75.83	76.19	80.37	11.72	-0.63
橡胶和塑料制品业	82.06	83.27	78.68	75.33	77.21	79.55	9.92	-0.35
其他非金属矿物制品业	89.21	89.91	85.80	83.28	83.50	86.57	7.98	-0.40
金属制品业	84.58	86.14	79.60	74.53	73.19	80.04	13.78	-0.87
机械工业	85.26	86.55	79.64	75.37	77.28	81.10	13.37	-0.57
电子和光学设备制造业	77.91	78.15	66.92	64.96	70.93	71.72	18.93	-0.51
运输设备制造业	83.80	85.93	79.54	75.82	77.85	80.87	12.34	-0.42
机械回收业	84.65	88.17	85.52	84.61	85.63	86.24	5.40	0.08
电力、水和天然气的供应业	90.69	92.05	87.82	82.88	82.69	87.54	10.10	-0.56
均值	85.42	87.21	82.23	79.53	80.31			
极差	16.32	16.72	25.95	29.93	35.78			

数据来源：根据世界投入产出数据库国际投入产出表中相关数据计算而得，精确到小数点后2位。

三、中国间接出口的国内增加值的变化

在前文对中国出口产品中的国内增加值和外国增加值进行分析的基础上，在此，根据式（4-14），本书进一步计算了中国间接出口的国内增加值的绝对量及其占出口中的比重。

（一）中国间接出口的国内增加值绝对量的变化

表4-11计算了1995—2011年部分年份中国间接出口的国内增加值绝对量及这一时期均值、极差和年均增长率的变化，从中可以发现这一时期中国各行业出口产品中间接出口国内增加值的绝对额的变化呈现如下特点：第一，从整体上看，各行业出口产品中间接出口的国内增加值的绝对量均呈上升趋势，与1995年相比，2011年各行业出口中的国内增加值的绝对量均显著上升，17个行业出口产品的国内增加值的年均增长率均为正，且有4个行业出口产品中的间接出口的国内增加值的年均增长率在40%以上，其中在以其他非金属矿物制品业、采矿业、机械回收业以及电力、水和天然气的供应业为代表的行业中，其出口产品中间接出口的国内增加值的年均增长率相对较高，以纺织原料及纺织制品业为代表的传统的资源密集型和劳动密集型行业中，其出口产品中国内增加值的绝对量的年均增长率相对较低。第二，从这一时期各行业出口产品中间接出口的国内增加值的绝对量均值上看，可分为如下几个层次，第一个层次是电子和光学设备制造业、机械工业，其出口产品中间接出口的国内增加值的绝对额都在10亿美元以上；第二个层次是包括皮革和制鞋业、木材加工业、造纸和印刷出版业、其他非金属矿物制品业以及电力、水和天然气的供应业，其出口产品中间接出口的国内增加值在1亿美元以下；第三个层次是除上述两个层次以外的行业，其出口产品中间接出口的国内增加值绝对额的均值为1亿~10亿美元。第三，从各行业在这一时期的极差变化来看，技术密集型和资本密集型行业、部分劳动密集型行业以及资源密集型行业中的极差相对较大。第四，各年度各行业出口产品中间接出口的国内增加值的绝对额均值的变化则表现为逐年上升态势，各年度的均值由1995年的0.37亿美元上升到2011年的27.57亿美元。第五，从各年度各行业出口产品中间接出口的国内增加值绝对额的极差的变化来看，其极差逐年增加，由1995年的1.77亿美元上升到2011年的241.21亿美元。

表4-11 1995—2011年部分年份中国间接出口的国内增加值绝对量

单位：百万美元，%

	1995年	1999年	2003年	2007年	2011年	均值	极差	年均增长率
农业	11.20	13.76	55.21	209.63	634.79	141.74	624.59	32.41
采矿业	9.24	15.28	112.75	645.54	2 244.49	445.76	2 235.25	50.21
食品、饮料及烟草制品业	12.24	18.59	57.26	221.57	578.48	137.18	566.25	29.92

续表

	1995 年	1999 年	2003 年	2007 年	2011 年	均值	极差	年均增长率
纺织原料及纺织制品业	165.89	209.79	400.18	569.23	1 166.56	456.54	1 002.70	13.92
皮革和制鞋业	16.40	19.63	46.01	101.33	198.14	65.90	182.63	18.58
木材加工业	8.16	6.48	16.19	37.71	116.40	27.65	110.62	20.80
造纸和印刷出版业	9.43	20.34	44.36	117.38	297.09	79.50	287.66	25.03
焦炭、精炼石油及核燃料加工业	9.65	17.90	67.86	156.09	457.96	113.65	448.31	32.43
化学工业	40.63	125.79	406.36	1 577.04	3 797.22	941.56	3 756.60	34.85
橡胶和塑料制品业	10.53	21.57	53.49	255.10	705.21	161.93	694.68	32.07
其他非金属矿物制品业	0.33	6.56	23.04	65.27	163.01	41.44	162.68	126.30
金属制品业	54.29	95.59	490.41	1 417.47	2 841.66	789.59	2 787.37	30.75
机械工业	71.34	118.29	542.53	2 067.10	4 795.70	1 205.29	4 724.36	32.57
电子和光学设备制造业	176.81	414.00	2 794.28	13 363.31	24 148.12	6 967.18	23 971.31	38.29
运输设备制造业	30.25	45.17	250.97	1 137.45	3 787.10	769.73	3 756.98	38.05
机械回收业	2.27	14.95	43.51	301.30	907.97	190.41	905.70	53.17
电力、水和天然气的供应业	0.17	0.28	4.21	9.90	26.81	6.87	26.67	43.07
均值	36.99	68.47	318.15	1 308.97	2 756.87			
极差	176.64	413.72	2 790.07	13 353.41	24 121.31			

数据来源：根据世界投入产出数据库国际投入产出表中相关数据计算而得，精确到小数点后 2 位。

（二）中国间接出口的国内增加值占出口比重的变化

从各行业出口产品中间接出口的国内增加值占该行业出口产品的比重的变化来看，表 4 – 12 计算了 1995—2011 年部分年份中国间接出口的国内增加值占出口比重及这一时期的均值、极差和年均增长率的变化，从中可以发现这一时期各行业出口产品中间接出口的国内增加值占该行业出口的比重变化呈现出如下几个特点：第一，从年均增长率的变化来看，17 个行业出口产品中间接出口的国内增加值所占比重的年均增长率均为正，其中年均增长率最高达到 91.76%（其他非金属矿物制品业），年均增长率在 20% 以上的还包括农业（24.33%）、采矿业（34.89%）、机械回收业（31.70%）以及电力、水和天然气的供应业（29.63%），年均增长率最低的为纺织原料及纺织制品业，其年均增长率仅为 1.19%。第二，从不同类型行业出口产品中国内增加值所占比重的年均增长率的变化来看，以皮革和制鞋业、纺织原料及纺织制品业为代表的传统劳动密集型行业中间接出口的国内增加值所占比重的年均增长率较低，说明这些行业出口中间接出口的国内增加值增加相对较慢，与之对应的是，以其他非金属矿物制品业和农业为代表的资本密集型和部分劳动密集型行业，其出口产品中间接出口的国内增加值所占其出口比重的年均增长率较高。第三，从这一时期各行业出口产品中间接出口的国内增加值所占比重的均值变化来看，可以将各行业分为如下 3 个层次，第一个层次是以采矿业和机械工业为代表的部分资源密集型和资本密集型行业，其出口产品中间接出口的国内增加值占总出口比重在2%以上；第二个层次是以化学工业、电子和光学设备制造业、运输设备制造业为代表的部分技术密集型和资本密集型行业，其出口产品中间接出口的国内增加值占出口产比重为1% ~2%；第三个层次是除上述两个层次所包含的行业以外的部分劳动密集型和资本密集行业，其出口产品中国内增加值占总出口比重在1%以下。第四，从这一时期各行业出口产品中间接出口的国内增加值占总出口比重的极差变化来看，这一时期极差最大的为采矿业，其极差达到21.38%，说明这一时期采矿业出口产品中间接出口的国内增加值占总出口比重的变化绝对量最大，与之对应的是，皮革和制鞋业的极差仅为0.22%，说明该行业出口产品中间接出口的国内增加值占总出口比重的变化的绝对量相对较小。第五，从各年度的均值的变化来看，各行业出口产品中间接出口的国内增加值占总出口比重总体上呈上升趋势，各年度的均值由1995年的0.45%上升到2011年的3.25%，17年间这一比重上升了6倍以上。第六，从各行业在各年度的极差来看，其极差同样呈逐年上升趋势，由1995年的1.39%上升到2011年的21.22%，17年上升了近20个百分点，说明这一时期各年度各行业出口产品中间接出口的国内增加值占各行业出口比重的差距呈不断扩大的态势。

表4-12 1995—2011年部分年份中国间接出口的国内增加值所占比重的变化

单位:%

	1995年	1999年	2003年	2007年	2011年	均值	极差	年均增长率
农业	0.17	0.31	0.74	1.96	3.58	1.28	3.41	24.33
采矿业	0.23	0.58	1.52	7.68	21.61	5.04	21.38	34.89
食品、饮料及烟草制品业	0.14	0.21	0.44	0.73	1.14	0.50	1.01	15.37
纺织原料及纺织制品业	0.44	0.54	0.60	0.35	0.48	0.50	0.32	1.19
皮革和制鞋业	0.17	0.20	0.29	0.32	0.38	0.27	0.22	5.67
木材加工业	0.28	0.33	0.50	0.42	1.07	0.46	0.87	10.47
造纸和印刷出版业	0.48	1.00	1.28	2.16	3.27	1.58	2.80	13.22
焦炭、精炼石油及核燃料加工业	0.96	1.09	1.20	1.98	3.28	1.60	2.32	9.29
化学工业	1.13	1.20	2.03	2.50	3.24	1.98	2.27	7.20
橡胶和塑料制品业	0.15	0.23	0.37	0.64	0.99	0.46	0.83	12.79
其他非金属矿物制品业	0.01	0.13	0.37	0.44	0.61	0.31	0.60	91.76
金属制品业	0.41	0.67	1.63	1.50	2.20	1.23	1.81	11.80
机械工业	1.40	1.57	2.49	2.30	3.34	2.19	1.94	6.20
电子和光学设备制造业	0.52	0.83	1.93	2.74	3.35	1.86	2.83	12.75
运输设备制造业	1.12	0.97	1.93	2.22	3.91	1.89	3.03	9.78

续表

	1995 年	1999 年	2003 年	2007 年	2011 年	均值	极差	年均增长率
机械回收业	0.05	0.20	0.24	0.68	1.24	0.45	1.19	31.70
电力、水和天然气的供应业	0.04	0.07	0.57	0.85	1.49	0.57	1.45	29.63
均值	0.45	0.60	1.07	1.73	3.25			
极差	1.39	1.50	2.25	7.36	21.22			

数据来源：根据世界投入产出数据库国际投入产出表中相关数据计算而得，精确到小数点后 2 位。

第四节　按最终流向分解的中国货物贸易出口中国内增加值的变化

根据式（4－16），本节在前文的基础上，进一步计算了 1995 年以来中国出口产品中最终品、最终由外国消耗的中间品以及最终回到中国的中间品中的国内增加值（中国增加值）的绝对量①。

一、最终品出口中国内增加值的变化

表 4－13 计算了 1995—2011 年部分年份中国最终品出口中国内增加值及这一时期均值、极差和年均增长率的变化，从中可以发现这一时期中国出口产品中最终品中国内增加值的绝对量的变化呈现如下特点：第一，与 1995 年相比，2011 年各行业出口的最终品中国内增加值的绝对量均显著增加，说明从整体上看，各行业出口的最终品中国内增加值的绝对量均呈上升趋势，这一趋势从各行业这一时期年均增长率的变化上表现得更为明显，17 个行业的年均增长率均为正，其中最低的也在 3% 以上，年均增长率最高的采矿业，其年均增长率达到了 25.61%，年均增长率在 20% 的以上的行业达到 4 个，占全部行业的 23.5%，年均增长率在 10% 以下的则仅包括 5 个行业；第二，从年均增长率在不同类型行业的分布上则表现为以采矿业、机械工业、运输设备制造业为代表的资本密集型和技术密集型行业中最终品中国内增加值的绝对量年均增长率较高，以木材加工业为代表的传统的劳动密集型产业中最终品中国内增加值的绝对量年均增长率较低；第三，从各行业出口的最终品中国内增加值的绝对量均值来看，传统劳动密集型行业和主要处于全球生产价值链低端从事产品的加工组装环节的电子和光学设备制造业中最终品出口中国内增加值的金额较多，与之对应的是，绝大多数资本密集型行业出口的最终品中国内增加值的绝对量相对较少；第四，从各行业出口最终品中国内增加值的绝对量的

① 根据式（4－16），按最终流向分解的中国各部分出口产品中的国内增加值占各行业国内增加值的比重与按最终流向分解的各部分出口占该行业总出口的比重完全相同，故在此仅计算 1995 年以来中国按最终流向分解的各部分出口产品中国内增加值的绝对量，而不再计算各部分占该行业出口中国内增加值的比重。

极差变化来看，同样表现为以电子和光学设备制造业为代表的处于全球生产价值链低端从事产品的加工组装环节的行业和部分技术密集型行业的极差相对较大，说明这些行业在这一时期中出口最终品中国内增加值的绝对量的变化较大，绝大多数传统的劳动密集型行业和部分资本密集型行业的极差相对较小。

表 4－13　1995—2011 年部分年份中国最终品出口中国内增加值

单位：百万美元，%

	1995 年	1999 年	2003 年	2007 年	2011 年	均值	极差	年均增长率
农业	2 574. 29	1 634. 18	2 414. 43	4 253. 31	8 653. 82	3 474. 62	7 151. 87	8. 95
采矿业	238. 18	95. 97	117. 69	710. 75	983. 93	416. 09	1 142. 01	25. 61
食品、饮料及烟草制品业	7 458. 36	7 615. 76	10 660. 28	23 860. 48	38 856. 06	15 910. 58	31 397. 70	11. 41
纺织原料及纺织制品业	22 044. 56	22 952. 76	38 318. 07	100 334. 06	139 908. 81	58 097. 58	117 864. 25	12. 84
皮革和制鞋业	5 771. 76	6 236. 49	11 137. 23	22 636. 36	37 966. 61	15 182. 95	32 194. 85	12. 93
木材加工业	1 343. 29	1 002. 35	890. 43	1 764. 51	2 024. 83	1 361. 87	1 255. 23	3. 81
造纸和印刷出版业	805. 99	738. 14	714. 99	1 104. 73	1 692. 00	975. 81	1 065. 40	5. 61
焦炭、精炼石油及核燃料加工业	213. 36	327. 86	1 080. 06	882. 90	1 684. 39	852. 19	1 471. 03	16. 94
化学工业	1 345. 74	2 283. 10	3 889. 32	10 528. 12	17 220. 09	6 522. 48	15 874. 35	18. 59
橡胶和塑料制品业	2 386. 51	3 376. 51	4 647. 58	10 522. 26	17 567. 73	6 969. 16	15 181. 22	13. 84
其他非金属矿物	1 625. 62	2 165. 68	1 873. 43	2 718. 54	4 535. 76	2 546. 02	2 910. 14	7. 56
金属制品业	3 488. 69	3 235. 85	3 643. 31	9 990. 48	13 653. 70	6 399. 25	10 856. 26	10. 19
机械工业	2 920. 89	4 632. 57	12 724. 30	45 132. 65	68 925. 40	23 697. 44	66 004. 52	22. 83
电子和光学制造业	15 079. 69	21 733. 79	55 289. 05	163 477. 43	256 891. 76	92 290. 51	241 812. 08	20. 10
运输设备制造业	1 105. 91	1 957. 69	4 711. 44	17 603. 11	33 934. 58	9 874. 30	32 828. 67	25. 75
机械回收业	3 381. 97	5 425. 57	13 111. 35	28 309. 38	41 941. 99	16 605. 66	38 560. 03	17. 99
电力、水和天然气的供应业	115. 18	108. 30	121. 43	244. 45	371. 64	187. 59	263. 34	9. 30
均值	4 229. 41	5 030. 74	9 726. 14	26 121. 97	40 400. 77			
极差	21 929. 38	22 856. 79	55 171. 37	163 232. 98	256 520. 12			

数据来源：根据世界投入产出数据库国际投入产出表中相关数据计算而得，精确到小数点后 2 位。

二、最终由外国消耗的中间品中国内增加值的变化

表 4－14 计算了 1995—2011 年部分年份中国出口产品中最终由外国消耗的中间品中国内增加值及这一时期均值、极差和年均增长率的变化，从中可以发现这一时期中国出口产品中最终由外国消耗的中间品的变化呈现如下特点：第一，与 1995 年相比，2011 年各行业出口中最终由外国消耗的中间品中国内增加值的绝对量均显著增加，说明从整体上看，各行业出口中最终由外国消耗的中间品中国内增加值的绝对量均呈上升趋势，这一趋势从这一时期各行业出口中最终由外国消耗的中间品中国内增加值的绝对量年均

增长率的变化上表现得更为明显，17个行业的年均增长率均为正，其中年均增长率最低的也接近7%（农业，6.82%），年均增长率最高的为化学工业，其年均增长率更是达到了29.80%，年均增长率在20%的以上的行业达到5个，占全部行业的29.41%，年均增长率在10%以下的则仅包括在3个行业，即农业、采矿业、皮革和制鞋业；第二，从年均增长率在不同类型行业的分布上来看，则表现为以化学工业、运输设备制造业、机械工业为代表的资本密集型和技术密集型行业的出口中最终由外国消耗的中间品中国内增加值的绝对量年均增长率较高，与之对应的是，农业、皮革和制鞋业代表的传统的劳动密集型产业的出口中最终由外国消耗的中间品中国内增加值的绝对量年均增长率较低；第三，从各行业出口中最终由外国消耗的中间品中国内增加值的绝对量的均值来看，电子和光学设备制造业、金属制品业、化学工业等传统意义上的资本密集型和技术密集型行业出口中最终由外国消耗的中间品中国内增加值的绝对量相对较多，与之对应的是，绝大多数传统意义上的劳动密集型行业的最终品的出口中最终由外国消耗的中间品中国内增加值的绝对量相对较少；第四，从各行业出口中最终由外国消耗的中间品中国内增加值的绝对量的极差的变化来看，电子和光学设备制造业、金属制品业、化学工业等传统意义上的资本密集型和技术密集型行业的极差相对较大，说明这些行业在这一时期中出口最终品中国内增加值的绝对量变化较大，绝大多数传统的劳动密集型行业和部分资本密集型行业的极差相对较小；第五，从各年度各行业出口的最终由外国消耗的中间品中国内增加值的绝对量的均值变化来看，其均值呈逐年上升趋势，各年度的均值由1995年的29.79亿美元上升到2011年的386.30亿美元，17年上升了近12倍；第六，从各年度各行业出口的最终由外国消耗的中间品中国内增加值的绝对量的极差的变化来看，其极差逐年增加，说明在各年间，不同行业出口的最终由外国消耗的中间品中国内增加值的绝对量差距在不断扩大。

表4-14　1995—2011年部分年份中国出口产品中最终由外国消耗的中间品中国内增加值

单位：百万美元，%

	1995年	1999年	2003年	2007年	2011年	均值	极差	年均增长率
农业	3 789.91	2 507.23	4 540.47	5 627.92	7 724.70	4 101.61	5 341.50	6.82
采矿业	3 364.92	2 350.16	6 466.81	6 384.51	7 750.82	5 551.27	6 783.38	9.78
食品、饮料及烟草制品业	788.81	759.23	1 130.54	3 170.86	6 051.26	2 083.37	5 292.02	14.88
纺织原料及纺织制品业	9 129.81	9 357.58	15 826.82	36 022.00	66 438.10	24 541.92	57 407.06	14.18
皮革和制鞋业	1 878.54	2 162.46	1 661.90	3 540.27	6 086.45	2 757.82	4 424.55	8.75
木材加工业	1 112.60	715.18	1 846.52	5 522.71	6 971.76	2 889.22	6 306.62	14.08
造纸和印刷出版业	882.69	1 023.29	2 179.50	3 227.61	5 643.74	2 347.05	4 761.05	12.92
焦炭、精炼石油及核燃料加工业	583.43	1 027.79	2 884.49	3 991.35	6 134.82	2 851.41	5 551.39	18.19
化学工业	1 685.82	6 559.64	11 801.52	36 392.38	69 679.46	21 553.55	67 993.64	29.80

续表

	1995 年	1999 年	2003 年	2007 年	2011 年	均值	极差	年均增长率
橡胶和塑料制品业	3 214. 58	4 301. 40	6 623. 79	19 195. 08	36 636. 04	11 993. 14	33 421. 47	17. 24
其他非金属矿物制品业	1 779. 03	2 351. 35	3 451. 32	9 588. 74	17 583. 41	6 168. 01	15 804. 38	16. 30
金属制品业	7 654. 47	9 010. 49	20 016. 11	59 142. 21	78 329. 88	31 460. 99	70 675. 41	18. 08
机械工业	1 407. 18	1 864. 49	4 581. 60	22 169. 00	40 736. 29	11 770. 43	39 329. 10	25. 31
电子和光学设备制造业	11 335. 40	17 008. 44	39 933. 15	145 196. 72	238 882. 96	80 769. 53	227 547. 56	22. 02
运输设备制造业	1 163. 47	2 052. 24	5 568. 55	20 945. 94	40 716. 58	12 124. 61	39 553. 11	26. 24
机械回收业	585. 16	1 159. 85	2 649. 66	8 853. 39	20 251. 93	5 702. 74	19 666. 78	26. 51
电力、水和天然气的供应业	282. 88	266. 16	521. 38	712. 87	1 094. 83	545. 59	831. 29	10. 08
均值	2 978. 75	3 792. 76	7 746. 13	22 922. 56	38 630. 18			
极差	11 052. 52	16 742. 28	39 411. 77	144 483. 85	237 788. 12			

数据来源：根据世界投入产出数据库国际投入产出表中相关数据计算而得，精确到小数点后 2 位。

三、最终回到中国的中间品中国内增加值的变化

表 4－15 计算了 1995—2011 年部分年份中国出口中最终回到国内的中间品中国内增加值的绝对量及这一时期均值、极差和年均增长率的变化，从中可以发现这一时期中国出口产品中最终回到中国的中间品中国内增加值的绝对量变化呈现如下特点：第一，与 1995 年相比，2011 年各行业出口中最终回到中国的中间品中国内增加值的绝对量均显著增加，说明从整体上看，各行业出口中最终回到中国的中间品中国内增加值的绝对量均呈上升趋势，这一趋势从这一时期各行业出口中最终回到中国的中间品中国内增加值的绝对量的年均增长率的变化上表现得更为明显，17 个行业的年均增长率均为正，其中年均增长率最低的也在 10% 以上（皮革和制鞋业，14. 29%），年均增长率最高的为化学工业，其年均增长率达到 43. 65%，年均增长率在 20% 的以上的行业更是达到了 14 个，占全部行业的 76. 47%，年均增长率在 20% 以下的则仅包括在 3 个行业，分别为皮革和制鞋业（14. 29%）、纺织原料及纺织制品业（17. 19%）、农业（17. 58%）；第二，从年均增长率在不同类型行业的分布上来看，则表现为以化学工业、运输设备制造业、机械工业为代表的资本密集型和技术密集型行业的出口中最终回到中国的中间品中国内增加值的绝对量年均增长率较高；第三，从各行业出口中最终回到中国的中间品中国内增加值的绝对量均值来看，电子和光学设备制造业、金属制品业、化学工业等传统意义上的资本密集型和技术密集型行业出口中最终回到中国的中间品中国内增加值的绝对量相对较多，与之对应的是，绝大多数传统意义上的劳动密集型行业的最终品的出口中最终回到中国的中间品中国内增加值的绝对量相对较少；第四，从各行业出口中最终回到中国的中间品中国内增加值的绝对量的极差变化来看，电子和光学设备制造业、金属制品业、化学工业等传统意义上的资本密集型和技术密集型行业的极差相对较大，说明这些

行业在这一时期中最终回到中国的中间品中国内增加值的绝对量的变化较大，绝大多数传统的劳动密集型行业和部分资本密集型行业的极差相对较小；第五，从各年度各行业出口的最终回到中国的中间品中国内增加值的绝对量均值的变化来看，其均值呈逐年上升趋势，各年度的均值由 1995 年的 0. 20 亿美元上升到 2011 年的 15. 35 亿美元，17 年上升了 75. 75 倍；第六，从各年度各行业出口的最终回到中国的中间品中国内增加值的绝对量的极差变化来看，其极差逐年增加，说明在各年间，不同行业出口的最终回到中国的中间品中国内增加值的绝对量的差距在不断扩大。

表 4 – 15　1995—2011 年部分年份中国出口中最终回到国内的中间品中国内增加值

单位：百万美元,%

	1995 年	1999 年	2003 年	2007 年	2011 年	均值	极差	年均增长率
农业	8. 93	6. 47	16. 05	33. 75	75. 57	21. 61	69. 57	17. 58
采矿业	11. 54	11. 08	59. 02	80. 14	148. 80	58. 19	137. 72	23. 73
食品、饮料及烟草制品业	2. 40	2. 57	5. 26	28. 28	76. 21	17. 77	73. 81	26. 89
纺织原料及纺织制品业	104. 53	127. 63	272. 11	497. 59	1 146. 66	371. 99	1 044. 84	17. 19
皮革和制鞋业	11. 87	16. 04	19. 61	42. 53	87. 63	30. 58	75. 85	14. 29
木材加工业	3. 02	2. 27	7. 91	42. 47	86. 16	22. 14	84. 01	26. 73
造纸和印刷出版业	3. 34	4. 84	13. 60	31. 10	79. 64	21. 12	76. 30	22. 97
焦炭、精炼石油及核燃料加工业	3. 21	4. 72	22. 41	50. 96	125. 59	36. 13	122. 38	29. 02
化学工业	11. 41	60. 53	188. 91	856. 13	2 309. 13	519. 74	2 297. 72	43. 65
橡胶和塑料制品业	14. 59	24. 73	83. 77	355. 19	909. 91	214. 99	895. 32	30. 84
其他非金属矿物制品业	4. 37	8. 66	26. 16	75. 67	210. 75	52. 10	206. 38	28. 70
金属制品业	39. 75	65. 19	346. 20	1 278. 47	2 359. 37	658. 24	2 319. 62	32. 87
机械工业	8. 84	14. 33	78. 48	496. 42	1 338. 85	290. 16	1 330. 01	39. 59
电子和光学设备制造业	99. 01	214. 43	1 575. 34	8 378. 98	15 921. 15	4 432. 70	15 822. 14	39. 93
运输设备制造业	3. 86	6. 47	39. 97	240. 58	831. 79	165. 16	827. 92	42. 36
机械回收业	1. 56	5. 36	22. 42	109. 00	360. 82	75. 27	359. 26	43. 67
电力、水和天然气的供应业	0. 93	1. 18	6. 08	11. 84	23. 89	7. 56	22. 96	25. 56
均值	19. 60	33. 91	163. 72	741. 71	1 534. 82			
极差	103. 60	213. 25	1 570. 08	8 367. 13	15 897. 26			

数据来源：根据世界投入产出数据库国际投入产出表中相关数据计算而得，精确到小数点后 2 位。

第五节 中国与东亚主要国家（地区）的真实贸易利益测度

一、中日真实贸易利益的测度

（一）测算方法和数据来源

1. 双边贸易的分解方法

在 Koopman 等（2010）建立的对一国贸易分解的框架下，对中日两国间的贸易量按最终流向和价值含量来源进行分解。

假设世界上只包括中国、日本、美国、东亚其他各国（即不包括中国和日本）和世界其他国家共五个组成部分，每个组成部分均有 N 个产业部门，每个产业部门所生产的产品要么作为最终品被各国消费，要么作为中间投入品被各国的生产者使用。各国的总产出按其流向可表示为如下形式：

$$\begin{bmatrix} X_a \\ X_c \\ X_e \\ X_j \\ X_o \end{bmatrix} = \begin{bmatrix} A_{aa} & A_{ac} & A_{ae} & A_{aj} & A_{ao} \\ A_{ca} & A_{cc} & A_{ce} & A_{cj} & A_{co} \\ A_{ea} & A_{ec} & A_{ee} & A_{ej} & A_{eo} \\ A_{ja} & A_{jc} & A_{je} & A_{jj} & A_{jo} \\ A_{oa} & A_{oc} & A_{oe} & A_{oj} & A_{oo} \end{bmatrix} \begin{bmatrix} X_a \\ X_c \\ X_e \\ X_j \\ X_o \end{bmatrix} + \begin{bmatrix} Y_{aa} + Y_{ac} + Y_{ae} + Y_{aj} + Y_{ao} \\ Y_{ca} + Y_{cc} + Y_{ce} + Y_{cj} + Y_{co} \\ Y_{ea} + Y_{ec} + Y_{ee} + Y_{ej} + Y_{eo} \\ Y_{ja} + Y_{jc} + Y_{je} + Y_{jj} + Y_{jo} \\ Y_{oa} + Y_{oc} + Y_{oe} + Y_{oj} + Y_{oo} \end{bmatrix} \quad (4-18)$$

其中，a、c、e、j、o 分别代表美国、中国、东亚其他国家（地区）、日本和世界其他国家，A_{sr}（s，$r=a$，c，e，j，o）为 $N \times N$ 矩阵，表示 r 国生产中使用的 S 国产品的直接消耗系数矩阵，X 为各国的总产出，Y_{sr}（s，$r=a$，c，e，j，o）代表 r 国对 S 国的最终需求，均为 $N \times 1$ 矩阵。上式经整理可得

$$\begin{bmatrix} X_a \\ X_c \\ X_e \\ X_j \\ X_o \end{bmatrix} = \begin{bmatrix} I-A_{aa} & -A_{ac} & -A_{ae} & -A_{aj} & -A_{ao} \\ -A_{ca} & I-A_{cc} & -A_{ce} & -A_{cj} & -A_{co} \\ -A_{ea} & -A_{ec} & I-A_{ee} & -A_{ej} & -A_{eo} \\ -A_{ja} & -A_{jc} & -A_{je} & I-A_{jj} & -A_{jo} \\ -A_{oa} & -A_{oc} & -A_{oe} & -A_{oj} & I-A_{oo} \end{bmatrix}^{-1} \begin{bmatrix} Y_a \\ Y_c \\ Y_e \\ Y_j \\ Y_o \end{bmatrix} = \begin{bmatrix} B_{aa} & B_{ac} & B_{ae} & B_{aj} & B_{ao} \\ B_{ca} & B_{cc} & B_{ce} & B_{cj} & B_{co} \\ B_{ea} & B_{ec} & B_{ee} & B_{ej} & B_{eo} \\ B_{ja} & B_{jc} & B_{je} & B_{jj} & B_{jo} \\ B_{oa} & B_{oc} & B_{oe} & B_{oj} & B_{oo} \end{bmatrix} \begin{bmatrix} Y_a \\ Y_c \\ Y_e \\ Y_j \\ Y_o \end{bmatrix}$$

(4 - 19)

其中，B_{sr}（s，$r=a$，c，e，j，o）为 $N \times N$ 阶 Leontief 逆矩阵，表示 r 国生产额外一单位最终需求所需要的 S 的中间投入。令 V 为各国增加值对角阵，其对角线上的元素 V_s（$s=a$，c，e，j，o）为 $1 \times N$ 矩阵，代表各国的直接增加值系数，VB 代表各国按最终的增加值矩阵，则

$$VB=\begin{bmatrix} V_aB_{aa} & V_aB_{ac} & V_aB_{ae} & V_aB_{aj} & V_aB_{ao} \\ V_cB_{ca} & V_cB_{cc} & V_cB_{ce} & V_cB_{cj} & V_cB_{co} \\ V_eB_{ea} & V_eB_{ec} & V_eB_{ee} & V_eB_{ej} & V_eB_{eo} \\ V_jB_{ja} & V_jB_{jc} & V_jB_{je} & V_jB_{jj} & V_jB_{jo} \\ V_oB_{oa} & V_oB_{oc} & V_oB_{oe} & V_oB_{oj} & V_oB_{oo} \end{bmatrix} \tag{4-20}$$

令 E_{rs} 为 $N\times1$ 阶矩阵，代表 r 国出口到 S 国的中间投入品和最终品，$\hat{E}_{rs}$ 为其 $N\times N$ 阶对角阵，则 r 国的总出口为 $E_r=\sum_{r\neq s}E_{rs}=\sum_{s}(A_{rs}X_s+Y_{rs})$，各国出口价值含量矩阵可以分解为

$$VAS\_E=VBE=\begin{bmatrix} V_aB_{aa}E_a & V_aB_{ac}E_c & V_aB_{ae}E_e & V_aB_{aj}E_j & V_aB_{ao}E_o \\ V_cB_{ca}E_a & V_cB_{oc}E_c & V_cB_{ce}E_e & V_cB_{cj}E_j & V_cB_{oc}E_o \\ V_eB_{ea}E_a & V_eB_{ec}E_c & V_eB_{ee}E_e & V_eB_{ej}E_j & V_eB_{eo}E_o \\ V_jB_{ja}E_a & V_jB_{jc}E_c & V_jB_{je}E_e & V_jB_{jj}E_j & V_jB_{jo}E_o \\ V_oB_{oa}E_a & V_oB_{oc}E_c & V_oB_{oe}E_e & V_oB_{oj}E_j & V_oB_{oo}E_o \end{bmatrix} \tag{4-21}$$

相应地，通过计算 $VAS\_\hat{E}$ 可以计算各行业出口中不同国家的价值含量，其计算公式如下：

$$VAS\_\hat{E}=V\hat{B}E=\begin{bmatrix} V_aB_{aa}\hat{E}_a & V_aB_{ac}\hat{E}_c & V_aB_{ae}\hat{E}_e & V_aB_{aj}\hat{E}_j & V_aB_{ao}\hat{E}_o \\ V_cB_{ca}\hat{E}_a & V_cB_{cc}\hat{E}_c & V_cB_{ce}\hat{E}_e & V_cB_{cj}\hat{E}_j & V_cB_{co}\hat{E}_o \\ V_eB_{ea}\hat{E}_a & V_eB_{ec}\hat{E}_c & V_eB_{ee}\hat{E}_e & V_eB_{ej}\hat{E}_j & V_eB_{eo}\hat{E}_o \\ V_jB_{ja}\hat{E}_a & V_jB_{jc}\hat{E}_c & V_jB_{je}\hat{E}_e & V_jB_{ij}\hat{E}_j & V_jB_{jo}\hat{E}_o \\ V_oB_{oa}\hat{E}_a & V_oB_{oc}\hat{E}_c & V_oB_{oe}\hat{E}_e & V_oB_{oj}\hat{E}_j & V_oB_{oo}\hat{E}_o \end{bmatrix} \tag{4-22}$$

根据式（4－21）和式（4－22），可以进一步计算 r 国出口到 S 国中的 r 国价值、S 国价值以及通过第三国间接出口的价值分别为 $V_rB_{rr}E_{rs}$、$V_sB_{sr}E_{rs}$ 和 $V_jB_{jr}E_{rs}$（$j\neq r$，s），各部分价值占 r 国出口到 S 国的比重分别为 $V_rB_{rr}E_{rs}(uE_{rs})^{-1}$、$V_sB_{sr}E_{rs}(uE_{rs})^{-1}$ 和 $V_jB_{jr}E_{rs}(uE_{rs})^{-1}$，相应地，$r$ 国各行业出口到 S 国中的 r 国价值、S 国价值以及通过第三国间接出口的价值分别为 $V_rB_{rr}\hat{E}_{rs}$、$V_sB_{sr}\hat{E}_{rs}$ 和 $V_jB_{jr}\hat{E}_{rs}$，各部分占该行业出口的比重分别为 $V_rB_{rr}\hat{E}_{rs}(u\hat{E}_{rs})^{-1}$、$V_sB_{sr}\hat{E}_{rs}(u\hat{E}_{rs})^{-1}$ 和 $V_jB_{jr}\hat{E}_{rs}(u\hat{E}_{rs})^{-1}$。

进一步地，r 国到 S 国的出口 E_{rs} 可以被分解为如下几部分：

$$E_{rs}=Y_{rs}+A_{rs}X_s=Y_{rs}+A_{rs}X_{ss}+A_{rs}X_{sr}+\sum_{s\neq t}A_{rs}X_{st} \tag{4-23}$$

其中，Y_{rs} 为 r 国出口到 S 国的最终品，$A_{rs}X_{ss}$ 为 r 国出口到 S 国用于生产 S 国最终消费的中间品，$\sum_{r\neq s}A_{rs}X_{sr}$ 为 r 国出口到 S 国但最终又回到 r 国的产品，$\sum_{s\neq t}A_{rs}X_{st}$ 为经 r 国 S 国最终出口到 t（第三国）的产品。相应地，用各部分除以 r 国到 S 国的出口 E_{rs}，则可以

得到各部分占 r 国到 S 国的出口的比重。

2. 数据来源

本书的相关数据来自欧盟委员会于2012年5月编制并于2013年12月进行了首次更新的世界投入产出数据库，该数据库以各国发布的间断的投入产出表为基础，通过RAS法将其外推成连续的投入产出表，包括世界投入产出表、国家投入产出表、社会—经济账户表、环境账户表四大部分13个子表，提供了1995—2011年世界40个主要国家（其中包括27个欧洲国家和13个其他国家）以及世界其余部分的35个行业和59种产品的连续的国家间投入产出数据。在国家投入产出表中，针对中国投入产出表中分区了35个行业（其中包括1个农业行业、16个工业行业、18个服务业行业）的进口中间投入品和国内中间投入品。根据国家间的投入产出表，可以计算出中日双边贸易中所包含的不同国家的价值。

（二）实证结果与分析

1. 中日双边贸易额的分解

（1）中日双边贸易额的分解

根据式（4－23），本书将中日双边贸易额按最终流向不同分解为直接用于进口国消费的最终品（最终品出口）、用于进口国生产本国最终消费品的中间品（中间品出口）、用于进口国生产中间品后最终又回到出口国的中间品（再进口）以及经过进口国间接出口到第三国的中间投入品（间接出口）四部分，计算了1995—2009年部分年份各部分占中日双边贸易的比重以及这一时期均值、年均增长率以及极差的变化，考虑到2008年金融危机所造成的“贸易大崩溃”对中日双边贸易最终流向的影响，故在此将2008—2011年的结果全部列出，计算结果如表4－16所示。

根据表4－16可以发现中日双边贸易存在如下特点。第一，从均值的情况来看，用于进口国生产最终消费品的中间品占中日双边贸易的绝大部分，中国对日出口的约62.86%和日本对华出口的约65.16%为中间品；最终品出口仅占中国对日出口的32.79%和日本对华出口的22.85%；间接出口约占中国对日出口的3.25%和日本对华出口的10.36%，再进口部分占中日双边贸易额的比重最小，分别约占中国对日出口的1.10%和日本对华出口的1.63%。第二，从中日双方的对比来看，中国对日出口的最终品占对日出口总额比重的均值略高于日本对华出口中最终品占对华出口总额的比重，日本对华出口中间接出口的比重明显高于中国对日出口中间接出口的比重，上述事实说明，中国对日出口的最终品较多，日本对华出口的中间品，特别是最终流向第三国的中间品相对较多，这也与中国目前处于全球生产价值链的低端，主要从事产品的组装环节的特点相吻合。第三，中国对日出口中的最终品、再进口产品和间接出口的产品占中国对日出口比重的年均增长率均为正，其中再进口部分的年均增长率最高，相应地，这三部分占中国对日出口总额的比重分别由1995年的28.50%、0.25%和1.88%上升到2011年的37.18%、2.63%和3.39%；与之对应的是，日本对华出口中的最终品和再进口两部分占日本对华出口比重的年均增长率则为负，中间品和间接出口两部分占日本对华出口比重的年均增长率则为正，相应地，上述四部分占日本对华出口的比重则由 1995 年的 30.18%、60.66%、1.71% 和 7.45% 分别变化到 2011 年的 12.07%、77.89%、0.97% 和 9.07%。第四，通过进一步对 2008 年前后中日双边贸易的构成情况来看，2008 年美国金融危机虽然对中日双边贸易最终流向的构成造成了一定影响，但这种影响并不十分显著，没有改变中日双边贸易中不同部分所占比重的整体趋势。

表 4－16　1995—2011 年部分年份按最终流向分解的中日双边贸易　　单位：%

年份	中国				日本			
	最终品	中间品	再进口	间接出口	最终品	中间品	再进口	间接出口
1995	28.50	69.37	0.25	1.88	30.18	60.66	1.71	7.45
2000	31.89	64.74	0.44	2.93	28.08	59.74	1.92	10.26
2005	34.11	60.98	1.16	3.75	21.61	61.02	2.22	15.15
2008	31.47	61.35	2.48	4.70	12.00	74.81	1.37	11.82
2009	36.77	58.21	1.93	3.09	13.24	77.03	1.02	8.71
2010	36.45	57.50	2.25	3.80	12.64	77.48	0.99	8.89
2011	37.18	56.80	2.63	3.39	12.07	77.89	0.97	9.07
均值	32.79	62.86	1.10	3.25	22.85	65.16	1.63	10.36
年均增长率	1.83	－1.22	16.72	4.77	－4.50	1.72	－2.70	2.04
极差	9.16	12.57	2.38	2.99	19.41	22.86	1.28	8.12

数据来源：根据世界投入产出数据库相关数据计算而得，精确到小数点后 2 位。

（2）分行业中日双边贸易额的分解

为进一步分析中日双边贸易中不同行业贸易额的流向，表 4－17 和表 4－18 分别对 1995 年和 2011 年分行业中日贸易增加值进行分解，鉴于中日双边贸易主要集中于货物贸易领域，故在此仅对涉及货物的行业按贸易的最终流向进行分解，暂不涉及服务贸易领域。

表 4－17 显示了 1995 年和 2011 年按行业和最终流向分解中国对日出口贸易，从中可知，第一，从最终品出口占各行业出口比重的变化来看，1995 年，中国对日出口中最终品所占比重超过 50% 的行业共有 7 个，大多为劳动密集型的消费品制造行业和部分技术密集型行业，2011 年对日出口中最终品所占比重超过 50% 的行业仅有 4 个；第二，从中间品出口占各行业出口比重的变化来看，1995 年中国对日出口中中间品所占比重超过 50% 的行业共有 10 个且多为资源密集型行业，其中采矿业中间品出口所占比重最大，达到 98.21%，2011 年中国对日出口中的中间品所占比重超过 50% 的行业达到了 12 个，且与 1995 年相比资本密集型和技术密集型行业明显增多；第三，再进口和间接出口的产品在 1995 年和 2011 年间的变化相对较小，其中通过日本间接出口到第三国的产品主要集中在以电子和光学设备制造业、运输设备制造业为代表的技术密集型行业。

表 4-17 1995 年和 2011 年按行业和最终流向分解中国对日出口贸易 单位:%

行业	1995 年				2011 年			
	最终品	中间品	再进口	间接出口	最终品	中间品	再进口	间接出口
农业	53.02	46.72	0.04	0.22	39.42	59.08	0.57	0.93
采矿业	0.17	98.21	0.25	1.37	0.53	96.25	1.06	2.16
食品、饮料及烟草制品业	95.40	4.53	0.01	0.06	90.88	7.42	0.38	1.32
纺织原料及纺织制品业	73.83	25.33	0.16	0.68	47.79	49.51	0.97	1.73
皮革和制鞋业	41.29	56.32	0.32	2.07	64.98	31.28	1.66	2.08
木材加工业	8.76	90.50	0.09	0.65	3.11	95.31	0.55	1.03
造纸和印刷出版业	45.80	52.02	0.23	1.95	8.02	87.32	1.53	3.13
焦炭、精炼石油及核燃料加工业	8.42	88.49	0.32	2.77	17.03	76.94	2.22	3.81
化学工业	31.34	64.79	0.39	3.48	21.13	70.09	3.13	5.65
橡胶和塑料制品业	26.02	67.99	0.48	5.51	20.15	67.99	4.21	7.65
其他非金属矿制品业	4.56	93.53	0.20	1.71	2.71	91.30	2.45	3.54
金属制品业	15.26	80.29	0.53	3.92	12.56	79.83	2.92	4.69
机械工业	53.56	41.86	0.46	4.12	63.35	29.16	3.04	4.45
电子和光学设备制造业	60.82	31.98	0.65	6.55	72.56	22.38	1.31	3.75
运输设备制造业	62.38	33.43	0.19	4.00	23.56	61.84	2.38	12.22
机械回收业	51.34	47.67	0.10	0.89	44.83	53.77	0.45	0.95
电力、水和天然气的供应业	36.04	61.35	0.29	2.32	19.37	72.26	3.25	5.12

数据来源：根据世界投入产出数据库相关数据计算而得，精确到小数点后 2 位。

从 1995 年和 2011 年按行业和最终流向分解的日本对华出口贸易的变化情况来看，由表 4-18 可知，第一，1995 年，日本对华出口中最终品占该行业出口总额的比重较大的行业主要集中在食品、饮料及烟草业，机械工业，机械工业等行业，与 1995 年相比，2011 年除化学工业等少数几个行业外，大多数行业中最终品占该行业出口总额的比重均有不同程度的下降；第二，从日本对华出口中中间品的变化情况来看，1995 年中间品出口占行业出口总额比重较大的行业主要集中在焦炭、精炼石油及核燃料加工业，造纸和印刷出版业，采矿业，化学工业等行业，2011 年其他非金属矿制品业、机械工业、纺织原料及纺织制品业等行业中中间品出口占行业出口总额比重上升幅度较大；第三，再进口和间接出口的产品在 1995 年和 2011 年间的变化相对较小，与 1995 年相比，2011 年通过中国间接出口到第三国的产品变化较大的主要集中在采矿业、橡胶和塑料制品业、电子和光学设备制造业等行业。

表 4－18　1995 年和 2011 年按行业和最终流向分解的日本对华出口贸易　单位：%

行业	1995 年				2011 年			
	最终品	中间品	再进口	间接出口	最终品	中间品	再进口	间接出口
农业	71.61	26.56	0.67	1.16	56.83	41.04	0.33	1.80
采矿业	4.87	87.22	1.65	6.26	10.54	72.55	1.83	15.08
食品、饮料及烟草制品业	82.77	16.07	0.32	0.84	84.29	14.52	0.13	1.06
纺织原料及纺织制品业	27.03	47.13	7.26	18.58	9.28	67.32	3.78	19.62
皮革和制鞋业	32.19	42.47	3.81	21.53	20.85	59.92	2.58	16.65
木材加工业	7.61	84.34	1.67	6.38	3.85	89.24	0.78	6.13
造纸和印刷出版业	2.48	87.49	1.99	8.04	2.46	87.25	1.08	9.21
焦炭、精炼石油及核燃料加工业	0.84	93.60	1.29	4.27	1.03	92.73	0.82	5.42
化学工业	7.89	82.44	2.27	7.40	10.95	79.33	1.22	8.50
橡胶和塑料制品业	8.74	78.29	2.29	10.68	6.33	78.84	1.45	13.38
其他非金属矿制品业	29.44	60.40	1.65	8.51	1.11	96.14	0.29	2.46
金属制品业	11.02	80.41	1.53	7.04	5.45	85.35	0.88	8.32
机械工业	79.20	18.62	0.36	1.82	33.75	58.36	0.85	7.04
电子和光学设备制造业	39.26	47.96	1.62	11.16	28.13	55.26	1.59	15.02
运输设备制造业	39.49	56.68	0.69	3.14	36.25	57.91	0.52	5.32
机械回收业	7.54	82.58	1.86	8.02	2.05	90.31	1.11	6.53
电力、水和天然气的供应业	9.07	83.46	1.74	5.73	17.44	77.36	0.87	4.33

数据来源：根据世界投入产出数据库相关数据计算而得，精确到小数点后 2 位。

通过上述从中日双边贸易总量以及不同行业贸易量按最终流向进行分解的结果可以发现1995—2011年中日双边贸易呈现出如下几个特点：第一，中日双边贸易与全球生产价值体系表现出明显的相关性，随着全球生产价值体系的逐步形成，中日双边贸易中中间品和间接出口到第三国的贸易量明显上升，在中日双边贸易中的地位日益显著，最终品贸易在双边贸易中的地位不断下降；第二，随着中国技术水平的提升，日本对华出口中技术密集型产品所占比重明显上升，这一趋势不仅体现在中间品贸易中，同样体现在最终品贸易中，与之对应的是，中国对日出口的最终品中的技术含量也在逐步上升，已由1995年的以资源密集型产品和劳动密集型产品为主逐步过渡到以技术密集型产品为主。

2. 中日双边贸易价值含量来源构成

（1）中日双边贸易总额的价值含量来源构成

根据式（4－22），按照价值含量来源的不同，本书在此将1995—2011年中日双边贸易按价值含量来源的不同分解为中国价值、日本价值、美国价值、东亚其他国家（地区）价值以及除上述四部分以外的世界其他国家（地区）的价值五部分，表4－19显示了这一时期部分年份上述五部分价值以及这一时期的均值、年均增长率和极差的变化。

从中日双边贸易价值含量来源的构成情况来看，中日双边贸易呈现如下特点：第一，在中日双边贸易中，虽然出口国的价值（本国价值）占出口的绝大部分，但在总体上均呈下降趋势，中国对日出口中的中国价值由最高的87.35%下降到2011年的83.96%，年均下降0.21%，日本对华出口中的日本价值则由93.01%下降到2011年的84.66%，年均下降0.52%，与之对应的是，中日双边贸易中的外国价值则呈上升趋势；第二，来自日本和东亚地区的价值占中国对日出口的比重较大，来自美国的价值在日本对华出口中所占比重较大。

上述事实说明，第一，在中日双边贸易中，日本对华出口中的日本价值大于中国对日出口中的中国价值，这说明在中日双边贸易中日本的利得大于中国；第二，随着中日两国融入世界生产分工体系的程度日益加深，中日双边贸易中的外国价值不断增加；第三，东亚各国在中日双边贸易中占有绝对重要的地位，平均来看，中日双边贸易中价值含量的95%左右来自东亚地区，说明东亚各国（地区）间的生产分工程度日益加深，贸易联系日益紧密；第四，在中日双边贸易中，日本对美国的依赖程度较大，中国对东亚各国（地区）的依赖程度较深。

表4－19　1995—2011年部分年份按境外价值含量来源国分解的中日双边贸易

单位:%

年份	中国对日出口					日本对华出口				
	中国	日本	美国	东亚其他	世界其他	中国	日本	美国	东亚其他	世界其他
1995	87.35	3.58	1.84	3.22	4.01	1.29	93.01	1.93	0.94	2.83
2000	87.45	3.47	1.67	3.29	4.12	1.93	90.42	2.50	1.51	3.64

续表

年份	中国对日出口					日本对华出口				
	中国	日本	美国	东亚其他	世界其他	中国	日本	美国	东亚其他	世界其他
2005	83.28	4.62	2.08	3.75	6.27	4.04	86.92	2.15	1.89	5.00
2006	84.46	4.12	2.06	3.27	6.09	5.16	84.49	2.49	2.19	5.67
2007	84.94	3.93	1.96	3.00	6.17	5.55	83.06	2.53	2.36	6.50
2008	81.68	5.12	2.31	2.71	8.18	6.91	82.42	2.21	1.66	6.80
2009	84.55	3.82	2.12	2.54	6.97	5.51	85.64	1.88	1.55	5.42
2010	84.14	3.89	2.15	2.51	7.31	5.63	85.15	1.89	1.63	5.71
2011	83.96	3.95	2.18	2.47	7.43	5.91	84.66	1.90	1.72	5.82
年均增长率	-0.22	1.82	1.48	-1.31	4.99	12.48	-0.57	0.41	5.05	5.22
均值	86.19	3.75	1.85	3.14	5.06	3.29	88.34	2.34	1.59	4.44
极差	8.21	2.49	0.84	1.31	5.09	5.62	10.59	0.80	1.42	3.97

数据来源：根据世界投入产出数据库相关数据计算而得，精确到小数点后2位。

（2）分行业双边贸易价值来源构成

表4-20计算了1995年和2011年中国各制造业行业对日出口中价值含量来源的构成情况，从中可以发现，第一，从总体上看，与1995年相比，2011年各行业中来自中国和日本的价值呈下降趋势，来自美国和世界其他国家（地区）的价值呈上升趋势；第二，在中国对日出口中，各行业总体呈现出中国价值大于日本价值、日本价值大于东亚其他国家（地区）价值、东亚其他国家（地区）价值大于美国价值的情况，这说明中国对日出口中的国外价值主要来源于包括日本在内的东亚地区；第三，从不同行业的情况来看，以电子和光学设备制造业为代表的技术密集型行业中来自中国的价值相对较少，来自日本的价值相对较多，在以农业、采矿业为代表的资源密集型和劳动密集型行业中，中国的价值相对较多。

表4-20　1995年和2011年按行业和价值含量国别来源分解的中国对日出口

单位：%

行业	1995年					2011年				
	中国	日本	美国	东亚其他	世界其他	中国	日本	美国	东亚其他	世界其他
农业	92.69	2.21	1.26	1.21	2.63	94.25	1.19	1.34	0.75	2.47
采矿业	92.59	2.11	1.10	1.28	2.92	87.65	1.87	1.26	1.23	7.99
食品、饮料及烟草制品业	91.38	2.22	1.83	1.33	3.24	90.70	1.59	1.86	0.89	4.96
纺织原料及纺织制品业	85.32	3.55	1.86	5.21	4.06	90.22	2.13	1.76	1.76	4.13
皮革和制鞋业	81.33	2.13	2.77	7.02	6.75	88.38	1.22	1.87	1.37	7.16
木材加工业	87.04	1.27	1.98	2.50	7.21	89.63	1.13	1.66	1.05	6.53

续表

行业	1995 年					2011 年				
	中国	日本	美国	东亚其他	世界其他	中国	日本	美国	东亚其他	世界其他
造纸和印刷出版业	86.94	2.58	2.63	3.07	4.78	84.49	2.18	2.83	1.64	8.86
焦炭、精炼石油及核燃料加工业	87.54	1.69	1.08	1.05	8.64	83.85	1.52	1.18	0.99	12.46
化学工业	87.97	3.29	1.96	2.51	4.27	85.39	2.85	2.16	2.08	7.52
橡胶和塑料制品业	84.61	3.15	2.53	4.83	4.88	83.65	3.27	2.63	2.78	7.67
其他非金属矿制品业	90.84	2.62	1.41	1.71	3.42	88.36	1.57	1.79	1.25	7.03
金属制品业	88.64	3.90	1.47	1.75	4.24	84.64	3.18	1.68	1.25	9.25
机械工业	87.81	4.16	1.72	2.14	4.17	83.89	3.98	2.09	2.11	7.93
电子和光学设备制造业	81.86	7.43	2.67	3.45	4.59	80.34	5.33	2.39	4.05	7.89
运输设备制造业	85.76	4.59	2.15	2.53	4.97	81.36	4.80	2.66	2.44	8.74
机械回收业	87.11	1.61	1.98	3.91	5.39	91.45	1.02	1.46	1.24	4.83
电力、水和天然气的供应业	93.61	1.76	0.99	1.00	2.64	87.39	2.19	1.89	2.11	6.42

数据来源：根据世界投入产出数据库相关数据计算而得，精确到小数点后 2 位。

表 4－21 计算了 1995 年和 2011 年日本各制造业行业对华出口中价值含量来源国的构成情况。从中可以发现，第一，从总体上看，与 1995 年相比，2011 年各行业中来自日本的价值呈下降趋势，来自中国和东亚其他国家（地区）的价值呈上升趋势，来自美国的价值基本保持不变；第二，各行业总体呈现出日本价值大于中国价值、中国价值大于美国价值、美国价值大于东亚其他国家（地区）价值的现象，说明日本对华出口中的外国价值主要来源于东亚，特别是中国；第三，从不同类型行业的情况来看，日本对华出口产品中的日本价值较多的行业大多集中在技术密集型行业，但与 1995 年相比，2011 年对华出口的技术密集型产品中的中国价值所占比重上升较快。

表 4－21　1995 年和 2011 年按行业和价值含量国别（地区）来源分解的日本对华出口

单位:%

行业	1995 年					2011 年				
	中国	日本	美国	东亚其他	世界其他	中国	日本	美国	东亚其他	世界其他
农业	0.54	95.02	1.98	0.42	2.04	1.79	92.24	2.02	0.61	3.34

续表

行业	1995 年					2011 年				
	中国	日本	美国	东亚其他	世界其他	中国	日本	美国	东亚其他	世界其他
采矿业	1.20	87.76	2.00	0.84	8.20	2.35	69.75	2.36	2.36	23.18
食品、饮料及烟草制品业	0.81	94.46	2.03	0.47	2.23	2.66	90.27	2.25	0.72	4.10
纺织原料及纺织制品业	2.01	93.21	1.44	0.88	2.46	7.25	87.64	1.37	0.78	2.96
皮革和制鞋业	0.17	95.52	1.42	0.50	2.39	1.33	94.25	1.01	0.83	2.58
木材加工业	0.67	89.34	4.49	0.65	4.85	2.38	88.44	2.30	0.75	6.13
造纸和印刷出版业	0.52	94.96	1.68	0.41	2.43	1.99	92.82	1.13	0.22	3.84
焦炭、精炼石油及核燃料加工业	2.81	86.00	1.68	0.72	8.79	4.14	70.76	1.57	1.59	21.94
化学工业	1.08	92.82	1.99	0.72	3.39	4.15	85.05	2.09	1.13	7.58
橡胶和塑料制品业	0.69	94.12	1.94	0.63	2.62	3.89	87.15	2.29	1.26	5.41
其他非金属矿制品业	1.29	92.55	1.46	0.67	4.03	2.15	88.60	1.27	1.42	6.56
金属制品业	2.09	90.64	1.96	1.22	4.09	5.65	82.95	1.57	1.97	7.86
机械工业	0.97	93.66	1.95	0.88	2.54	6.29	85.08	2.17	1.69	4.77
电子和光学设备制造业	1.14	93.44	2.07	1.02	2.33	7.20	84.27	1.85	1.76	4.92
运输设备制造业	1.05	93.62	1.83	0.85	2.65	5.96	85.02	2.21	1.78	5.03
机械回收业	0.51	93.81	2.09	0.67	2.92	2.94	87.69	1.94	1.68	5.75
电力、水和天然气的供应业	1.72	93.07	1.18	0.54	3.49	3.27	86.34	1.12	1.12	8.15

数据来源：根据世界投入产出数据库相关数据计算而得，精确到小数点后 2 位。

（三）研究结论

本书根据世界投入产出数据库中的相关数据对 1995—2011 年中日双边贸易量按最终去向和价值含量的国别来源进行了分解，得出如下结论。第一，从双边贸易的最终流向来看，中日双边贸易以中间品贸易为主，最终品贸易为辅；第二，在中日双边贸易中，中国对日出口中的最终品较多，日本对华出口中的中间品，特别是最终流向第三国的中间品相对较多；第三，中国对日出口的最终品多为劳动和资源密集型产品，出口的中间品则以资本和技术密集型产品为主，与之对应的是，日本对华出口的最终品和中间品多以资本密集产品为主；第四，从中日双边贸易中价值含量的国别来源上看，中日双边贸易中的本国价均占绝大多数，东亚地区的价值占中日双边贸易比重较大。

上述几点结论一是说明了中日两国融入全球生产价值体系的程度不断加深；二是说明了中日双边贸易表现出较强的地域性特征，即中日双边贸易主要依赖于东亚各国（地区）间的生产分工；三是通过将中日双边贸易分解，可以证明中日双边贸易仍是以要素禀赋为基础的贸易，基于规模经济和差异化产品而发生的贸易相对较少，这也从侧面说明基于传统贸易统计方式得出的在中日双边贸易中中国贸易结构不断优化的结论高估了中国在中日双边贸易中的收益和地位，中国在中日双边贸易中的比较优势并未发生实质性的改变，仍集中在相对丰富的自然资源和劳动力资源上。

根据上述研究结论，从提高中国在中日双边贸易中的国内价值的角度，本书提出如下对策建议。第一，应通过进一步提高中国出口企业的技术水平，实现出口企业国内价值的增加。出口产品国内价值的高低，本质上源于出口企业技术水平的高低，因此，应通过鼓励出口企业的技术创新和创造具有自主知识产权的品牌来改善企业在全球生产价值体系中的地位，提高出口产品中的国内价值。第二，在现阶段，应通过适度扩大高技术密集型中间品的进口的方式来达到增加出口产品国内价值的目的。在全球生产分工体系日益密切的现实下，一国出口产品质量和价值的高低不再单纯取决于本国要素禀赋的情况，还取决于其进口中间投入品的质量和技术水平，由于自主创新具有风险大、周期长的特点，无法在短期内实现中国对日出口产品中国内价值的显著提升，因此，在短期内可以通过适度扩大外国高技术密集型中间品的进口的方式来提高中国对日出口产品的质量和技术密集度，从而提高对日出口中的国内价值。第三，中国对日出口产品的国内价值低，虽然与中国目前的要素禀赋状况密切相关，但同样存在着由于国际经济规则的不合理而导致的中国出口企业被长期“锁定”于全球生产价值体系中的低端环节的现象，因此，从国家层面来说，中国应通过积极参与全球治理，通过改变逐步改变全球经济中的不合理的规则制度来帮助中国出口企业向全球生产分工体系中的高增加值环节移动，促进中国对日出口产品中国内价值的增加。

二、中韩真实贸易利益的测度

（一）测算方法和数据来源

首先要明确，用一国出口中包含的国内价值增值衡量出口贸易利得，一国出口中国内价值增值越多，那么该国国内要素通过国际贸易获得的要素报酬和贸易利益也就越多。垂直专业化（VS）即一国出口中的国外价值，是衡量跨国生产分工的综合性统计指标。

1. 分解方法

本书的分析是建立在王直、魏尚进和祝坤福（2015）提出的总贸易流分解框架基础上，通过以 WIOD 数据库提供的国家间投入产出表进行合并的方式来对数据进行简化处理，具体计算方法如下。

假设世界上只存在中国、韩国和除中国和韩国之外的世界国家和地区，每个国家和地区包括 N 个行业，每个行业均可用作其他行业的中间投入品和最终使用品。那么各国总产出表示为

$$\begin{bmatrix} A^{ss} & A^{sr} & A^{st} \\ A^{rs} & A^{rr} & A^{rt} \\ A^{ts} & A^{tr} & A^{tt} \end{bmatrix}\begin{bmatrix} X^{s} \\ X^{r} \\ X^{t} \end{bmatrix}+\begin{bmatrix} Y^{ss}+Y^{sr}+Y^{st} \\ Y^{rs}+Y^{rr}+Y^{rt} \\ Y^{ts}+Y^{tr}+Y^{tt} \end{bmatrix}=\begin{bmatrix} X^{s} \\ X^{r} \\ X^{t} \end{bmatrix} \tag{4-24}$$

其中，Y^{sr} 代表 S 国（地区）产品被 R 国（地区）用作最终使用品的部分，X^{s} 分别表示第 S 国（地区）的产出，X 和 Y 为 $N\times1$ 的列向量。A^{sr} 为直接消耗系数，是 $N\times N$ 的矩阵。定义 B^{sr} 为完全消耗系数，则 B^{sr} 为 $N\times N$ 的矩阵，$B=(I-A)^{-1}-I$，于是就有

$$\begin{bmatrix} X^{s} \\ X^{r} \\ X^{t} \end{bmatrix}=\begin{bmatrix} B^{ss} & B^{sr} & B^{st} \\ B^{rs} & B^{rr} & B^{rt} \\ B^{ts} & B^{tr} & B^{tt} \end{bmatrix}\begin{bmatrix} Y^{ss}+Y^{sr}+Y^{st} \\ Y^{rs}+Y^{rr}+Y^{rt} \\ Y^{ts}+Y^{tr}+Y^{tt} \end{bmatrix} \tag{4-25}$$

因此，S 国向 R 国的中间出口可以分解为以下九部分：

$$\begin{aligned} A^{sr}X^{r} = {} & A^{sr}B^{rs}Y^{ss}+A^{sr}B^{rs}Y^{sr}+A^{sr}B^{rs}Y^{st}+A^{sr}B^{r}Y^{rs}+A^{sr}B^{r}Y^{r}+ \\ & A^{sr}B^{r}Y^{rt}+A^{sr}B^{r}Y^{ts}+A^{sr}B^{rt}Y^{tr}+A^{sr}B^{rt}Y^{tt} \end{aligned} \tag{4-26}$$

定义增加值系数 $V^{s}\equiv VA^{s}(X^{s})^{-1}$，$V^{s}$ 为 $1\times N$ 的行向量，令 $L^{ss}=(I-A^{ss})^{-1}$ 表示单国的里昂惕夫逆矩阵，L 是 $N\times N$ 矩阵。以 E^{sr} 表示 S 国向 R 国的出口，包括最终出口和中间出口两部分，则 $E^{sr}=A^{sr}X^{r}+Y^{sr}$，那么 S 国的总出口可以表示为

$$E^{s}=E^{sr}+E^{st}=A^{sr}X^{r}+A^{st}X^{t}+Y^{sr}+Y^{st} \tag{4-27}$$

S 国向 R 国的中间出口可以表示为

$$A^{sr}X^{r}=A^{sr}L^{rr}Y^{rr}+A^{sr}L^{rr}E^{r} \tag{4-28}$$

因此，S 国向 R 国出口 E^{sr} 可以分解如下①：

$$\begin{aligned} E^{sr} & = A^{sr}X^{r}+Y^{sr} \\ & = (V^{s}B^{ss})^{T}\#Y^{sr}+(V^{r}B^{rs})^{T}\#Y^{sr}+(V^{t}B^{ts})^{T}\#Y^{sr} \\ & \quad +(V^{s}B^{ss})^{T}\#(A^{sr}X^{r})+(V^{r}B^{rs})^{T}\#(A^{sr}X^{r})+(V^{t}B^{ts})^{T}\#(A^{sr}X^{r}) \\ & = (V^{s}B^{ss})^{T}\#Y^{sr}+(V^{s}L^{ss})^{T}\#(A^{sr}B^{r}Y^{r})+(V^{s}L^{ss})^{T}\#(A^{ss}B^{rt}Y^{tt}) \\ & \quad +(V^{s}L^{ss})^{T}\#(A^{sr}B^{r}Y^{rt})+(V^{s}L^{ss})^{T}\#(A^{sr}B^{r}Y^{tr}) \\ & \quad +(V^{s}L^{ss})^{T}\#(A^{sr}B^{r}Y^{rs})+(V^{s}L^{ss})^{T}\#(A^{sr}B^{r}Y^{ts})+(V^{s}L^{ss})^{T}\#(A^{sr}B^{rs}Y^{ss}) \\ & \quad +(V^{s}L^{ss})^{T}\#[A^{s}B^{rs}(Y^{sr}+Y^{st})]+(V^{s}B^{ss}-V^{s}L^{ss})^{T}\#(A^{sr}X^{r}) \\ & \quad +(V^{r}B^{rs})^{T}\#Y^{sr}+(V^{r}B^{rs})^{T}\#(A^{st}L^{r}Y^{r})+(V^{r}B^{rs})^{T}\#(A^{sr}L^{r}E^{r}) \\ & \quad +(V^{t}B^{ts})^{T}\#Y^{sr}+(V^{t}B^{ts})^{T}\#(A^{sr}L^{r}Y^{r})+(V^{t}B^{ts})^{T}\#(A^{sr}L^{r}E^{r}) \end{aligned} \tag{4-29}$$

① 式（4-29）中的“#”表示点乘。

因此，在中间贸易品流量完全分解的基础上，代入增加值系数，根据出口品的价值来源和最终吸收地可以将双边总出口分解为16个增加值和重复计算部分（见表4－22）。

表4－22　总出口分解说明

<table>
<tr><th></th><th>分解部分</th><th>经济含义</th><th colspan="2">补充说明</th></tr>
<tr><td rowspan="5">最终被国外吸收的国内增加值（DVA）</td><td>第1部分</td><td>最终出口的国内增加值（DVA_ FIN）</td><td rowspan="2"></td><td rowspan="8">国内价值部分（DVA＋RDV）（1～8部分）</td></tr>
<tr><td>第2部分</td><td>直接被进口国生产国内最终需求吸收的中间出口国内增加值（DVA_ INT）</td></tr>
<tr><td>第3部分</td><td>被进口国出口至第三国并被第三国生产国内最终需求吸收的中间出口国内增加值</td><td rowspan="3">被直接进口国生产向第三国出口所吸收的中间出口（DVA_ INTREX）</td></tr>
<tr><td>第4部分</td><td>被进口国生产最终出口至第三国被吸收的中间出口国内增加值</td></tr>
<tr><td>第5部分</td><td>被进口国生产中间出口至第三国最终以最终进口返回第二国吸收的中间出口国内增加值</td></tr>
<tr><td rowspan="3">返回的国内增加值（RDV）</td><td>第6部分</td><td>进口国生产最终出口返回国内被吸收的中间出口国内增加值</td><td rowspan="3">这部分国内增加值先被出口至国外，但又隐含在本国的进口中返回国内并最终在国内被消费</td></tr>
<tr><td>第7部分</td><td>被进口国生产中间出口至第三国以最终进口返回国内被吸收的中间出口国内增加值</td></tr>
<tr><td>第8部分</td><td>被进口国生产中间出口返回国内生产国内最终需求所吸收的中间出口国内增加值</td></tr>
<tr><td rowspan="2">本国中间出口的国内价值重复计算部分（DDC）</td><td>第9部分</td><td>隐含于进口中返回国内被生产最终出口吸收的中间出口国内增加值（中间出口与最终出口价值的重复计算）</td><td rowspan="2">DDC和FDC之和为中间品贸易的纯重复计算部分（PDC）</td><td rowspan="8">垂直专业化（VS）（9～16部分）</td></tr>
<tr><td>第10部分</td><td>隐含于进口中返回国内被生产中间出口吸收的中间出口国内增加值（中间出口与中间出口价值的重复计算）</td></tr>
<tr><td rowspan="2">隐含于本国出口的进口国增加值（MVA）</td><td>第11部分</td><td>本国最终出口的进口国增加值</td><td rowspan="2">MVA与OVA之和为用于生产本国出口的外国增加值（FVA）</td></tr>
<tr><td>第12部分</td><td>本国中间出口的进口国增加值</td></tr>
<tr><td rowspan="2">本国中间出口的外国价值重复计算部分（FDC）</td><td>第13部分</td><td>本国中间出口的进口国价值重复计算部分</td><td rowspan="2">DDC和FDC之和为中间品贸易的纯重复计算部分（PDC）。PDC是由中间品贸易多次来回跨越国界引起的</td></tr>
<tr><td>第16部分</td><td>本国中间出口的第三国价值重复计算部分</td></tr>
<tr><td rowspan="2">隐含于本国出口中的第三国增加值（OVA）</td><td>第14部分</td><td>本国最终出口的第三国增加值</td><td rowspan="2">MVA与OVA之和为用于生产本国出口的外国增加值（FVA）</td></tr>
<tr><td>第15部分</td><td>本国中间出口的第三国增加值</td></tr>
</table>

2. 数据来源与说明

本书采用世界投入产出数据库（WIOD）1995—2011 年的国家间投入产出数据表，通过 MATLAB（7.0）软件计算出口贸易的各分解部分值。涉及 14 个制造业部门，分别为：食品、饮料及烟草加工业（C3），纺织及纺织制品业（C4），皮革及鞋类制造业（C5），木材及木制品业（C6），造纸及印刷业（C7），石油加工、炼焦及核燃料加工业（C8），化学及化学制品业（C9），橡胶及塑料制品业（C10），其他非金属矿物制品业（C11），基本金属及金属制品业（C12），机械设备制造业（C13），电气和光学设备制造业（C14），交通运输设备制造业（C15）以及其他制造业（C16）。

（二）实证结果与分析

1. 中韩双边贸易额的分解

以总值贸易衡量的中韩制造业贸易规模呈加速扩大态势，但两国制造业双边贸易不平衡，随着两国经贸关系的进一步加深，加之两国逐渐融入全球价值链分工体系，使中韩两国的贸易利益分配问题成为焦点。本部分从整体贸易和细分行业两个方面对中韩双边贸易利益进行价值增值分解，探析贸易非平衡下的利益分配问题。

（1）中韩双边整体制造业贸易中的国内增加值分解结果及分析

图 4 -1 计算了 1995—2011 年中韩双边制造业贸易中中国出口的国内增加值按价值来源和最终用途进行分解的各部分的绝对额及其在国内增加值中的比重的变化，发现如下特点：第一，中国对韩国制造业出口贸易的国内增加值的绝对量呈不断上升趋势，这是中韩双边贸易规模扩大的必然结果。但是从国内增加值所占比重来看，出现缓慢下降的趋势，从 1995 年的 84.64%下降到 2011 年的 76.97%，这意味着中国制造业从对韩出口中的获利能力受限。第二，从产品最终用途来看，中国出口韩国制造业整体贸易基本是中间品和最终品并重，两者的出口量都是逐年增大。中国对韩制造业出口贸易中在中间品出口中隐含的国内增加值（DVA_ INT）比最终品出口中隐含的国内价值（DVA_ FIN）的比重略高，表明中间品贸易对国内增加值的提升拉动作用较大，这也意味着中间品贸易获利可能性更大。

同样，图 4 -2 计算了 1995—2011 年韩国对中国制造业出口中韩国的国内增加值各分解部分的绝对额和所占比重，表现出以下特点：第一，韩国对中国制造业出口贸易的国内增加值的绝对量及各分解部分的绝对额均呈不断上升趋势。国内增加值所占比重表现出下降趋势，从 1995 年的 73.34%下降到 2011 年的 57.34%，下降速度明显快于中对韩的制造业出口贸易国内增加值比重的下降速度。第二，从产品最终用途来看，中国出口韩国制造业整体贸易的中间品和最终品的绝对量均在不断增大，但是韩国基本是以中间品为主，韩对中制造业出口贸易中中间品出口中隐含的国内增加值（DVA_ INT）的均值所占比重为 34.83%，而最终品出口中隐含的国内价值（DVA_ FIN）的比重仅为 12.29%。由此可知，韩国越来越频繁深入地参与到生产链条中，中间品贸易发展迅速，韩国对中国主要在出口中间品贸易中获得国内价值增值。

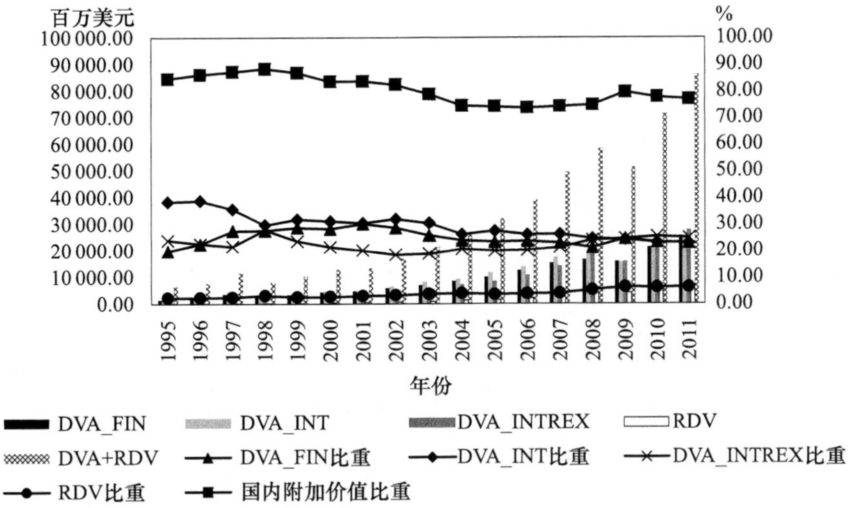

图 4－1　中国对韩国制造业出口贸易国内增加值分解

数据来源：根据 WIOD 中相关数据计算而得。

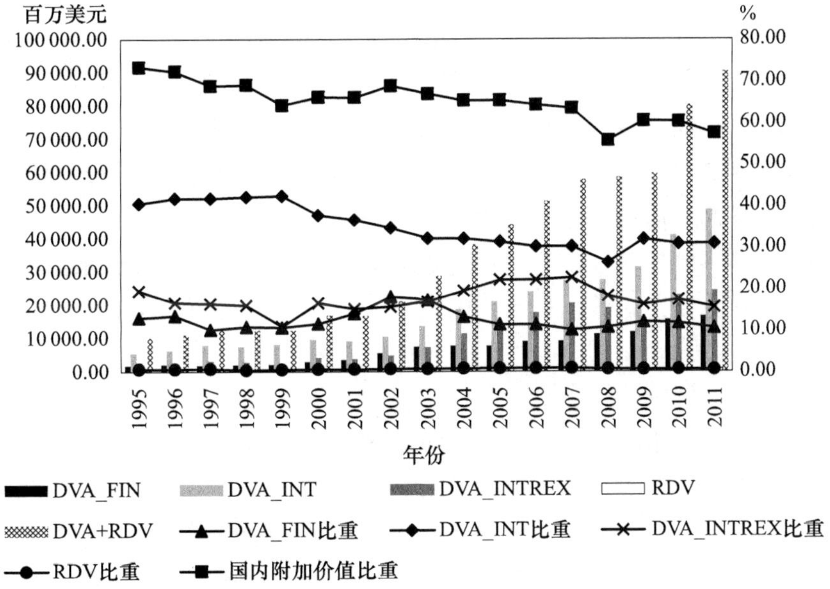

图 4－2　韩国对中国制造业出口贸易国内增加值分解

数据来源：根据 WIOD 中相关数据计算而得。

上述对中韩双边制造业整体贸易中的双方国内增加值的分解说明：两国各自的国内增加值的绝对额均不断上升，但两国在双边贸易中的最终品出口和中间品出口中隐含的国内增加值存在较大差异，中国基本上是依靠两者的共同作用获利，而韩国主要是以中间品贸易为主，中间品贸易中隐含的国内增加值远高于最终品出口所获得收益。

（2）中韩双边制造业分行业贸易中的国内增加值分解结果及分析

表4－23将中国对韩制造业分行业出口中的中国国内增加值进行分解，对比1995年和2011年可以发现：第一，中国对韩国14个制造业行业出口贸易的国内增加值及分解的隐含在最终品和中间品的国内增加值的绝对量均增加，这得益于中国对韩制造业出口贸易规模的扩大。但是中国对韩制造业各行业的出口贸易的国内增加值所占比重除了纺织及纺织制品业（C4）、皮革及鞋类制造业（C5）外均有所下降，反映出中国在大多数制造业行业对韩出口获利能力都有所下降。尤其是作为贸易量最大的高技术行业的电气和光学设备制造业（C14）国内增加值所占比例明显低于其他各制造行业。第二，从出口产品的最终用途来看，相对于1995年，中国对韩制造业出口贸易中有9个行业在中间品出口中隐含的国内增加值（DVA_INT）比最终品出口中隐含的国内价值（DVA_FIN）的比重高。

根据表4－24的计算结果发现韩国对中国制造业行业出口中的韩国国内增加值分解情况呈现如下特点：第一，与1995年相比，2011年韩国对中国14个制造业行业出口贸易的国内增加值的绝对额显著上升，其中上升最明显的是电气和光学设备制造业（C14）。从所占比重来看，除了其他非金属矿物制品业（C11）外，其他13个制造业行业出口贸易的国内增加值比重均下降，这表明韩国在绝大多数制造业行业对中国出口获利能力也有所下降。第二，从出口产品的最终用途来看，2011年的韩国对中国制造业出口贸易中有12个行业在中间品出口中隐含的国内增加值（DVA_INT）比最终品出口中隐含的国内价值（DVA_FIN）的比重高。这表明以中间品贸易为主的各制造行业的单位产品的获利水平要高于以最终品为主的行业。

通过对中韩两国制造业各行业的双边贸易的国内增加值及其价值来源的比较，反映出的共性特征是双方制造行业出口贸易的国内增加值的绝对数量均明显增加，但是各行业的获利水平存在差异。

2. 垂直专业化结构分析

在上文中已经研究中韩两国在参与跨国生产进行贸易往来的双边利得，但是随着国际生产链的不断延伸，多次跨越国境的中间品贸易日益增多，越来越多的国家参与到中韩贸易中，双边贸易利益需要在多个国家间进行分摊，这就需要研究垂直专业化（VS）结构，以便更好地理解中韩制造业双边贸易利益分配下的整体贸易及各行业的垂直专业化程度。

（1）中韩双边制造业整体贸易中的垂直专业化结构分析

对表4－25中国对韩制造业整体出口的垂直专业化率和垂直专业化结构的变化的分析发现其呈现以下特点：第一，中国对韩制造业整体出口垂直专业化率呈现逐年上升趋势，由1995年的15.36%上升到2011年的23.03%。第二，按价值来源看，隐含于中国出口的韩国增加值（MVA）的占比和隐含于中国出口中的第三国增加值（OVA）的占比均呈现逐年下降趋势，其中MVA从1995年的6.43%下降到2011年的2.96%，OVA从

表 4－23　1995 年和 2011 年中国对韩国不同行业出口中的国内增加值分解

单位:百万美元,%

	1995 年										2011 年									
	DVA_FIN		DVA_INT		DVA_INTTRE		RDV		国内价值		DVA_FIN		DVA_INT		DVA_INTTRE		RDV		国内价值	
	价值	比重	价值	比重	价值	比重	价值	比重	价值	比重	价值	比重	价值	比重	价值	比重	价值	比重	价值	比重
C3	248.60	59.8	0.25	25.1	24.81	6.0	2.52	0.6	276.18	91.4	2 292.60	73.2	381.52	12.2	85.80	2.7	20.99	0.7	2 780.91	88.8
C4	376.09	17.7	0.28	23.1	733.56	34.6	92.74	4.4	1 202.68	79.8	2 474.50	43.0	1 323.80	23.0	895.05	15.6	168.62	2.9	4 861.97	84.5
C5	97.17	47.2	0.03	14.9	33.11	16.1	4.13	2.0	134.45	80.2	1 195.20	82.6	22.65	1.6	14.66	1.0	4.13	0.3	1 236.63	85.5
C6	18.01	18.0	0.03	53.8	11.08	11.1	0.75	0.8	29.87	83.7	33.10	8.2	203.07	50.2	80.47	19.9	16.84	4.2	333.47	82.4
C7	8.49	18.3	0.02	43.4	9.43	20.3	1.21	2.6	19.16	84.7	43.69	13.9	123.81	39.4	65.19	20.7	19.13	6.1	251.82	80.1
C8	1.30	7.5	0.01	45.4	3.94	22.9	0.48	2.8	5.73	78.7	101.76	7.3	335.72	24.2	245.99	17.7	85.60	6.2	769.07	55.4
C9	22.14	11.3	0.07	41.3	53.81	27.4	6.91	3.5	82.94	83.6	387.30	4.6	2 723.80	32.0	2 241.30	26.3	905.59	10.6	6 257.99	73.6
C10	21.20	24.6	0.04	34.9	17.42	20.2	1.50	1.7	40.15	81.4	205.10	12.6	443.25	27.3	466.37	28.7	109.39	6.7	1 224.11	75.4
C11	11.30	8.0	0.03	65.1	20.77	14.7	1.50	1.1	33.59	88.9	63.41	3.8	900.83	53.4	311.44	18.5	104.31	6.2	1 379.99	81.8
C12	38.04	5.2	0.25	52.5	178.80	24.5	14.45	2.0	231.54	84.2	305.61	2.2	4 088.90	29.4	4 442.42	32.0	1 085.98	7.8	9 922.92	71.4
C13	33.51	37.7	0.06	29.7	14.43	16.2	1.13	1.3	49.13	84.8	1 947.20	42.5	691.52	15.1	679.82	14.8	181.23	4.0	3 499.77	76.3
C14	180.89	18.5	0.58	29.6	276.22	28.2	12.82	1.3	470.51	77.6	7 653.00	23.2	4 906.70	14.9	7 102.55	21.6	2 764.61	8.4	22 426.87	68.1
C15	12.29	34.6	0.04	34.3	4.96	14.0	0.26	0.7	17.54	83.6	657.03	18.7	817.47	23.3	1 112.72	31.7	113.83	3.2	2 701.05	76.9
C16	29.02	59.1	0.01	17.4	3.50	7.1	0.36	0.7	32.88	84.3	526.72	76.4	37.05	5.4	23.27	3.4	2.55	0.4	589.58	85.5

数据来源:根据 WIOD 数据库中相关数据计算而得。

表 4-24　1995 年和 2011 年韩国对中国不同行业出口中的国内增加值分解　　单位:百万美元,%

	1995 年										2011 年									
	DVA_FIN		DVA_INT		DVA_INTTRE		RDV		国内价值		DVA_FIN		DVA_INT		DVA_INTTRE		RDV		国内价值	
	价值	比重	价值	比重	价值	比重	价值	比重	价值	比重	价值	比重	价值	比重	价值	比重	价值	比重	价值	比重
C3	100.96	74.9	5.28	3.9	1.09	0.8	0.04	0.03	107.36	79.7	596.29	69.1	9.77	1.1	2.09	0.2	0.08	0.01	608.22	70.5
C4	150.75	4.2	1 289.30	36.0	1 171.90	32.7	34.13	1.0	2 646.08	73.9	244.81	9.6	753.80	29.6	736.63	28.9	17.32	0.7	1 752.56	68.7
C5	54.92	9.8	198.85	35.5	166.61	29.7	3.43	0.6	423.80	75.6	79.30	13.7	176.76	30.6	148.19	25.6	3.88	0.7	408.13	70.6
C6	0.21	0.4	29.16	53.6	7.46	13.7	0.21	0.4	37.03	68.1	0.03	0.6	2.79	49.3	0.71	12.5	0.02	0.3	3.54	62.7
C7	10.65	1.8	367.56	62.2	101.46	17.2	3.20	0.5	482.88	81.7	54.96	11.5	212.90	44.7	74.48	15.7	2.53	0.5	344.87	72.5
C8	3.87	0.6	180.69	28.8	43.79	7.0	1.59	0.3	229.93	36.6	39.53	0.3	1 638.70	12.5	570.88	4.3	20.45	0.2	2 269.56	17.2
C9	64.85	2.4	1 422.70	52.5	472.77	17.5	14.13	0.5	1 974.45	72.9	544.36	2.0	9 747.90	34.9	4 060.62	14.5	125.70	0.5	14 478.59	51.9
C10	20.51	7.3	135.97	48.4	53.01	18.9	1.41	0.5	210.91	75.1	156.28	5.2	1 091.20	36.3	600.50	20.0	17.56	0.6	1 865.54	62.1
C11	0.00	0.0	0.00	0.0	0.00	0.0	0.00	0.0	0.00	0.0	6.18	1.8	211.90	61.3	18.88	5.5	0.63	0.2	237.59	68.7
C12	36.89	2.8	676.18	50.9	200.32	15.1	6.17	0.5	919.55	69.2	71.94	0.6	4 365.70	38.7	1 579.65	14.0	53.41	0.5	6 070.69	53.8
C13	547.58	69.2	44.02	5.6	10.42	1.3	0.34	0.04	602.36	76.1	3 689.10	25.4	4 180.80	28.8	1 455.34	10.0	46.60	0.3	9 371.84	64.6
C14	321.96	18.9	595.92	34.9	301.28	17.7	7.65	0.4	1 226.81	71.9	7 617.10	11.5	19 826.00	30.0	13 488.31	20.4	423.25	0.6	41 354.66	62.6
C15	70.76	36.1	67.21	34.3	14.11	7.2	0.45	0.2	152.53	77.9	1 909.20	28.1	2 008.80	29.6	606.15	8.9	18.97	0.3	4 543.12	67.0
C16	2.36	42.5	1.54	27.7	0.42	7.6	0.01	0.2	4.33	78.1	37.02	54.3	7.53	11.1	2.14	3.1	0.07	0.1	46.76	68.6

数据来源:根据 WIOD 数据库中相关数据计算而得。

1995 年的 53.51% 下降到 2011 年的 47.17%，但是 OVA 在 VS 中的比率远高于 MVA 在 VS 中的比率，进一步说明中国对韩制造业出口中隐含着大量的外国增加值，尤其是来自第三国的增加值。第三，从产品类型来看，中国对韩整体制造业最终出口品的外国增加值（FVA_FIN）比例呈现稳中有升的变化趋势，而中间品出口的外国增加值（FVA_INT）占比呈现缓慢下降趋势，但是 1995—2011 年的 17 年间，FVA_INT 在 VS 中的占比均都高于 FVA_FIN 在 VS 中的占比。中国中间出口的外国价值重复计算部分（FDC）占比呈现上升趋势，而且 FDC 在 VS 中的占比远高于 FVA_INT 和 FVA_FIN 的占比，这从侧面说明随着时间的推移，国际生产链条变得越来越长，越来越多的国家参与到中韩贸易之中，中国对韩制造业出口的垂直专业化程度不断加深。

表 4-25　中韩制造业垂直专业化率及结构　　单位：%

年份	VS 在出口中的比例	中国出口韩国					韩国出口中国					
		各分解部分在 VS 中的占比					各分解部分在 VS 中的占比					
		MVA (11+12)	OVA (14+15)	FDC (13+16)	FVA_FIN (11+14)	FVA_INT (12+15)	VS 在出口中的比例	MVA (11+12)	OVA (14+15)	FDC (13+16)	FVA_FIN (11+14)	FVA_INT (12+15)
1995	15.36	6.43	53.51	33.54	21.55	38.38	26.66	4.66	66.58	13.84	13.86	57.39
1996	13.78	6.93	56.63	30.87	24.25	39.32	27.72	4.84	70.56	23.73	15.18	60.22
1997	12.79	6.80	56.49	31.08	26.57	36.72	31.20	5.45	69.48	24.22	11.34	63.59
1998	11.59	5.53	47.61	39.44	24.38	28.77	30.97	5.35	70.52	23.35	12.81	63.06
1999	13.15	5.80	53.95	34.80	26.55	33.20	35.84	5.37	70.44	23.34	13.11	62.70
2000	16.46	5.36	56.14	33.79	27.66	33.84	33.84	4.83	69.56	24.77	13.71	60.69
2001	16.27	5.07	58.30	31.80	30.15	33.22	33.98	5.81	70.02	23.44	16.81	59.01
2002	17.60	5.17	59.67	30.57	29.90	34.95	31.21	7.12	68.25	23.79	23.29	52.08
2003	21.18	4.80	57.23	33.13	27.92	34.10	33.09	7.34	64.72	27.03	22.46	49.60
2004	25.44	4.43	53.57	36.95	26.84	31.15	34.74	7.18	60.10	31.64	17.30	49.98
2005	25.81	4.49	54.04	35.85	26.29	32.25	34.67	6.82	56.26	35.78	14.79	48.29
2006	26.28	4.23	53.19	36.48	25.83	31.59	35.77	7.35	55.06	36.45	14.48	47.94
2007	25.80	3.85	51.71	37.65	24.37	31.19	36.61	7.94	53.18	37.72	12.77	48.35
2008	25.22	2.86	47.42	42.11	21.22	29.07	44.38	8.75	55.81	34.55	14.61	49.94
2009	20.41	3.41	47.27	40.87	24.46	26.22	39.63	10.61	60.03	28.46	16.29	54.35
2010	22.24	3.39	46.74	41.71	23.94	26.19	39.79	10.66	57.97	30.39	15.62	53.02
2011	23.03	2.96	47.17	42.39	23.43	26.70	42.66	10.52	60.02	28.63	13.65	56.89

数据来源：根据 WIOD 数据库中相关数据计算而得。

类似地，对韩国向中国制造业出口垂直专业化率及结构进行动态剖析，表 4-25 的计算结果显示：第一，韩对中制造业整体出口垂直专业化率呈现显著上升趋势，由 1995 年的 26.66% 上升到 2011 年的 42.66%，增长了 16 个百分点。第二，按价值来源看，与中对韩不同的是，隐含于韩国出口的中国增加值（MVA）的占比呈现上升趋势，从 1995 年的 4.66% 上升到 2011 年的 10.52%，表明中国积极融入韩国生产环节，与韩国在国际生产分工中的协作紧密度加深，同时也反映出中国是韩国贸易往来中的重要利益分享者。隐含于韩国出口中的第三国增加值（OVA）的占比呈现下降趋势，从 1995 年的 66.58% 下降到 2011 年的 60.02%，但是 OVA 在 VS 中的比率远高于 MVA 在 VS 中的比率，这进一步说明韩国对中国制造业出口中隐含着大量的外国增加值，尤其是来自第三国的增加值。第三，从产品类型来看，韩国对中国整体制造业最终出口品的外国增加值（FVA_FIN）比例和中间品出口的外国增加值（FVA_INT）占比均呈现缓慢下降趋势，变动幅度较小，但是 1995—2011 年的 17 年间，FVA_INT 在 VS 中的占比均显著高于 FVA_FIN 在 VS 中的占比。中国中间出口的外国价值重复计算部分（FDC）占比也呈现上升趋势。

通过对表 4－25 的比较分析可以得出，中韩双边制造业整体贸易中各自的垂直专业化比率均表现出显著上升趋势，但是韩对中的制造业出口的 VS 比率远高于中对韩的 VS 比率。其中隐含于韩国出口中的第三国增加值（OVA）占比高于隐含于中国出口中的第三国增加值（OVA）的占比，同时韩对中整体制造业中间品出口的外国增加值（FVA_INT）占比也远高于与中对韩整体制造业中间品出口的外国增加值（FVA_INT），均表明中韩两国的垂直专业化程度不断加深，越来越多的国家参与到中韩生产分工中。

（2）中韩双边制造业分行业贸易中的垂直专业化结构分析

表 4－26 计算了 1995 年和 2011 年中国对韩制造业分行业的垂直专业化率和垂直专业化结构，反映出相对于 1995 年，2011 年中国对韩制造行业出口的垂直专业化率除了纺织及纺织制品业（C4）、皮革及鞋类制造业（C5）和其他制造业（C16）外，均不断提高，究其原因是这些制造行业的垂直专业化结构中中间品出口的外国增加值（FVA_INT）占比和中间出口的外国价值重复计算部分（FDC）占比均高于最终出口品的外国增加值（FVA_FIN）比例，这集中表现在垂直专业化率极高的技术密集型的电气和光学设备制造业（C14）。

表 4－26　1995 年和 2011 年中国对韩国不同行业出口的垂直专业化分解　单位：%

行业	1995 年				2011 年			
	VS 在出口中的比例	各分解部分在 VS 中的比例			VS 在出口中的比例	各分解部分在 VS 中的比例		
		FDC (13+16)	FVA_FIN (11+14)	FVA_INT (12+15)		FDC (13+16)	FVA_FIN (11+14)	FVA_INT (12+15)
C3	8.56	7.23	63.63	26.65	11.24	3.93	81.13	13.52
C4	20.20	43.88	18.70	24.38	15.52	21.10	46.18	24.78
C5	19.85	22.31	54.83	17.26	14.49	1.61	95.93	1.82
C6	16.32	14.15	21.14	63.17	17.56	28.17	9.25	56.88
C7	15.28	26.22	20.10	47.65	19.87	31.96	15.74	44.75
C8	21.34	32.23	9.19	55.23	44.61	42.96	12.46	41.27
C9	16.45	35.32	12.39	45.23	26.43	46.90	5.41	38.12
C10	18.65	26.53	28.79	40.86	24.60	44.70	15.22	33.02
C11	11.13	17.57	8.74	70.91	18.21	28.52	4.10	58.43

续表

行业	VS 在出口中的比例	1995 年			VS 在出口中的比例	2011 年		
		各分解部分在 VS 中的比例				各分解部分在 VS 中的比例		
		FDC (13 + 16)	FVA_FIN (11 + 14)	FVA_INT (12 + 15)		FDC (13 + 16)	FVA_FIN (11 + 14)	FVA_INT (12 + 15)
C12	15.79	31.10	6.04	60.70	28.63	53.20	2.82	37.82
C13	15.15	20.46	43.11	33.95	23.68	24.41	53.02	18.94
C14	22.43	37.83	23.41	37.44	31.91	41.98	29.96	19.42
C15	16.43	17.55	40.85	40.43	23.10	44.10	23.16	29.01
C16	15.72	9.46	68.13	20.07	14.54	4.43	88.69	6.26

数据来源：根据 WIOD 数据库中相关数据计算而得。

同样地，从表 4－27 可以分析出，韩国在 2011 年对中国各制造行业出口的垂直专业化率均实现提升，这主要得益于这些制造行业的垂直专业化结构中中间品出口的外国增加值（FVA_INT）占比和中间出口的外国价值重复计算部分（FDC）占比不断增加所发挥的拉动作用，尤其是以电气和光学设备制造业（C14）表现最为显著，这是因为该行业要求的技术含量高，生产过程精细化、复杂化，垂直专业化程度深化。

表 4－27　1995 年和 2011 年韩国对中国不同行业出口的垂直专业化分解　单位：%

行业	VS 在出口中的比例	1995 年			VS 在出口中的比例	2011 年		
		各分解部分在 VS 中的比例				各分解部分在 VS 中的比例		
		FDC (13 + 16)	FVA_FIN (11 + 14)	FVA_INT (12 + 15)		FDC (13 + 16)	FVA_FIN (11 + 14)	FVA_INT (12 + 15)
C3	20.33	1.05	94.00	4.91	29.54	0.36	98.02	1.60
C4	26.09	44.92	5.52	47.21	31.29	43.07	13.81	42.35
C5	24.37	39.91	12.80	46.37	29.41	37.31	19.28	42.87
C6	31.88	20.72	0.55	78.34	37.26	20.76	0.88	77.83
C7	18.26	21.65	2.19	75.41	27.52	22.64	15.78	60.87
C8	63.39	19.83	1.67	78.26	82.76	26.70	1.72	71.34
C9	27.11	24.67	3.25	71.34	48.13	29.38	3.72	66.33
C10	24.92	25.78	9.63	63.87	37.94	33.57	8.27	57.33
C11	0.00	0.00	0.00	0.00	31.27	8.38	2.58	88.55
C12	30.79	22.47	3.98	72.94	46.24	27.41	1.17	70.69
C13	23.89	1.80	90.81	7.31	35.42	16.31	38.96	44.06
C14	28.09	25.14	25.93	48.07	37.42	34.07	18.03	46.56
C15	22.13	9.58	46.13	43.86	33.04	13.98	41.58	43.73
C16	21.93	10.09	54.13	35.36	31.38	4.84	78.95	16.03

数据来源：根据 WIOD 数据库中相关数据计算而得。

由此，可以发现中韩双边制造业分行业贸易中各自的垂直专业化率都呈现不断上升趋势，但是韩国制造业各行业垂直专业化率要高于相对应的中国制造业各行业垂直专业化率，而且绝大多数制造业行业的垂直专业化结构也呈现相似的变动趋势，只是垂直专业化程度存在区别。

（三）研究结论

本书根据世界投入产出数据库中的相关数据，对 1995—2011 年中韩双边制造业贸易中国内增加值和垂直专业化结构从整体和分行业角度进行分解剖析，得出以下研究结论。

第一，通过对中韩双边制造业整体贸易中的双方国内增加值的分解说明：两国各自的国内增加值的绝对额均不断上升，但两国在双边贸易中的最终品出口和中间品出口中隐含的国内增加值存在较大差异，中国基本上是依靠两者的共同作用获利，而韩国以中间品贸易为主，中间品贸易中隐含的国内增加值远高于最终品出口所获得收益。

第二，对中韩两国制造业各行业的双边贸易的国内增加值及其价值来源的比较，反映出的共性特征是双方制造行业出口贸易的国内增加值的绝对数量均明显增加，但是各行业的获利水平存在差异。同时，发现不论是中对韩还是韩对中的各制造业出口贸易中在中间品出口中隐含的国内价值比最终品出口中隐含的国内价值的比重高。这表明以中间品贸易为主的各制造行业的单位产品的获利水平要高于以最终品为主的行业。

第三，中韩双边制造业整体贸易中各自的垂直专业化比率均表现出显著上升趋势，但是韩对中的制造业出口的 VS 比率远高于中对韩的 VS 比率。而且隐含于各自出口中的第三国增加值（OVA）占比远高于来自直接贸易国（MVA）的价值，同时双边整体制造业中各自中间品出口的外国增加值（FVA_INT）占比也高于最终品出口的外国价值（FVA_FIN）。这均表明中韩两国的垂直专业化程度不断加深，越来越多的国家（地区）参与到中韩生产分工中。

第四，可以发现中韩双边制造业分行业贸易中各自的垂直专业化率都呈现不断上升趋势，但是韩国制造业各行业垂直专业化率要高于相对应的中国制造业各行业垂直专业化率，主要是由于垂直专业化结构中的中间品出口的外国增加值（FVA_INT）占比和中间出口的外国价值重复计算部分（FDC）占比上升的拉动作用。

作为东亚地区的重要贸易伙伴的中韩双方应客观看待贸易失衡状况，应以中韩自贸区的建立为契机，通过关税削减为零，融合两个市场。积极融入全球价值链分工体系，在保持双边固有的制造业贸易利益高的优势行业的同时，中方应加大提升在贸易增加值大、技术水平高的核心制造业环节的参与度，改善双边的国际生产结构，实现两国产业在更大市场范围内进行分工，提高竞争力。

第六节　本章小结

本章根据世界投入产出数据库中的相关数据，首先将 1995—2011 年中国出口产品按照出口产品的用途分为最终品出口、中间品出口以及最终回到中国的中间品的出口，其次按照增加值来源分解为国内增加值、外国增加值和最终回到中国的国内增加值，最后对中国出口产品中的国内增加值按照用途的不同进行了进一步的分解，得出如下结论。

从中国出口产品按不同用途区分的情况看：第一，从绝对量上看，中国出口的最终品、最终由外国消耗的中间品和最终流回本国的中间品的数量均呈上升趋势；第二，从不同流向的出口产品占各行业出口的比重来看，最终由外国消耗的中间品所占比重最大，且呈逐年上升趋势，最终品出口占各行业出口的比重次之，且近年呈逐年下降趋势，最终回到中国的中间品的出口占各行业出口的比重最低，但近年同样呈逐年上升趋势；第三，从不同要素密集度的情况来看，则表现为资本密集型和部分技术密集型行业中中间品出口所占比重相对较大，资源密集型和劳动密集型行业中最终品出口所占比重相对较小的态势。

从中国出口产品按照增加值来源的不同进行分解的结果表明：第一，从绝对量上看，1995 年以来，中国出口产品中外国增加值和国内增加值均呈上升趋势；第二，从相对量上看，中国出口产品中国内增加值（中国增加值）所占比重明显高于出口产品中的外国增加值，平均来看，中国出口产品中有 80% 以上为国内增加值，外国增加值所占比重不到 20%；第三，从变化趋势来看，中国出口产品中国内增加值所占比重呈逐年下降的趋势，与之对应的是，中国出口产品中国的外国增加值所占比重则逐年上升，这一趋势也与国际分工体系逐步形成，各生产环节被分解到世界各国进行生产的特点相吻合；第四，从不同行业的情况来看，资本密集型和技术密集型行业出口产品中国内增加值所占比重相对较少，外国增加值所占比重相对较大，与之对应的是，绝大部分劳动密集型行业和资源密集型行业所出口的产品中国内增加值所占比重相对较大，外国增加值所占比重相对较少；第五，从各行业间接出口的国内增加值的变化则表现为各行业间接出口的国内增加值的绝对量和相对量均呈上升趋势，且资源密集型和资本密集型行业中间出口的国内增加值上升幅度相对较大。

从中国出口产品中的国内增加值按照最终流向的分解表明：第一，整体上看，中国出口的最终品、最终由外国消耗的中间品和最终流回本国的中间品中国内增加值的绝对量均呈上升趋势；第二，从国内增加值在最终品出口、最终由外国消耗的中间品出口以及最终流回本国的中间品出口中的分布上看，表现为最终品出口中的国内增加值大于最终由外国消耗的中间品出口中的国内增加值，大于最终流回本国的中间品中的国内增加值；第三，从行业间的绝对差异在各年度的分布上看，各年度的极差在不断扩大，说明各行业出口产品中的国内增加值的绝对差距是在不断扩大的。

通过对中日真实贸易利益的测度发现：中日两国融入全球价值链的程度不断加深，同时中日双边贸易主要依赖于东亚各国间的生产分工，中日双边贸易仍是以要素禀赋为基础的贸易，基于规模经济和差异化产品而发生的贸易相对较少。这也从侧面说明了基于传统贸易统计方式得出的在中日双边贸易中中国贸易结构不断优化的结论高估了中国在中日双边贸易中的收益和地位。中国在中日双边贸易中的比较优势并未发生实质性的改变，仍集中在相对丰富的自然资源和劳动力资源上。

通过对中韩真实贸易利益的测度发现：全球价值链分工，使得两国各自的国内增加值的绝对额均不断上升，但两国在双边贸易中的最终品出口和中间品出口中隐含的国内增加值存在较大差异。中国基本上是依靠两者的共同作用获利，而韩国主要是以中间品贸易为主，中间品贸易中隐含的国内增加值远高于最终品出口所获得的收益。

第五章　中国出口国内增加值中的要素含量测度

改革开放以来，随着中国融入国际生产分工体系的程度日益加深，中国出口不断增加，出口产品结构也由改革开放初期的以初级产品为主转向以工业制成品为主。相关统计表明，1980—2012 年，中国工业制成品出口从 90.1 亿美元上升到 1.95 万亿美元，工业制成品占中国货物出口的比重由将近 50% 上升到 95%，其中高技术产品出口占比达到 30% 以上。由于在中国融入全球生产分工体系的过程中，所从事的多为劳动密集型环节，因此，虽然从表面上看，中国出口商品结构逐步优化，但在中国出口产品，特别是高技术产品的出口中出现了外国增加值所占比重逐步上升的情况。相关统计数据也证实了这种现象的存在。WTO - OECD 于 2013 年推出的增加值贸易统计数据库（TiVA）中的相关数据表明，2009 年中国出口产品中国内增加值仅占出口的 67.37%，其中作为高技术代表的电子和光学设备出口中的国内增加值仅占该行业出口的 57.42%。

有两个问题与中国出口产品国内增加值直接相关：一是对中国出口产品国内增加值的测算，二是中国出口中的国内增加值究竟是由哪些国内要素创造的。相对于第一个问题，通过对中国出口产品国内增加值按其所使用的国内要素进行分解，追踪中国出口的产品究竟是由哪些本国要素创造的，一方面将有助于准确分析中国出口产品的要素禀赋结构，而对要素禀赋的分析将有助于理解中国的对外贸易（薛蕊、苏庆义，2014）；另一方面，鉴于全球价值链的每一个部分之间不再是一种平等的链接关系，而是非对称的链接关系（袁欣、张辰利，2014），因此，通过分析中国究竟出口何种国内要素也可以间接地分析中国在全球价值链中的地位和收益。将中国置于全球价值链这一大的背景来对中国出口产品国内增加值按所使用的国内要素进行分解，可以在充分考虑中国参与全球价值链的程度日渐加深这一现实条件下，对中国出口产品的国内要素构成进行更为准确的计算。

第一节　要素含量的分解方法和数据来源

一、中国出口国内增加值分解的计算方法

本书在 Koopman 等（2010）提出的对一国出口产品中不同增加值按其来源和最终用途的不同进行分解（以下简称 KPWW 方法）的基础上，使用 Gasiorek 和 Lopez - Gonzalez（2013）提出的方法对中国出口中的国内要素进行分解，同时参考了蒋庚华和林丽敏（2014）的方法，对 KPWW 方法进行简化处理。

（一）中国总出口及双边出口中国内增加值分解方法

鉴于中国出口对象主要集中在东亚（主要包括日本、韩国、中国台湾等国家和地区）、欧盟和美国，为简化分析，在此假设世界上只包括中国、美国、东亚经济体、欧盟和世界其他经济体共五个组成部分，每个组成部分均有 N 个产业部门，每个产业部门所生产的产品要么作为最终品被各国（地区）消费，要么作为中间投入品被各国（地区）的生产者使用。各国的总产出按其流向可表示为如下形式：

$$\begin{bmatrix} X_a \\ X_c \\ X_e \\ X_u \\ X_o \end{bmatrix} = \begin{bmatrix} A_{aa} & A_{ac} & A_{ae} & A_{au} & A_{ao} \\ A_{ca} & A_{cc} & A_{ce} & A_{cu} & A_{co} \\ A_{ea} & A_{ec} & A_{ee} & A_{eu} & A_{eo} \\ A_{ua} & A_{uc} & A_{ue} & A_{uu} & A_{uo} \\ A_{oa} & A_{oc} & A_{oe} & A_{ou} & A_{oo} \end{bmatrix} \begin{bmatrix} X_a \\ X_c \\ X_e \\ X_u \\ X_o \end{bmatrix} + \begin{bmatrix} Y_{aa}+Y_{ac}+Y_{ae}+Y_{au}+Y_{ao} \\ Y_{ca}+Y_{cc}+Y_{ce}+Y_{cu}+Y_{co} \\ Y_{ea}+Y_{ec}+Y_{ee}+Y_{eu}+Y_{eo} \\ Y_{ua}+Y_{uc}+Y_{ue}+Y_{uu}+Y_{uo} \\ Y_{oa}+Y_{oc}+Y_{oe}+Y_{ou}+Y_{oo} \end{bmatrix} \quad (5-1)$$

其中，a、c、e、u、o 分别代表美、中、东亚经济体、欧盟和世界其他经济体，A_{sr}（s，$r=a$，c，e，u，o）为 $N\times N$ 矩阵，表示 r 国（地区）生产中使用的 S 国（地区）产品的直接消耗系数矩阵，X 为各国（地区）的总产出，Y_{sr}（s，$r=a$，c，e，u，o）代表 r 国（地区）对 S 国（地区）的最终需求，均为 $N\times 1$ 矩阵。式（5－1）经整理可得

$$\begin{bmatrix} X_a \\ X_c \\ X_e \\ X_u \\ X_o \end{bmatrix} = \begin{bmatrix} I-A_{aa} & -A_{ac} & -A_{ae} & -A_{au} & -A_{ao} \\ -A_{ca} & I-A_{cc} & -A_{ce} & -A_{cu} & -A_{co} \\ -A_{ea} & -A_{ec} & I-A_{ee} & -A_{eu} & -A_{eo} \\ -A_{ua} & -A_{uc} & -A_{ue} & I-A_{uu} & -A_{jo} \\ -A_{oa} & -A_{oc} & -A_{oe} & -A_{ou} & I-A_{oo} \end{bmatrix}^{-1} \begin{bmatrix} Y_a \\ Y_c \\ Y_e \\ Y_u \\ Y_o \end{bmatrix} = \begin{bmatrix} B_{aa} & B_{ac} & B_{ae} & B_{au} & B_{ao} \\ B_{ca} & B_{cc} & B_{ce} & B_{cu} & B_{co} \\ B_{ea} & B_{ec} & B_{ee} & B_{eu} & B_{eo} \\ B_{ua} & B_{uc} & B_{ue} & B_{uu} & B_{uo} \\ B_{oa} & B_{oc} & B_{oe} & B_{ou} & B_{oo} \end{bmatrix} \begin{bmatrix} Y_a \\ Y_c \\ Y_e \\ Y_u \\ Y_o \end{bmatrix}$$

（5－2）

其中，B_{rs}（r，$s=a$，c，e，u，o）为 $N\times N$ 阶 Leontief 逆矩阵，表示 S 国（地区）生产额外一单位最终需求所需要的 r 的中间投入。令 V_r 为 $1\times N$ 矩阵，代表 r 国（地区）的直接增加值系数，根据式（5－1）和式（5－2），KPWW 方法将 r 国（地区）对 S 国（地区）的出口按照其最终用途分解为最终品出口、用于进口国（地区）最终消费的中间品出口、最终回到出口国（地区）的中间品出口和用于进口国（地区）生产出口品的中间品出口（间接出口）四部分，其计算公式如下：

$$E_{rs} = Y_{rs} + A_{rs}X_s = Y_{rs} + A_{rs}X_{ss} + \sum_{r\neq s} A_{rs}X_{sr} + \sum_{stt} A_{rs}X_{st} \quad (5-3)$$

其中，E_{rs}代表 r 国（地区）出口到 S 国（地区）的总出口，为 $N\times 1$ 阶矩阵，Y_{rs}为 r 国（地区）出口到 S 国（地区）的最终品，$A_{rs}X_{ss}$为 r 国（地区）出口到 S 国（地区）的用于 S 国（地区）最终消费的中间品出口，$\sum_{r\neq s} A_{rs}X_{sr}$ 为 r 国（地区）出口

到 S 国（地区）但最终回到 r 的中间品出口，$\sum_{s\neq t} A_{rs}X_{st}$ 为 r 国经 S 国（地区）间接出口到 t 国（地区）的出口。

一国出口中的增加值可分为本国增加值和外国增加值，令 r 国产（地区）出中的本国增加值为 V_r，则 r 国（地区）对 S 国（地区）的出口按照其最终用途和增加值来源可分解为

$$E_{rs} = DV_{rs} + FV_{rs} = V_rB_r\sum_{r\neq s} Y_{rs} + V_rB_r\sum_{r\neq s} A_{rs}X_{ss} + V_rB_r\sum_{r\neq s} A_{rs}X_{sr} + V_rB_r\sum_{s\neq t} A_{rs}X_{st} + FV_{rs} \tag{5-4}$$

其中，DV_{rs}代表 r 国（地区）出口到 S 的 r 国（地区）增加值，FV_{rs}为 r 国（地区）出口到 S 的外国增加值。r 国（地区）的国内增加值可按其所使用的要素进行分解，令 V_r^k 为 r 国（地区）第 k 种要素的数量，$k = LS$、MS、HS、CAP 分别代表低技术劳动、中技术劳动、高技术劳动以及资本的数量，则 r 国（地区）出口到 S 国（地区）的国内增加值可按照其所使用的要素分解为

$$DV_{rs} = \sum_k (V_r^kB_r\sum_{r\neq s} Y_{rs} + V_r^kB_r\sum_{r\neq s} A_{rs}X_{ss} + V_r^kB_r\sum_{r\neq s} A_{rs}X_{ss} + V_r^kB_r\sum_{stt} A_{rs}X_{st}) \tag{5-5}$$

r 国（地区）总出口中的国内增加值按最终用途可分解为

$$DV_r = \sum_s [V_rB_r\sum_{r\neq s} Y_{rs} + V_rB_r\sum_{r\neq s} A_{rs}X_{ss} + V_rB_r\sum_{r\neq s} A_{rs}X_{sr} + V_rB_r\sum_{s\neq t} A_{rs}X_{st}] \tag{5-6}$$

相应地，r 国（地区）出口中的本国增加值可按其所使用的国内要素分解为

$$DV_r = \sum_k [\sum_s (V_r^kB_r\sum_{r\neq s} Y_{rs} + V_r^kB_r\sum_{r\neq s} A_{rs}X_{ss} + V_r^kB_r\sum_{r\neq s} A_{rs}X_{sr} + V_r^kB_{rr}\sum_{s\neq t} A_{rs}X_{st})] \tag{5-7}$$

用式（5－5）中的第一项除以 r 国（地区）对 S 国（地区）的总出口，即可得到 r 国（地区）不同国内要素占 r 国（地区）对 S 国（地区）总出口的比重；用式（5－7）中的每一部分除以该部分的总出口，即可得到不同国内要素在不同用途的出口中所占的比重。

（二）中国不同行业出口中国内增加值的分解方法

令 $\hat{E}_{rs}$为 $N\times N$ 阶对角阵，通过计算 $V\hat{A}E$ 可以将各行业中的增加值按最终去向分解为

$$VA\hat{E} = \begin{bmatrix} \sum_{k=1}^{4} V_a^kB_{aa}\hat{E}_a & \sum_{k=1}^{4} V_a^kB_{ac}\hat{E}_c & \sum_{k=1}^{4} V_a^kB_{ae}\hat{E}_e & \sum_{k=1}^{4} V_a^kB_{au}\hat{E}_u & \sum_{k=1}^{4} V_a^kB_{ao}\hat{E}_o \\ \sum_{k=1}^{4} V_c^kB_{ca}\hat{E}_a & \sum_{k=1}^{4} V_c^kB_{cc}\hat{E}_c & \sum_{k=1}^{4} V_c^kB_{ce}\hat{E}_e & \sum_{k=1}^{4} V_c^kB_{cu}\hat{E}_u & \sum_{k=1}^{4} V_c^kB_{co}\hat{E}_o \\ \sum_{k=1}^{4} V_e^kB_{ea}\hat{E}_a & \sum_{k=1}^{4} V_e^kB_{ec}\hat{E}_c & \sum_{k=1}^{4} V_e^kB_{ee}\hat{E}_e & \sum_{k=1}^{4} V_e^kB_{eu}\hat{E}_u & \sum_{k=1}^{4} V_e^kB_{eo}\hat{E}_o \\ \sum_{k=1}^{4} V_u^kB_{ua}\hat{E}_a & \sum_{k=1}^{4} V_u^kB_{uc}\hat{E}_c & \sum_{k=1}^{4} V_u^kB_{ue}\hat{E}_e & \sum_{k=1}^{4} V_u^kB_{uu}\hat{E}_u & \sum_{k=1}^{4} V_u^kB_{uo}\hat{E}_o \\ \sum_{k=1}^{4} V_o^kB_{oa}\hat{E}_a & \sum_{k=1}^{4} V_o^kB_{oc}\hat{E}_c & \sum_{k=1}^{4} V_o^kB_{oe}\hat{E}_e & \sum_{k=1}^{4} V_o^kB_{ou}\hat{E}_u & \sum_{k=1}^{4} V_o^kB_{oo}\hat{E}_o \end{bmatrix} \tag{5-8}$$

将式（5－8）中的每一部分分别除以该部分的总出口，即可计算出按增加值去向分解的各行业出口中不同要素占该部分出口的比重。

二、数据来源

本书所使用的数据来自世界投入产出数据库中的国家间投入产出表和社会—经济账户表。该数据库由欧盟委员会于2012年编制，包括世界投入产出表、国家投入产出表、社会—经济账户表、环境账户表四大部分13个子表，提供了1995—2009年世界40个主要国家（其中包括27个欧盟国家和13个其他国家）以及世界其他国家的35个行业（其中包括1个农业行业、16个工业行业、18个服务业行业）的相关数据。其中世界投入产出表提供了各国的国家间投入产出数据，社会—经济账户表将各国的产出按照所使用要素禀赋的差异分为低技术劳动、中技术劳动、高技术劳动和资本4个组成部分，其中不同劳动间的差异在于每种劳动的平均受教育年限（Timmer，2012）。

第二节　总出口中国内增加值的要素含量

根据式（5－7），图5－1计算了1995—2009年中国总出口产品国内增加值中所使用的资本、低技术劳动、中技术劳动和高技术劳动4种国内要素的绝对量及各自占该年度总出口比重的变化，从中可以发现这一时期中国4种国内要素在总出口中的变化呈现如下特点。第一，资本占中国出口的绝大多数，其占历年中国出口的比重均保持在40%以上，低技术劳动在历年总出口中的比重维持在15%～25%，中技术劳动在历年总出口

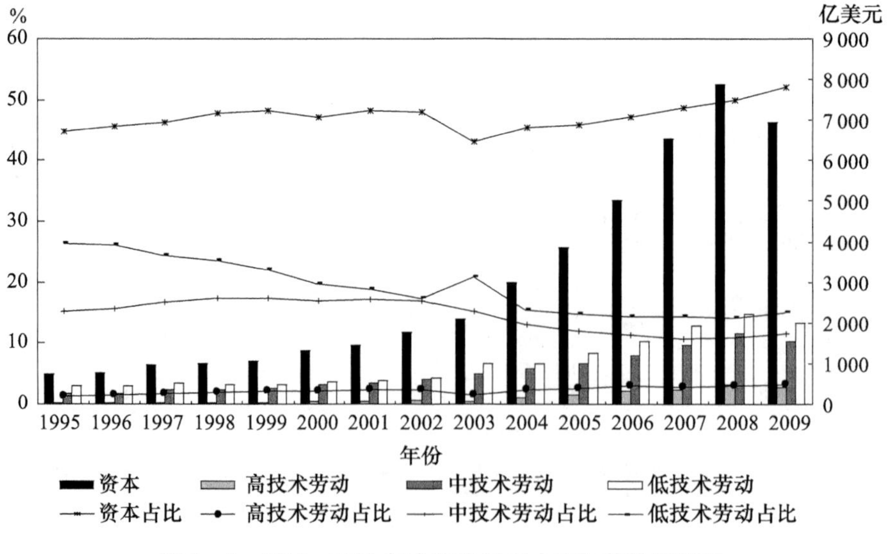

图5－1　1995—2009年中国出口国内增加值分解结果

的比重则保持在10% ~20%，高技术劳动占中国出口的比重最低，不足4%。第二，从不同国内要素占总出口比重的变化趋势来看，资本和高技术劳动占比在总体上呈上升趋势，中技术劳动和低技术劳动占比呈下降趋势。第三，在不同国内要素出口的绝对数量上表现为，不同要素出口的绝对额不断上升，资本、高技术劳动、中技术劳动和低技术劳动4种国内要素出口的绝对数量分别从1995年的754亿美元、22亿美元、254亿美元和444亿美元上升到2009年的6 948亿美元、428亿美元、1 539亿美元和2 004亿美元。

第三节　不同用途出口中国内增加值的要素含量

在此，本书将中国总出口按最终用途的不同分解为最终由外国消费的中间品出口、出口后经外国加工又回到中国的中间品出口、最终品出口和经过第二国（地区）加工后间接出口到第三国（地区）的中间品（间接出口）四部分，并分别计算了这四部分中所使用的中国（国内）资本、高技术劳动、中技术劳动和低技术劳动4种要素在不同用途出口中的绝对额及占比，计算结果如表5－1所示。考虑到2001年中国加入WTO和2008年国际金融危机所造成的“贸易大崩溃”（Baldwin，2009）可能对中国出口产品中所使用的国内要素造成影响，在此，仅列出1995年、2001年、2002年、2008年、2009年这五年及这一时期的均值的分解结果。

根据表5－1的计算结果可以发现：第一，从不同用途出口中4种国内要素的绝对额来看，除2009年外，其余各年份中，4种国内要素出口的绝对额均不断增加；第二，从国内4种要素占不同用途出口的比重来看，间接出口中的4种国内要素的比重均略高于在其他3种用途出口中所占比重，说明间接出口的产品中所使用的中国国内要素的比例相对较高；第三，比较不同用途的出口中4种国内要素所占比重可以发现，资本、中技术劳动和高技术劳动3种国内要素在最终品出口中所占比例相对较低，与之对应的是，低技术劳动在最终品的出口中所占比重相对较高，说明中国出口的最终品更多地由本国低级技术劳动完成，这也验证了中国处于全球生产分工的低端，主要从事产品的加工、组装等低增加值生产环节的事实；第四，从对2001年和2002年数据以及2008年和2009年数据的对比来看，相较于加入WTO后的第一年（2002年），其余三年中资本占不同用途出口的比重均有所上升，说明加入WTO只是短暂地降低了资本在中国出口中的比重，并没有改变其他3种国内要素占中国出口比重的变化趋势，对比2008年和2009年的计算结果则可以发现，2008年美国金融危机所造成的“贸易大崩溃”虽然降低了4种国内要素在中国出口中的绝对额，但也小幅度地提高了4种国内要素占出口的比重。

表 5－1　1995—2009 年部分年份按用途和要素分解的中国国内增加值出口

单位：亿美元，%

		最终由外国（地区）消费的中间品		回到中国的中间品		最终品		间接出口	
		绝对额	比重	绝对额	比重	绝对额	比重	绝对额	比重
1995 年	资本	292.27	45.50	2.21	44.97	386.79	43.89	72.44	47.92
	高技术劳动	9.29	1.45	0.06	1.26	10.27	1.17	2.81	1.86
	中技术劳动	101.65	15.83	0.74	15.02	124.30	14.10	27.21	18.00
	低技术劳动	165.27	25.73	1.23	24.99	244.95	27.79	33.04	21.86
2001 年	资本	610.11	49.37	9.51	47.93	667.60	47.28	159.19	48.72
	高技术劳动	32.32	2.62	0.43	2.16	27.19	1.93	9.76	2.99
	中技术劳动	224.17	18.14	3.36	16.95	225.74	15.99	62.01	18.98
	低技术劳动	214.84	17.39	3.32	16.71	285.28	20.21	61.31	18.77
2002 年	资本	743.82	49.27	14.30	47.27	813.84	46.99	184.84	48.40
	高技术劳动	41.88	2.77	0.69	2.29	35.63	2.06	11.60	3.04
	中技术劳动	270.44	17.91	5.01	16.55	273.23	15.77	70.33	18.42
	低技术劳动	242.18	16.04	4.46	14.75	320.92	18.53	66.49	17.41
2008 年	资本	3 516.95	51.14	118.20	48.88	3 521.57	48.46	725.68	50.73
	高技术劳动	227.51	3.31	7.20	2.98	194.62	2.68	47.43	3.32
	中技术劳动	770.87	11.21	25.97	10.74	788.98	10.86	159.39	11.14
	低技术劳动	872.03	12.68	26.46	10.94	1 160.40	15.97	174.07	12.17
2009 年	资本	2 976.00	53.42	106.37	51.65	3 259.63	50.70	605.96	53.82
	高技术劳动	197.70	3.55	6.64	3.23	183.20	2.85	40.03	3.56
	中技术劳动	653.85	11.74	23.36	11.35	730.08	11.36	131.40	11.67
	低技术劳动	748.06	13.43	23.87	11.59	1 086.72	16.90	145.32	12.91
均值	资本	1 277.77	53.34	37.17	51.34	1 351.10	43.43	289.88	53.42
	高技术劳动	75.94	2.78	2.12	2.38	65.80	1.82	17.90	3.03
	中技术劳动	340.81	16.77	9.17	15.67	353.11	12.91	79.88	17.48
	低技术劳动	385.14	19.75	9.49	18.41	523.99	19.52	86.17	19.04

数据来源：根据世界投入产出数据库中相关数据计算而得，精确到小数点后 2 位。

第四节　不同目的地出口中国内增加值的要素含量

按出口目的地的不同，本书进一步计算了中国出口到东亚、欧盟、美国和世界其他国家的资本、高技术劳动、中技术劳动和低技术劳动 4 种要素的绝对额及其占不同地区出口的比重，计算结果见表 5－2。在此，同样仅显示 1995 年、2001 年、2002 年、2008 年、2009 年这五年及这一时期的均值的分解结果。

根据表 5－2 的计算结果可以发现：第一，从绝对额来看，除 2009 年外，其余各年份中，中国出口到东亚、欧盟、美国和世界其他国家的资本、高技术劳动、中技术劳动和低技术劳动 4 种国内要素的绝对额均呈上升趋势。第二，中国出口到东亚的 4 种国内要素占该地区出口的比重之和明显高于其他 3 个地区，说明中国出口到东亚地区的产品中国内要素所占比重相对较高。第三，从均值来看，通过比较中国出口到上述 4 个国家和地区的国内要素在各自出口中的比重可以发现，中国出口到东亚的产品中资本和低技术劳动占出口的比重相对较高，出口到欧盟的高技术劳动和中技术劳动所占比重相对较高，说明中国出口到东亚的产品以资本和低技术劳动为主，其技术含量较低，出口到欧盟的产品的技术含量则相对高于对其他 3 个国家和地区的出口。第四，从对 2001 年和 2002 年数据以及 2008 年和 2009 年数据的对比来看，相较于 2001 年、2008 年和 2009 年，加入 WTO 后的 2002 年，其资本在中国对上述 4 个国家和地区中所占比重有小幅下降，高技术劳动所占比重有小幅上升，说明加入 WTO 短暂地降低了资本在中国对上述 4 个国家和地区出口中的比重，提高了高技术劳动在出口中的比重；2008 年美国金融危机则降低了 4 种国内要素在中国对上述 4 个国家和地区出口中的绝对额，从出口目的地来看，2008 年美国金融危机对中国出口到除东亚、欧盟和美国之外的世界其他国家产品中的本国要素的绝对额的影响最大，且对资本出口的影响更大，对高技术劳动出口的影响较小；从 4 种国内要素在中国对东亚、欧盟、美国和世界其他地区出口中的比重来看，美国金融危机促进了 4 种国内要素，特别是高技术劳动和中技术劳动在中国出口中的比重，这说明美国金融危机所导致的“贸易大崩溃”并没有削弱中国出口中的国内技术含量。

表 5－2　1995—2009 年部分年份按目的地和要素分解的中国国内增加值出口

单位：亿美元,%

		东亚		欧盟		美国		世界其他国家	
		绝对额	比重	绝对额	比重	绝对额	比重	绝对额	比重
1995 年	资本	173.57	43.75	196.58	45.74	178.39	44.56	205.16	45.30
	高技术劳动	4.68	1.18	7.01	1.63	4.96	1.24	5.78	1.28
	中技术劳动	55.85	14.08	71.52	16.64	57.81	14.44	68.72	15.17
	低技术劳动	117.30	29.57	106.21	24.71	101.96	25.47	119.02	26.28

续表

		东亚		欧盟		美国		世界其他国家	
		绝对额	比重	绝对额	比重	绝对额	比重	绝对额	比重
2001 年	资本	300.64	47.90	340.87	47.87	356.99	47.85	447.91	49.31
	高技术劳动	12.20	1.94	19.96	2.80	15.94	2.14	21.60	2.38
	中技术劳动	102.19	16.28	129.98	18.26	120.21	16.11	162.89	17.93
	低技术劳动	129.06	20.56	134.01	18.82	139.10	18.64	162.58	17.90
2002 年	资本	339.77	47.58	383.19	47.71	441.90	47.56	591.94	49.02
	高技术劳动	14.81	2.07	23.21	2.89	21.53	2.32	30.25	2.50
	中技术劳动	114.74	16.07	143.33	17.84	147.03	15.82	213.90	17.71
	低技术劳动	134.93	18.89	140.39	17.48	158.73	17.08	200.01	16.56
2008 年	资本	1 124.87	49.13	1 762.84	49.48	1 588.39	48.84	3 406.29	50.76
	高技术劳动	66.43	2.90	110.36	3.10	100.47	3.09	199.50	2.97
	中技术劳动	251.17	10.97	394.12	11.06	352.80	10.85	747.13	11.13
	低技术劳动	331.34	14.47	509.29	14.29	457.40	14.06	934.94	13.93
2009 年	资本	1 071.63	52.44	1 623.81	52.75	1 467.14	51.21	2 785.39	52.10
	高技术劳动	64.98	3.18	103.58	3.36	96.57	3.37	162.45	3.04
	中技术劳动	236.14	11.56	359.20	11.67	326.73	11.40	616.62	11.53
	低技术劳动	310.04	15.17	457.45	14.86	420.11	14.66	816.38	15.27
均值	资本	502.70	49.49	676.56	47.19	667.32	47.36	1 109.34	46.63
	高技术劳动	25.28	2.14	40.20	2.57	36.18	2.19	60.11	2.20
	中技术劳动	135.09	14.95	185.20	15.22	175.54	14.05	287.14	14.48
	低技术劳动	191.64	22.46	228.74	18.62	231.96	19.31	352.44	18.00

数据来源：根据世界投入产出数据库中相关数据计算而得，精确到小数点后 2 位。

第五节　不同货物贸易行业出口中国内增加值的要素含量

为分析中国不同行业出口中国内要素禀赋的变化情况，根据式（5－8），本书计算了中国不同行业出口中所使用的 4 种国内要素的变化。鉴于中国对外贸易主要集中于货物贸易领域，故在此仅对货物贸易行业出口中的国内增加值进行分解，暂不涉及服务贸易领域。

图 5 -2 显示了 1995—2009 年中国 17 个货物贸易行业（包括 1 个农业行业和 16 个制造业行业）出口中资本、高技术劳动、中技术劳动和低技术劳动 4 种国内要素的绝对额及其占该行业出口比重的均值的变化，从中可以发现：第一，从相对量来看，除农业外，其他 16 个货物贸易行业（均为工业行业）出口中资本所占比重均明显高于其他 3 种国内要素在出口中所占的比重，说明从要素禀赋来看，中国工业行业出口的国内增加值以资本为主，高技术劳动占各行业出口的比重最低，但在以电子和光学设备制造业为代表的技术密集型行业中高技术劳动和中技术劳动在出口中的比重略高于其他行业，以食品、饮料及烟草制品业为代表的劳动密集型行业中低技术劳动出口所占比重则明显高于其他行业；第二，从绝对量来看，在以电子和光学设备制造业为代表的技术密集型行业中资本和高技术劳动在出口中的绝对额最高，在以农业和食品、饮料及烟草制品业为代表的劳动密集型行业中低技术劳动在出口中的绝对额相对其他行业较高。

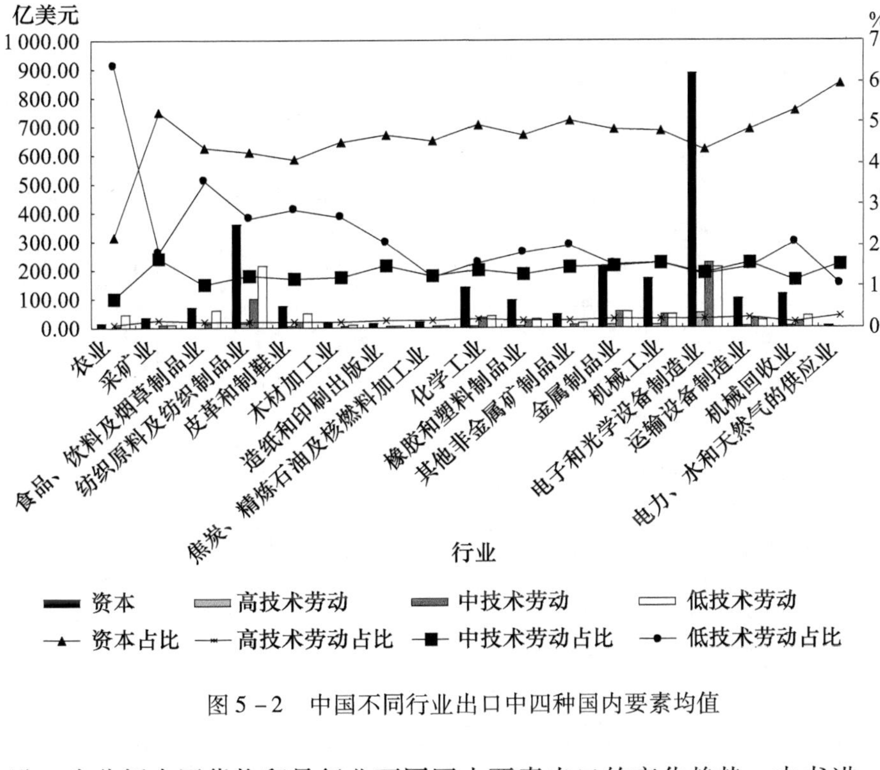

图 5 -2　中国不同行业出口中四种国内要素均值

为进一步分析中国货物贸易行业不同国内要素出口的变化趋势，本书进一步对比了 1995 年和 2009 年 17 个货物贸易行业 4 种不同国内要素出口的绝对额和其占该行业出口比重的变化，计算结果如表 5 -3 所示。从中可以发现：第一，与 1995 年相比，2009 年各行业出口中 4 种国内要素的绝对量均显著上升，且高技术劳动绝对额的增长速度明显高于其他 3 种要素，从行业的角度来看，则呈现以运输设备制造业、电子和光学设备制造业以及化学工业为代表的技术密集型和资本密集型行业的出口中 4 种国内要素绝对额增长较快的趋势；第二，从4种国内要素占各货物贸易行业出口的比重来看，2009年各货物贸易行业出口中资本和高技术劳动两种要素占出口的比重高于1995年，且高技术劳动占出口的比重上升幅度较大，低技术劳动和中技术劳动两种要素所占比重则呈下降趋势；第三，从行业特征上看，技术密集型行业和资本密集型行业中资本和高技术劳动占出口的比重虽然较高，但2009年与1995年相比，其所占比重的增幅不大，劳动密集型行业中中技术劳动和低技术劳动占出口的比重较高，但2009年与1995年相比，其高技术劳动占出口的比重增幅较大，这也证明了中国出口的劳动密集型产品中的技术含量不断上升的事实。

表5-3　1995年和2009年中国货物贸易行业出口国内增加值分解　单位：亿美元，%

	1995年								2009年							
	资本		高技术劳动		中技术劳动		低技术劳动		资本		高技术劳动		中技术劳动		低技术劳动	
	绝对额	比重	绝对额	比重	绝对额	比重	绝对额	比重	绝对额	比重	绝对额	比重	绝对额	比重	绝对额	比重
农业	13.92	20.59	0.30	0.44	4.44	6.56	45.06	66.63	21.97	18.48	1.26	1.06	8.90	7.48	79.35	66.74
采矿业	19.65	49.33	0.42	1.06	6.83	17.16	9.23	23.17	36.43	57.77	1.75	2.77	8.99	14.25	8.51	13.50
食品、饮料及烟草制品业	36.87	40.97	0.69	0.76	9.00	10.00	35.92	39.91	134.50	41.69	6.30	1.95	32.59	10.10	118.90	36.85
纺织原料及纺织制品业	153.75	40.48	3.20	0.84	46.89	12.34	109.05	28.71	757.96	47.15	32.56	2.03	182.33	11.34	432.23	26.89
皮革和制鞋业	35.06	37.17	0.79	0.84	11.31	11.99	29.44	31.22	148.80	45.38	6.09	1.86	34.37	10.48	95.76	29.20
木材加工业	12.01	41.00	0.24	0.83	3.64	12.42	8.69	29.68	35.85	48.29	1.47	1.98	7.83	10.55	19.16	25.80
造纸和印刷出版业	8.17	41.38	0.22	1.10	3.26	16.51	5.26	26.64	29.07	52.49	1.30	2.35	6.53	11.79	9.73	17.56
焦炭、精炼石油及核燃料加工业	5.01	49.69	0.10	1.04	1.34	13.32	1.54	15.33	33.92	45.43	1.75	2.34	7.91	10.59	6.83	9.15
化学工业	17.41	48.49	0.49	1.35	5.32	14.83	7.19	20.03	340.24	52.46	19.60	3.02	74.62	11.50	86.63	13.36
橡胶和塑料制品业	30.66	44.80	0.71	1.03	9.28	13.56	15.50	22.66	209.68	51.77	10.09	2.49	44.95	11.10	60.60	14.96
其他非金属矿物制品业	18.39	48.12	0.40	1.05	5.88	15.39	9.41	24.61	91.18	56.99	4.10	2.56	19.07	11.92	23.92	14.95
金属制品业	61.04	46.17	1.79	1.36	22.19	16.78	26.77	20.24	404.48	53.76	19.64	2.61	82.75	11.00	81.34	10.81
机械工业	24.12	47.41	0.74	1.45	8.47	16.66	10.02	19.70	484.33	53.48	28.54	3.15	113.76	12.56	108.94	12.03
电子和光学设备制造业	149.20	43.84	5.01	1.47	51.34	15.08	59.44	17.47	2 381.86	48.95	151.99	3.12	527.51	10.84	489.67	10.06
运输设备制造业	12.89	47.52	0.40	1.49	4.48	16.53	4.94	18.22	295.05	52.15	19.72	3.49	75.53	13.35	67.87	12.00

续表

	1995年								2009年							
	资本		高技术劳动		中技术劳动		低技术劳动		资本		高技术劳动		中技术劳动		低技术劳动	
	绝对额	比重	绝对额	比重	绝对额	比重	绝对额	比重	绝对额	比重	绝对额	比重	绝对额	比重	绝对额	比重
机械回收业	22.33	47.62	0.43	0.91	5.78	12.32	11.15	23.78	296.44	58.73	9.16	1.82	46.40	9.19	90.84	18.00
电力、水和天然气的供应业	2.57	58.36	0.07	1.70	0.71	16.19	0.63	14.42	6.59	60.27	0.48	4.36	1.45	13.23	0.87	8.00

第六节　本章小结

本书根据世界投入产出数据库中的相关数据，对1995—2009年中国出口产品中的国内增加值按所使用的要素进行了分解，得出如下结论。

第一，虽然随着中国出口的不断增加，中国出口中的资本、高技术劳动、中技术劳动和低技术劳动4种国内要素的绝对量不断增加，但4种国内要素占中国出口的比重并未发生显著变化，高技术劳动占中国出口的比重虽有所上升，但上升幅度有限，中国出口产品的国内增加值仍主要由本国的资本和低技术劳动两种要素来完成。

第二，对中国出口中的国内要素按出口用途分解的结果表明，中国经第三国间接出口的产品中所使用的本国要素所占比重略高，最终品出口中所使用的本国低技术劳动所占比重相对较高，说明中国出口的最终品更多的是由低技术劳动完成，这也进一步说明当前中国处于全球生产价值链的底端，主要从事低增加值环节的生产。

第三，对中国出口中的国内要素按出口地区的分解结果表明，中国出口到东亚的产品中的本国要素以资本和低级技术劳动为主，出口到欧盟的产品则更多地使用本国的中技术劳动和高技术劳动。

第四，从行业的角度来看，技术密集型行业和资本密集行业的出口中4种国内要素绝对额的增长较快，且资本和高技术劳动两种要素占出口的比重较高，劳动密集型行业中中技术劳动和低技术劳动占出口的比重较高，国内高技术劳动占出口的比重增幅较大。

根据上述结论，从进一步提高中国出口产品中国内高技术劳动使用量，优化中国出口产品中的国内要素禀赋结构的角度，本书提出如下对策建议。

第一，应进一步提高中国出口企业劳动力的技术水平，加快出口企业的自主创新步伐。一国在出口中所使用的要素的种类和数量，在本质上源于该国国内技术水平和要素禀赋结构的变化，要实现中国出口比较优势由资本和低技术劳动向高技术劳动的转变，从根本上来说，还应通过提高出口企业的技术水平来实现。因此，从长期来看，通过增加出口企业在教育和研发上的投入，将有助于促进中国出口中所使用的本国要素从中、低技术劳动向高技术劳动转变。

第二，鉴于自主创新具有风险大、周期长的特点，因此，在短期内可以通过适度扩大外国高技术密集型中间品的进口，这是由于从发达国家进口的资本品，相较于发展中国家国内生产的产品，其技术水平更高，因而技术转移效应更强，并且往往还附加诸如设计图、质量控制软件、培训工程师等各种形式的“知识”。因此，在短期内可以通过技术溢出效应提升技术水平和劳动者素质，进而促进中国出口中对高技术劳动的投入和使用。

第六章　全球价值链对中国就业和要素报酬的影响

第一节　进口中间投入[①]对中国就业结构的影响

伴随国际生产分工与协作的不断细化，以全球性产品生产协作为基础的进口中间投入作为国际贸易领域中一种新的贸易形式成为世界贸易中增长速度最快的部分，极大地促进了世界贸易的发展。相关研究表明，OECD 国家 20 世纪 90 年代的出口中超过 21%为进口中间投入品，与 20 世纪 70 年代相比增长了近 30%（Hummels et al.，2001），20 世纪 90 年代后期，全球中间投入品市场更是得到迅速发展，1998—2000 年全球离岸中间投入品市场份额增长了 1 倍，2001 年其市场规模达到 3.78 万亿美元，占全球商务活动总金额的 14%，2003 年上升到 5.1 万亿美元，并以每年约 20%的速度增长（张莉、鲍晓华，2010）。目前，超过 50%的世界商品进口和超过 70%的服务贸易进口为中间品（OECD，2012）。

全球中间品贸易的迅速发展，必然会对一国的就业产生影响，针对发达国家的相关研究也表明，“七国集团”约 1%～5%的就业岗位由于中间品贸易而移向发展中国家，预计到 2015 年（论文发表时预计），美国将有约 330 万个工作岗位因外包而移向发展中国家（蔡宏波、陈昊，2012）。中国每年进口大量的中间投入品，其中既包括来自发达国家的高技术密集度的进口中间投入品，也包括来自发展中国家的低技术密集度的中间投入品，因此，随之而来产生了两个与进口中间品投入密切相关的问题，一是中间投入品的进口是否会对中国货物的就业结构产生影响，二是由于中国进口中间投入品的来源地不同，其技术密集度也有所差异，那么，这些来自不同国家的进口中间投入品是否对中国的就业结构产生相同的影响。上述两个问题既是一个理论问题，也是需要利用相关数据进行实证研究的问题，因此，本书在相关数据的基础上，主要对进口中间投入对中国就业结构的影响进行实证研究。

① 根据相关定义，此处进口中间投入与离岸外包的含义一致。

一、理论分析与实证假设

在这一部分中，本书将对外包对中国货物行业就业结构的影响进行理论分析，并提出可供实证检验的理论假设。

在已有的进口中间投入对一国就业结构的影响的相关文献中，存在一个基本命题，即进口中间投入对一国就业结构的影响主要取决于其所进口的中间品与本国中间投入品之间技术水平的比较。当进口中间投入品的技术水平低于本国中间投入品的技术水平时，进口中间投入降低了本国对国内低技术劳动的相对需求，提高了对高技术劳动的相对需求，优化了国内就业结构；反之，当进口中间投入的技术水平高于本国中间投入的技术水平时，进口中间投入则提高了本国对国内低技术劳动的相对需求，降低了对低技术劳动的相对需求，恶化了国内就业结构（Feenstra and Hanson，1996；Fzlzoni and Tajoli，2008；蔡宏波、陈昊，2012）。

在这一命题下，由于中国货物行业所进口的中间品中既包括高技术中间品也包括中、低技术中间品，因此，其进口的高技术中间品将影响对中国国内高技术劳动的相对需求，而进口中、低技术中间投入品，则将导致中国从事中、低技术生产环节的工人向高技术生产环节转移，其结果是增加对高技术劳动的相对需求。基于此，本节提出第一个假设：

外包对中国货物行业就业影响的总体效应是不确定的，取决于所进口的中间投入品的技术含量，当进口中间投入品的技术水平高于中国内中间投入品的技术水平时，进口中间投入品降低了中国货物行业对高技术劳动的需求；反之，当进口中间投入品的技术水平低于中国国内中间投入品的技术水平时，进口中间投入提高了中国货物行业对高技术劳动的需求。

由于相对于货物行业而言，服务行业，特别是生产性服务行业主要处于产品价值链的高增加值环节，其技术水平更高，其进口的服务业中间投入品的技术含量也更高，基于此，本节提出第二个假设：

离岸服务外包降低了中国货物行业对高技术劳动的相对需求，离岸货物外包提高了中国货物行业对高技术劳动的相对需求。

从进口的国别情况来看，由于东亚、欧盟和美国的技术水平显著高于中国，因此，从上述3个国家和地区进口的中间投入品更有可能是高技术产品，而除上述3个国家和地区之外的其他国家则大多属于发展中国家，其技术水平与中国相似或略低，因此，从除上述3国家之外的其他国家进口的中间品更应属于中、低技术产品。基于此，本节提出第三个假设：

来自东亚、欧盟和美国的进口中间投入降低了中国货物行业对高技术劳动的相对需求，来自世界其他国家的进口中间投入提高了中国货物行业对高技术劳动的相对需求。

二、测算方法和数据来源

（一）中国货物行业进口中间投入率的测度方法

Daveri 和 Jona－Lasinio（2008）从数据入手，直接计算各行业进口的中间投入品，从而降低了由于 FH 指数中的“相同比例假定”而导致的计算误差，其计算公式为

$$DJ_i = \sum_{j=1}^{m} \frac{m_i^j}{Y_i} \tag{6-1}$$

其中，DJ_i 代表广义外包指数；m_i^j 为 i 行业所使用的 j 行业进口中间投入品；Y_i 为 i 行业的中间投入总量，即 DJ_i 所代表的为 i 行业所直接消耗的各行业的进口中间投入品与全部中间投入品比。

（二）中国货物行业相对就业的测算方法

在对中国货物行业相对就业的测算上，本书采用两个指标，第一个是计算高技术劳动工作时间与中、低技术劳动工作时间之比，第二个是计算中技术劳动工作时间与低技术劳动工作时间之比，其中第一个指标主要用于测算高技术劳动的相对就业，第二个指标主要用于测算中技术劳动相对于低技术劳动的相对就业。

（三）相关数据来源

本节的相关数据来自欧盟委员会于 2012 年 5 月正式发布的世界投入产出数据库，该数据库以各国发布的间断的投入产出表为基础，通过 RAS 法将其外推成连续的投入产出表，包括世界投入产出表、国家投入产出表、社会—经济账户表、环境账户表四大部分 13 个子表，提供了 1995—2011 年世界 40 个主要国家（其中包括 27 个欧洲国家和 13 个其他国家）以及世界其余部分的 35 个行业和 59 种产品的连续的国家间投入产出数据。在国家投入产出表中，针对中国投入产出表中分区了 35 个行业（其中包括 1 个农业行业、16 个工业行业、18 个服务业行业）的进口中间投入品和国内中间投入品。根据世界投入产出数据库中的中国国家间投入产出表，可以计算出中国各货物行业（包括 1 个农业行业与 16 个工业行业，共 17 个行业）的进口中间投入品的变化，社会—经济账户表则中区分了高、中、低 3 种技能劳动工作时间分别占各货物行业中总劳动时间的比重，其中 3 种技能劳动的分类以 1997 年版国际教育标准分类（ISCED）为基础，将只接受过第二阶段基础教育以下的工人定义为低技能工人，将接受过第二阶段教育但未接受高等教育的劳动者定义为中级技能劳动者，将接受高等教育及上教育的劳动者定义为高技能劳动者（Timmer，2012）。

三、中国货物行业进口中间投入率的变化

图 6－1 计算了 1995—2011 年中国货物行业完全进口中间投入率、离岸货物外包率、

离岸服务外包率均值变化，从中可以发现这一时期中国货物行业进口中间投入率的变化有如下两个特征。第一，这一时期中国货物行业完全进口中间投入率、离岸货物外包率的均值总体上呈先上升后下降再上升的“N”形变化趋势，其中完全进口中间投入率和离岸货物外包率均值由1995年的9.87%和9.35%上升到2004年的13.19%和12.26%，此后有所下降，特别是2008年受美国金融危机导致的“贸易大崩溃”的影响，2009年中国货物行业的完全进口中间投入率、离岸货物外包率分别下降到8.71%、7.91%，此后虽所有上升，但仍低于2004年的最高水平，离岸服务外包率则总体呈上升趋势且2011年达到了这一时期的最高值；第二，历年离岸服务外包率均值远低于离岸货物外包率均值。上述事实说明，从总体上看，1995年以来，中国货物行业进口的中间品不断增加，且国际经济环境对中国服务中间品进口的影响小于对中国货物中间品进口的影响。

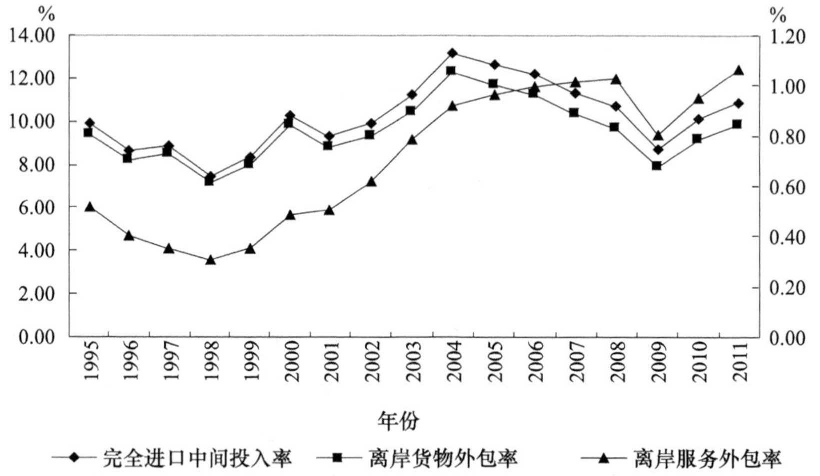

图6-1　1995—2011年中国货物行业进口中间投入率均值变化

资料来源：根据世界投入产出数据库相关数据整理而得。

为分析不同国家和地区进口的中间投入品的情况，图6-2计算了1995年和2011年中国来自美国、东亚、欧盟以及除此之外各国的世界其余部分进口的中间投入品的变化情况，从中可以发现，第一，与整体情况相似，这一时期来自上述4个国家和地区的进口中间投入同样呈现离岸货物率大于离岸服务外包率的情况，且就进口中间投入率高低而言，从高到低依次为世界其他国家和地区、东亚、欧盟和美国；第二，2011年，来自世界其他国家的进口中间投入率明显上升，说明来自世界其他国家的进口中间投入品上中国进口中间投入品的比重明显增加，与之对就应的则是东亚、欧盟和美国的进口中间投入率有所下降；第三，4个地区的离岸服务外包率上升明显，这也从侧面证明了中国进口服务中间投入品不断上升的事实。

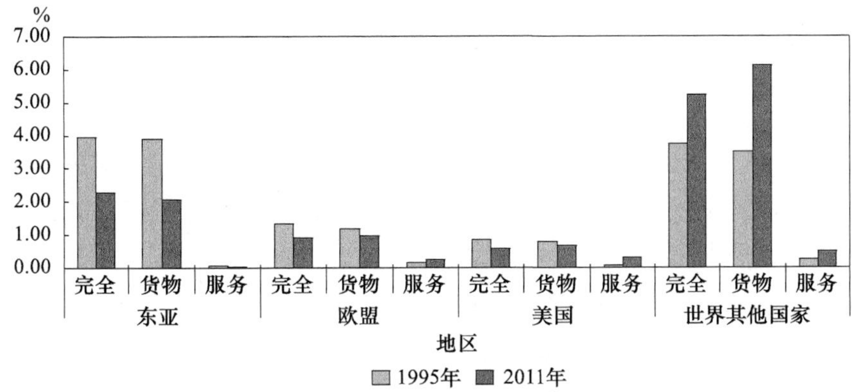

图 6-2　1995 年和 2011 年中国对世界主要地区进口中间投入率比较

数据来源：根据世界投入产出数据库相关数据计算而得。

四、中国货物行业就业结构的变化

图 6-3 计算了 1995—2011 年中国货物行业高技能劳动工作时间与中、低技能劳动工作时间之比均值以及中技能劳动工作时间与低技能劳动工作时间之比均值的变化趋势，从中可以看出，第一，从总体趋势上看，这一时期中国货物行业劳动中低技能劳动所占比重最大，其次为中技能劳动，高技能劳动所占比重最小；第二，从变动趋势上看，高技能劳动与中、低技能劳动之比呈上升趋势，中技能劳动与低技能劳动之比虽总体呈上升趋势，但其峰值则在出现在 2002 年，此后基本保持平稳。上述事实说明，随着中国货物行业技术水平的提高，其所雇佣的高技能劳动不断增加，低技能劳动不断减少。

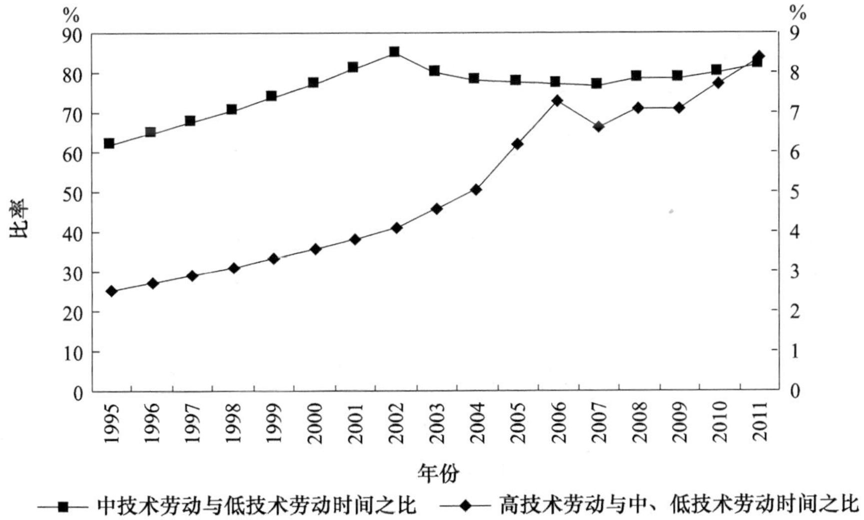

图 6-3　1995—2011 年中国货物行业不同技能劳动力比率均值变化趋势

资料来源：根据世界投入产出数据库相关数据整理而得。

五、进口中间投入对中国就业结构影响的实证分析

（一）模型、变量与数据

在前文的基础上，本部分从整体以及不同国家（地区）两个层面对外包对中国货物行业就业结构的影响进行实证研究。借鉴杨玉华（2007）以及程盈莹和逯建（2013）的模型，最终确定如下两组共6个计量模型：

$$\ln(H/L)^{it} = \alpha_0 + \alpha_1 \ln(H/L)_{i,t-1} + \alpha_2 \ln tout_{it} + \vec{\lambda}\vec{X}_{it} + \varepsilon_{it} \quad (6-2)$$

$$\ln(H/L)_{it} = \beta_0 + \beta_1 \ln(H/L)_{i,t-1} + \beta_2 \ln gout_{it} + \beta_3 \ln sout_{it} + \vec{\lambda}\vec{X}_{it} + \mu_{it} \quad (6-3)$$

$$\ln(H/L)_{it} = \gamma_0 + \gamma_1 \ln(H/L)_{i,t-1} + \gamma_2 \ln atout_{it} + \gamma_3 \ln etout_{it} + \gamma_4 \ln utout_{it} + \gamma_5 \ln wtout_{it} + \vec{\lambda}\vec{X}_{it} + \eta_{it} \quad (6-4)$$

$$\ln(M/L)_{it} = \alpha_0 + \alpha_1 \ln(M/L)_{i,t-1} + \alpha_2 \ln tout_{it} + \vec{\lambda}\vec{X}_{it} + \varepsilon_{it} \quad (6-5)$$

$$\ln(M/L)_{it} = \beta_0 + \beta_1 \ln(M/L)_{i,t-1} + \beta_2 \ln gout_{it} + \beta_3 \ln sout_{it} + \vec{\lambda}\vec{X}_{it} + \mu_{it} \quad (6-6)$$

$$\ln(M/L)_{it} = \gamma_0 + \gamma_1 \ln(M/L)_{i,t-1} + \gamma_2 \ln atout_{ti} + \lambda_3 \ln etout_{it} + \lambda_4 \ln utout_{it} + \lambda_5 \ln wt_{tout_{it}} + \vec{\lambda}\vec{X}_{it} + \eta_{it} \quad (6-7)$$

第一组模型包括方程（6-2）~方程（6-4），其中方程（6-2）用于估计完全进口中间投入对中国高技术劳动相对就业的影响，方程（6-3）用于估计离岸货物外包和离岸服务外包对中国高技术劳动相对就业的影响，方程（6-4）用于估计对东亚、欧盟、美国和除上述3个地区之外的世界其他国家的进口中间投入对中国高技术劳动相对就业的影响。第二组模型包括方程（6-5）~方程（6-7），其中方程（6-5）用于估计完全进口中间投入对中国中技术劳动就业相对于低技术劳动就业的影响，方程（6-6）用于估计离岸货物外包和离岸服务外包对中国中技术劳动就业相对于低技术劳动就业的影响，方程（6-7）用于估计对东亚、欧盟、美国和除上述3个地区之外的世界其他国家的进口中间投入对中国中技术劳动就业相对于低技术劳动就业的影响。

对计量模型中变量的选取和数据来源说明如下：

1. 被解释变量

本节的被解释变量包括两个。$\ln(H/L)$ 为高技术劳动与中、低技术劳动就业之比的对数；$\ln(M/L)$ 为中技术劳动与低技术劳动就业之比的对数。

2. 主要解释变量

$\ln outs_{it}$为各货物行业中完全进口中间投入率的对数，方程（6-2）和方程（6-5）中的主要解释变量；$\ln gout_{it}$为各货物行业中离岸货物外包率的对数；$\ln souts_{it}$为各货物行业离岸服务外包率的对数，上述两个变量均为方程（6-3）和方程（6-6）的主要解释变量；$\ln aout_{it}$、$\ln eout_{it}$、$\ln uout_{it}$、$\ln wout_{it}$分别代表对东亚、欧盟、美国和除上述3个地区之外的世界其他国家的进口中间投入率，上述4个变量均为方程（6-4）和方程（6-7）的主要解释变量。

3. 控制变量

$\ln ipr$ 为进口渗透率的对数，其计算公式为进口与国内消费之比，用以衡量该行业对国外的依赖程度，也是有效关税率的替代变量，一般而言，进口替代率越高，说明该行业对进口产品依赖程度越大，因此，与前文对进口中间投入对就业结构的理论分析一致，进口渗透率对中国货物行业就业结构的影响同样取决于其所进口产品的技术含量，因此无法准确预测其符号，但可以预期其对中国货物行业就业结构的影响的符号应与进口中间投入对中国货物行业就业结构的影响的符号相一致；$\ln w$ 为人均工资的对数，根据各货物行业中的工资总额与从业人数之比求出，代表货物行业的劳动力成本，由于随着人均工资的上升，企业更倾向于用中、低技术劳动替代高技术劳动，从而降低成本，因此，预期该项系数符号为负；$\ln pr$ 为全员劳动生产率的对数为作为不同行业技术水平的衡量指标，依据梁运文和张帅（2013）的计算方法，利用各货物行业的增加值和从业人数计算出各货物行业的全员劳动生产率，其计算公式如下为 $pr_i = VA_i/NE_i$，其中 pr_i 表示 i 行业的全员劳动生产率，VA_i 表示 i 行业的增加值，NE_i 代表 i 行业的从业人数，全员劳动生率越高，意味着企业的技术水平的越高，相应地，其对高技术劳动者的需求也多，因此，预期该项系数的符号为正；$\ln K_{it}/Y_{it}$ 为 t 时期 i 行业的资本产出比，其中 K_{it} 为固定资本存量，资本产出比越高的行业，其技术水平也越高，对高技术劳动的需求也越多，因此，预期该项系数的符号为正。上述各变量均以 1995 年的不变价格进行了调整。

在数据来源方面，各货物行业完全外包率、服务外包率和货物外包率的数据来源于世界投入产出数据库中的中国国家间投入产出表，其他变量所使用的数据均来源于世界投入产出数据库中社会—经济账户表。所有数据均按照以 1995 年为基期的价格指数进行了平减。

相关变量的描述性统计见表 6－1。

表 6－1 相关变量描述性统计

变量名称	观测值	均值	标准差	最小值	最大值
$\ln(H/L)$	289	−3.585 705	1.188 917	−7.913 15	−1.482 37
$\ln(M/L)$	289	−0.340 719 4	0.797 627 8	−3.101 571	1.284 706
$\ln tout$	289	−2.409 5	0.476 858 5	−3.651 174	−0.838 040 7
$\ln gout$	289	−2.479 573	0.486 231 8	−3.755 37	−0.974 587 8
$\ln sout$	289	−5.269 32	0.650 158	−6.513 038	−2.896 623
$\ln aout$	289	−3.635 45	0.770 335	−6.039 069	−1.926 361
$\ln eout$	289	−4.382 766	0.504 901 6	−6.039 182	−3.150 366
$\ln uout$	289	−5.018 42	0.561 298 1	−6.932 471	−3.671 376
$\ln wout$	289	−3.398 993	0.681 380 6	−4.747 894	−0.855 306 3
$\ln pr$	289	3.596 286	0.933 231 1	1.228 368	5.776 328

续表

变量名称	观测值	均值	标准差	最小值	最大值
ln*w*	289	2.649 199	0.785 149 5	0.202 022 9	4.545 256
ln*ipr*	289	-2.675 75	1.174 009	-6.824 151	-0.798 720 7
ln*k/y*	289	-2.456 141	0.506 981 7	-3.475 911	-0.634 197 1

（二）回归结果及分析

1. 外包对中国货物行业高技术劳动相对就业的影响

在实证检验方法的选择上，考虑到面板数据模型中可能存在的内生性问题，使用面板数据的系统广义矩估计（系统 GMM）对回归模型进行估计，至多使用被解释变量的 4 个滞后项和解释变量的 3 个滞后项作为工具变量，利用系统 GMM 估计分别对方程（6-2）~方程（6-4）进行估计，考虑到若误差项存在自相关和异方差会导致回归方程显著性过高的问题，本书采用 Windmeijer（2005）的方法对模型的标准差进行了修正。相关计量结果见表 6-2。

（1）主要解释变量对中国货物行业就业结构影响的分析

从 3 个计量模型的 *Arellano - Bond*AR（1）和 *Arellano - Bond*AR（2）统计量上看，3 个回归方程扰动项的差分存在一阶自相关，但不存在二阶自相关，故接受扰动项不存在自相关的原假设，可以使用差分 GMM 和系统 GMM 对 3 个方程分别进行估计，3 个计量模型的 *Sargan* 统计量则表明，3 个计量模型的工具变量均是有效的，故可以使用动态数据的系统 GMM 方法对 3 个模型进行估计。

根据表 6-2 中方程（6-2）的计量结果，完全进口中间投入率对中国高技术劳动相对就业的影响为正，其弹性为 0.12，即完全进口中间投入率每增加 1% 将导致中国货物行业对高技术劳动者的相对需求增加 0.12%；这表明完全进口中间投入率提高了中国货物行业中高技术劳动的相对就业，这也从侧面说明，目前中国所进口的中间投入品更多是中低技术产品，这降低了对中国中、低劳动的相对需求，提高了中国货物行业对中国高技术劳动的相对需求。根据方程（6-3）的计量结果，离岸服务外包率对中国货物行业中高技术劳动相对就业的影响为负，其弹性约为 -0.01，即进口服务业中间投入品降低了中国货物行业对高技术劳动的相对需求，与之对应的是，离岸货物外包率对中国货物行业中高技术劳动相对需求的影响为正，其弹性约为 0.11，即进口货物中间投入品提高了中国货物行业对高技术劳动的相对需求。方程（6-3）的结果印证了前文所提出的第二个假说。根据方程（6-6）的计量结果，来自东亚、欧盟和美国的进口中间投入率对中国货物行业中高技术劳动相对就业的影响为负，其弹性分别为 -0.007、-0.06 和 -0.15，说明来自上述 3 个国家和地区的进口间投入品显著增加了中国货物行业对中、低技术劳动的需求，降低了对高技术劳动的需求，在影响程度上表现为来自美国的进口中间投入对中国货物行业中高技术劳动相对就业的影响 > 来自欧盟的进口中间投入的影

响 > 来自东亚地区的进口中间投入的影响，这也与目前上述3个国家和地区的技术水平相适应，与之对应的是，来自除上述3个国家和地区之外的世界其他国家的进口中间投入则显著增加了中国货物行业对高技术劳动的需求。方程（6-4）的计量结果也印证了前文所提出的第三个假说，即来自东亚、欧盟和美国的进口中间投入降低了中国货物行业对高技术劳动的需求，来自世界其他国家的进口中间投入提高了中国货物行业对高技术劳动的相对需求。

（2）控制变量对中国货物行业就业结构影响的分析

从控制变量系数的显著性上看，至少在10%的显著性水平下，控制变量系数均显著不为0，从控制变量系数的大小和符号来看，3个方程中控制变量的系数符号完全相同，只是系数大小有所不同，故在此，本书仅对控制变量对中国货物行业中高技术劳动相对就业的影响的方向进行分析。从3个方程的估计结果来看，全员劳动生产率、资本产出比对中国货物行业中高技术劳动相对就业的影响均为正，即上述两个变量上的上升，均显著增加了中国货物行业中对高技术劳动的相对需求，这与前文的预期相符。进口渗透率的系数为正且与完全外包率的符号相一致，这同样验证了前文的预期。人均工资对中国货物行业中高技术劳动相对就业的影响为负，说明目前工资对中国货物行业中高技术劳动的相对就业存在一定的替代效应，这同样与前文对该项符号的预期相一致。

2. 外包对中国货物行业中技术劳动相对低技术劳动的影响

在这一部分中，进一步考察进口中间投入对中国货物行业中所使用的中技术劳动和低技术劳动的差别。在对方程（6-5）~方程（6-7）的估计上，本书同样使用面板数据的系统GMM方法对其进行估计，至多使用被解释变量的3个滞后项和解释变量的3个滞后项作为工具变量，同时采用Windmeijer（2005）的方法对模型的标准差进行修正。相关计量结果见表6-2。

根据方程（6-5），完全进口中间投入率对中技能劳动与低技能劳动之比的影响为负，说明相对于低技能劳动，完全进口中间投入率的增加降低了中国货物行业对中技能劳动的需求，根据前文的假说，这也说明中国进口的中技术产品多于低技术产品。根据方程（6-6），离岸服务外包率对中国中技能劳动与低技能劳动之比的影响为负，离岸货物外包对中国中技能劳动与低技能劳动之比的影响为正，这与方程（6-3）的结果一致。根据方程（6-7），来自东亚、欧盟和美国的进口中间投入均显著的降低了中国货物行业就业中的中技术劳动与低技术劳动之比，与之对应的是，来自除上述3个国家和地区之外的世界其他国家的进口中间投入则显著增加了中国货物行业就业中的中技术与低技术劳动之比，这也进一步说明，相对于中国的中技术劳动和低技术劳动，来自东亚、欧盟和美国的中间投入品中所使用的中技术劳动更多，来而来自除上述3个国家和地区之外的世界其他国家的进口中间品中所使用的低技术劳动相对更多。从控制变量的系数上看，全员劳动生产率、进口渗透率和资本产出比的系数符号与对高技术劳动相对就业的影响的系数符号一致，人均工资的系数符号虽为负但不显著，说明人均工资的变化虽然对中国货物行业中中技术劳动对低技术劳动的相对需求存在一定的替代效应，但这种替代效应并不显著。

表6－2 进口中间投入对中国就业结构的影响：计量结果

被解释变量	ln（H/L）			ln（M/L）		
估计方法	系统 GMM 方程（6－2）	系统 GMM 方程（6－3）	系统 GMM 方程（6－4）	系统 GMM 方程（6－5）	系统 GMM 方程（6－6）	系统 GMM 方程（6－7）
$\ln(H/L)_{t-1}$	0.966 903 *** (8.70)	0.952 748 *** (5.10)	0.635 789 8 *** (3.14)	1.002 541 *** (8.27)	0.927 948 2 *** (8.73)	0.706 668 4 *** (4.40)
ln*tout*	0.127 674 4 *** (8.82)			−0.034 375 9 *** (−6.80)		
ln*sout*		−0.018 393 8 ** (−2.23)			−0.080 476 3 *** (−11.56)	
ln*gout*		0.109 072 7 *** (3.63)			0.058 907 8 *** (3.90)	
ln*aout*			−0.007 698 6 ** (−2.10)			−0.004 978 9 ** (−2.11)
ln*eout*			−0.061 171 3 ** (−2.04)			−0.067 381 9 * (−1.81)
ln*wout*			0.330 912 9 * (1.89)			0.055 015 3 *** (2.98)
ln*uout*			−0.151 299 * (−1.71)			−0.112 150 1 ** (−2.30)
ln*pr*	0.088 299 6 ** (2.22)	0.120 952 7 * (1.74)	2.249 856 * (1.77)	0.076 956 9 *** (−2.58)	0.079 906 6 * (1.66)	0.170 691 1 ** (2.11)
ln*w*	−0.149 062 3 ** (−2.08)	−0.150 363 9 * (−1.89)	−2.221 656 ** (−1.99)	−0.045 913 6 (1.11)	−0.055 259 6 (−1.05)	−0.296 501 (1.28)
ln*ipr*	0.012 014 2 ** (2.15)	0.008 638 3 ** (2.25)	0.034 229 3 * (1.71)	0.023 427 *** (3.54)	0.011 042 * (1.80)	0.035 252 6 * (1.72)
ln*k/y*	0.067 794 7 *** (3.31)	0.071 058 3 *** (2.74)	−0.039 471 5 ** (−2.15)	0.076 499 1 *** (10.63)	0.102 057 6 *** (12.41)	0.117 736 1 ** (2.19)
c	0.531 448 8 *** (4.24)	0.232 987 1 (1.20)	−3.491 138 (−0.55)	0.221 918 4 *** (7.01)	−0.201 324 1 *** (−3.78)	−0.308 901 8 ** (−2.15)
Arellano－Bond AR（1）	−1.977 1 **	−2.128 6 **	−2.091 1 **	−2.493 8 **	−2.204 2	−2.343 9 **
Arellano－Bond AR（2）	−0.159 96	−0.255 09	0.271 1	−1.085 5	−1.117 1	−1.223 2
Sargan 统计量	16.697 01	16.764 16	16.639 48	16.922 73	16.887 98	14.615 39

注：小括号内为 *t* 值，*、** 和 *** 分别表示在10%、5%和1%的显著性水平下显著，*Arellano－Bond* AR（1）和AR（2）检验的零假设分别是模型不存在一阶和二阶自相关，*Sargan* 统计量的原假设为工具变量是有效的。

六、研究结论

本书根据世界投入产出数据库中提供的相关数据，从完全进口中间投入率、离岸服务外包率与离岸货物外包率、来自不同国家和地区的进口中间投入率3个层面，考察了进口中间投入对中国货物行业就业结构的影响，得出如下结论。

第一，对典型化事实的分析表明，1995年以来，中国货物行业进口的中间品不断增加，在进口中间投入的性质上表现为离岸服务外包率低于离岸货物外包率，在地区来源上则表现为中国进口的中间投入品主要来自世界其他国家和地区和东亚地区；对中国货物行业就业结构的分析则表明，中国货物行业劳动中低技能劳动所占比重最大，中技能劳动次之，高技能劳动所占比重最小，从变化趋势上则表现为高技能劳动与中技能劳动不断增加，低技能劳动不断减少。

第二，实证研究结果表明，完全进口中间投入率对中国货物行业中高技术劳动相对就业的影响为正，对货物行业中中技术劳动相对就业的影响为负；离岸服务外包对中国货物行业中高技术劳动相对就业和中技术劳动相对就业的影响均为负；离岸货物外包对中国货物行业中高技术劳动相对就业和中技术劳动相对就业的影响为正；来自东亚、欧盟和美国的进口中间投入对中国货物行业中高技术劳动相对需求中技术劳动相对需求的影响均为负，来自除上述3个国家和地区之外的世界其他国家的进口中间投入对中国货物行业高技术劳动和中技术劳动相对需求的影响均为正。

本书研究结论的政策含义是：第一，进口中间投入，特别是离岸服务外包，虽然显著的降低了中国货物行业对高技术劳动的相对需求，但鉴于离岸服务外包的技术水平高于货物外包，因此，虽然在短期离岸服务外包恶化了中国货物行业的就业结构，但从长期来看，进一步增加中间投入品的进口，特别是服务中间投入品的进口，将有助于提升中国货物行业的技术水平，从而在长期也有助于优化中国货物行业的就业结构。第二，从进口中间投入的来源来看，应增加对来自东亚、欧盟和美国等发达国家和地区的中间投入品的进口，来自上述国家和地区的中间投入品的进口由于其技术含量相对较高，其所进口的中间投入品可以有效的提高中国货物行业的技术水平，从而最终实现优化中国货物行业就业结构的目的。

第二节　进口中间品、最终品对行业要素报酬的影响

20世纪80年代以来，随着中国对外开放进程的不断加深，中国进口贸易也呈现出快速增长的态势，中国货物贸易进口额由1978年的108.9亿美元上升到2015年的16 795.6亿美元；服务贸易进口由1982年的19亿美元上升到2015年的4 248亿美元。从进口商品结构上看，工业制成品占中国进口的比重由1980年的65.23%上升到2015

年的71.89%[①]，说明中国对外贸易进口在数量不断增加的同时，进口商品结构也在不断优化。进入20世纪90年代后，随着中国融入全球价值链程度的加深，中国进口产品中出现了一个较为显著的变化，中间品进口在中国进口中的比重不断上升，最终品进口在中国进口中的比重不断下降。笔者根据世界投入产出数据库中相关数据的计算表明，中间品进口占中国全部进口产品的比重由1995年的69.73%上升到2009年的79.90%，15年间上升了10个百分点。进口在促进中国经济发展的同时，与之相关的一个问题是，进口对中国不同行业内部的不同要素收入分配差距将会产生何种影响？新古典国际贸易理论中的Stolper - Samuelson定理（以下简称SS定理）认为，在其他条件不变的情况下，进口的增加将导致进口产品的相对价格下降，从而降低生产进口商品时密集使用的要素的实际报酬，提高其他要素的实际报酬。那么，在全球价值链形成的大背景下，中间品和最终品的进口是否同样遵循Stolper - Samuelson定理的结论？中间品进口和最终品进口对中国不同行业内部的不同要素收入分配差距所产生的影响是否相同？本书在相关理论框架的基础上，采用计量经济学的方法，具体研究中间品进口和最终品进口对中国行业内不同要素报酬差距的影响。

一、理论框架

在对进口对一国生产要素分配差距的理论分析中，新古典贸易理论中的SS定理在两国、两种商品、两种生产要素的2×2×2模型下证明了，对外贸易将导致出口中所密集使用的生产要素获益，进口中所密集使用的生产要素受损，不同生产要素之间的差距扩大。在此基础上，国外学者进一步证明了，在N种商品N种生产要素的条件下，SS定理仍然成立，只是结果的可靠性不如2×2×2模型（Jones and Scheinkman，1997；Ethier，1984）。

SS定理主要针对最终品进口，在全球生产价值链的背景下，根据“微笑曲线”示意图（见图6－4），由于中间品的生产主要处于“微笑曲线”的上游，其增加值较高，最终品的生产属于价值链的下游，其技术水平相对较低，使用的生产要素也以低技术劳动为主。程惠芳等（2014）认为，中间品进口会通过要素替代效应和要素需求创造效应影响一国的工资收入分配。替代效应指中间品进口相当于出口国生产要素替代进口国要素被投入生产，减少了对进口国生产要素的需求，降低了进口产品密集使用的生产要素的使用，缩小了其与进口国稀缺要素之间在生产要素报酬上的差距。要素创造效应指进口导致行业生产规模的相对扩张，增加了对生产要素的需求，中间品的进口对进口国行业内生产要素分配的影响取决于上述两种效应的综合作用。鉴于目前中国属于高技术劳动相对稀缺的国家，预期中间品进口将通过要素需求创造效应提高资本和高技术劳动者的生产要素报酬，扩大其与中、低技术劳动者在生产要素报酬上的差距；最终品进口更有可能与中国国内最终品的生产形成竞争关系，最终品进口将通过要素创造效应，提高最终品进口

① 数据来源：中国统计年鉴2016。

国内中、低技术劳动者的生产要素报酬，缩小其与资本和高技术劳动者在生产要素报酬上的差距。基于上述分析，本书提出第一个理论假说：

中间品进口将扩大中国资本和高技术劳动者与中、低技术劳动者在生产要素报酬上的差距；最终品进口将缩小中国中、低技术劳动者生产要素与资本和高技术劳动者报酬在生产要素报酬上的差距。

由于货物行业和服务行业所生产的产品的要素密集度存在差异，货物行业和服务行业中对生产要素报酬的需求也可能存在差异。因此，在第一个理论假说的基础上，虽然中间品进口和最终品进口对货物行业和服务行业生产要素报酬差距影响的方向可能一致，但鉴于服务行业的技术密集度更高，当其进口中间品时，更需要大量的具有一定技术的高技术劳动者与进口中间品相匹配，因此，服务行业中进口中间品的要素需求创造效应可能高于货物行业，相应地，服务行业中间品进口对服务行业资本和高技术劳动这两类生产要素报酬差距的影响程度也将大于货物行业。同样，基于上述从要素密集度角度所进行的分析，服务行业最终品进口对服务行业中、低技术劳动者在生产要素报酬上的影响程度将小于货物行业。

基于上述分析，在第一个理论假说的基础上，本节提出第二个理论假说：

中间品进口将提高货物行业和服务行业高技术劳动者的生产要素报酬，扩大其与中、低技术劳动者生产要素报酬差距，最终品进口将提高货物行业和服务行业中、低技术劳动者的生产要素报酬，缩小其与高技术劳动者在生产要素报酬上的差距，在影响程度上，中间品进口对服务行业的影响要大于其对货物行业的影响，最终品进口对货物行业的影响将大于其对服务行业的影响。

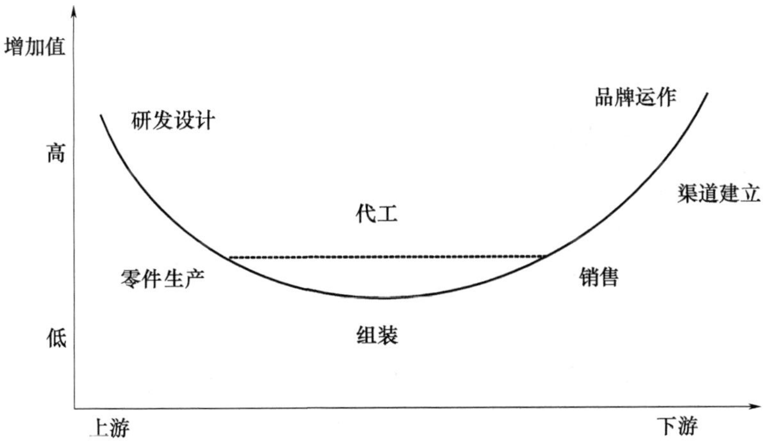

图 6－4 “微笑曲线”示意图

二、测算方法和数据来源

在对中国中间品进口、最终品进口的测算上，本书以国家间非竞争型投入产出表为基础对其进行测算。根据国家间非竞争型投入产出表，S 国来自 r 国的总进口 I_{rs} 可以分解为最终品进口（Y_{rs}）和中间品进口（$A_{rs}X_s$）两部分，其中，A_{rs} 为 r 国对 S 国的直接消耗系数，相应地，S 国来自 r 国的总进口 I_{rs} 可以表示为

$$I_{rs} = Y_{rs} + A_{rs}X_s \tag{6-8}$$

进一步，S 国的总进口可以表示为

$$I_s = \sum_{r \neq s} Y_{rs} + \sum_{r \neq s} A_{rs}X_s \tag{6-9}$$

在对中国不同行业的行业内要素报酬差距的测算上，采用不同行业内部资本报酬、高技术劳动报酬、中技术劳动报酬和低技术劳动报酬 4 种要素报酬分别占全部要素报酬的比重作为衡量指标，若某种要素报酬在全部要素报酬中所占比重上升，则可以说明其与其他要素报酬之间的差距扩大；反之，若某种要素在全部要素报酬中所占比重下降，则表明其与其他要素报酬之间的差距缩小。

在相关数据来源上，本书对中国进口按最终用途分解为中间品进口和最终品进口的相关数据来自世界投入产出数据中的世界投入产出表（WIOT）。计算中国不同行业内部不同要素报酬的数据来自世界投入产出数据库中的社会—经济账户表（SEA 表），该表提供了不同行业中资本报酬以及高、中、低 3 种技术劳动者报酬的相关数据。

在样本年限的选择上，WIOD 数据库分别于 2013 年和 2016 年进行了更新，其中，2013 年进行的更新中，主要将 WIOT 中数据更新到了 2011 年，没有将 SEA 表中的与中国相关的数据更新；2016 年进行的数据更新，将 WIOT 中的数据更新到 2014 年，但其行业分类发生了变化，且没有将 SEA 表中的数据进行更新，因此，为了便于分析，本书所使用的数据的期限仍为 1995—2009 年。

三、中国中间品进口和最终品进口的变化趋势

图 6－5 计算了 1995—2009 年中国中间品进口和最终品进口变化趋势，从中可发现，第一，从中间品进口和最终品进口的绝对数量来看，这一时期中国所进口的中间品和最终品的绝对数量不断增加，中间品进口和最终品进口分别由 1995 年的 991 亿美元和 430 亿美元上升到 2009 年的 8 380 亿美元和 2 109 亿美元，分别增加了 7.46 倍和 3.90 倍；第二，从中间品进口和最终品进口分别占这一时期中国进口的比重的变化来看，中间品进口所占比重显著高于最终品进口所占比重，且中间品进口所占比重总体呈上升趋势，这也说明了，这一时期中国所进口的产品以中间品为主，中国所进口的产品更多是用于最终品的生产。

在图 6－5 的基础上，图 6－6 进一步分析了这一时期货物行业和服务行业所进口的中间品和最终品的变化趋势，从中可以发现，第一，从绝对数量上看，中国货物行业所进口的中间品和最终品均显著高于服务行业，这也和目前中国货物贸易进口和服务贸易进口的现实情况相吻合；第二，无论是货物行业还是服务行业，其所进口的产品均以中

间品为主；第三，服务行业中间品进口所占比重略高于货物行业中间品进口所占比重，这说明，相对于货物行业而言，中国服务行业进口了相对更多的中间品。

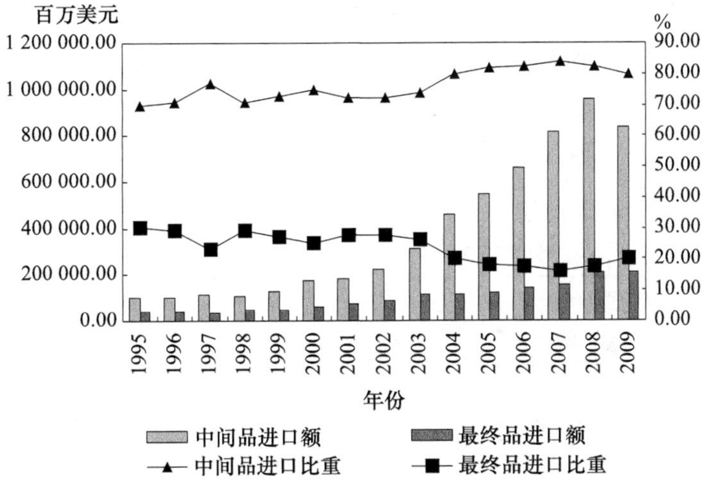

图 6－5　1995—2009 年中国中间品进口和最终品进口变化趋势

数据来源：根据世界投入产出数据库相关数据计算而得。

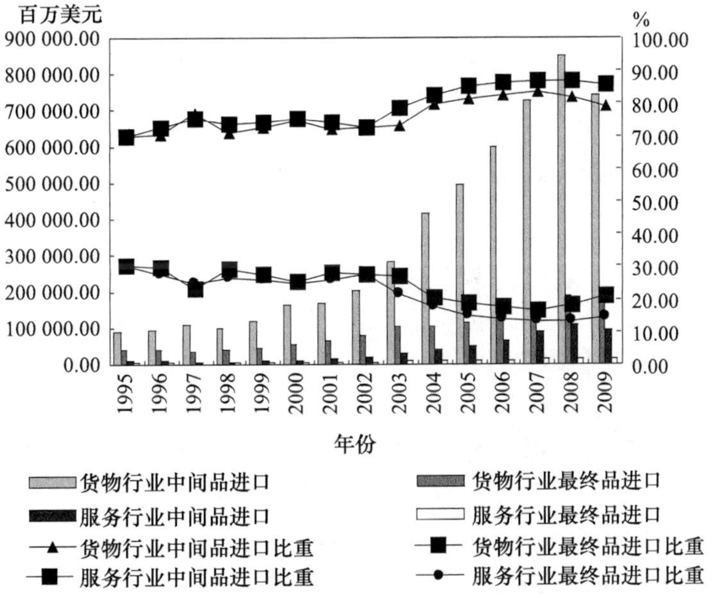

图 6－6　1995—2009 年中国货物行业和服务行业中间品进口和最终品进口变化趋势

数据来源：根据世界投入产出数据库相关数据计算而得。

四、中国要素报酬差距的变化趋势

图 6－7 计算了 1995—2009 年资本、高技术劳动、中技术劳动和低技术劳动 4 种要素报酬占中国全部要素报酬的比重的变化趋势，从中可以发现，第一，总体上看，资本

报酬在全部要素报酬中所占比重最高，其所占比重达到45%以上，低技术劳动报酬在全部要素报酬中所占比重次之，其所占比重为25%～35%，中技术劳动报酬占全部要素报酬的比重为16%～22%，高技术劳动报酬在全部要素报酬中所占比重最低，其所占比重在6%以下；第二，从4种要素报酬所占比重的变化趋势来看，资本报酬和高技术劳动报酬所占比重逐年上升，低技术劳动报酬所占比重快速下降，中技术劳动报酬所占比重呈先上升后下降的变化趋势，至2009年，其在全部要素报酬中所占比重仅为16.05%，已低于1995年的水平。

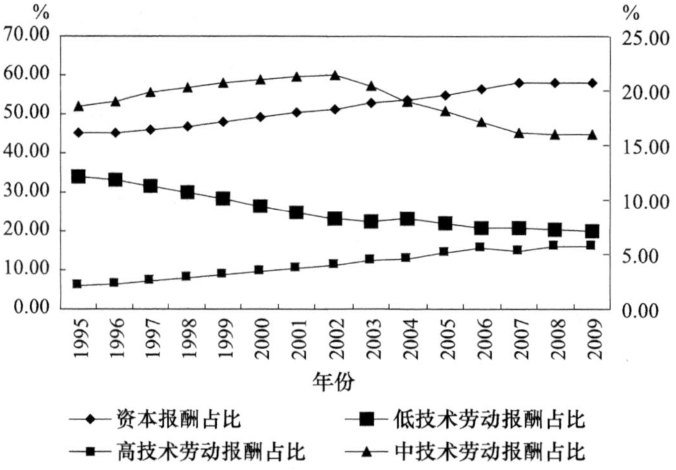

图6－7　1995—2009年不同要素报酬占比变化趋势

数据来源：根据世界投入产出数据库相关数据计算而得。

五、进口中间品、最终品对行业要素报酬影响的实证分析

（一）模型、变量和数据

1. 模型设定

为检验本节第三部分所提出的理论假说，在这一部分对中间品进口和最终品进口对中国资本、高技术劳动、中技术劳动、低技术劳动4种要素的行业内报酬差距的影响进行实证检验。在计量模型的选择上，借鉴了Feenstra和Hanson（2003）采用超越对数生产函数作为基本的计量方程，考虑到要素报酬的变化受到其前一期的影响，在计量模型中加入被解释变量的滞后1期，最终得到用于估计中间品进口和最终品进口对中国资本、高技术劳动、中技术劳动和低技术劳动4种要素行业内报酬差距影响的计量方程：

$$\Delta S_m = \gamma_0 + \theta_0 \Delta S_{m,t-1} + \gamma_1 \Delta \ln Y + \tau_1 \Delta \ln inim + \tau_2 \Delta \ln fm + \tau_3 \Delta \ln pr + \tau_4 \Delta \ln K \quad (6-10)$$

$$\Delta S_{wn} = \lambda_1 + \theta_1 \Delta S_{wn,t-1} + \gamma_2 \Delta \ln Y + \rho_1 \Delta \ln inim + \rho_2 \Delta \ln fiim + \rho_3 \Delta \ln pr + \rho_4 \Delta \ln K \quad (6-11)$$

$$\Delta S_{qn} = \lambda_2 + \theta_2 \Delta S_{qnf-1} + \gamma_3 \Delta \ln Y + \varphi_1 \Delta \ln\ inim + \varphi_2 \Delta \ln fiim + \varphi_3 \Delta \ln pr + \varphi_4 \Delta \ln K \quad (6-12)$$

$$\Delta S_{mn} = \lambda_3 + \theta_3 \Delta S_{mnt-1} + \gamma_4 \Delta \ln Y + \omega_1 \Delta \ln inim + \omega_2 \Delta \ln fiim + \omega_3 \Delta \ln pr + \omega_4 \Delta \ln K \quad (6-13)$$

其中，$S_{in}(i = r, w, q, m)$为第 i 种要素报酬在总成本中的比重。

在估计方法的选择上，考虑到计量方程可能存在的内生性问题可能对计量模型的估计造成偏误，本书采用面板数据的系统广义矩估计（系统 GMM）作为估计方法，将中间品进口、最终品进口这两个本书所关心的主要解释变量作为内生变量来考虑，采用解释变量和被解释变量的 1～3 期的滞后值作为工具变量，对方程（6－10）～方程（6－13）进行估计。

2. 相关变量说明和数据来源

（1）被解释变量。本书的被解释变量包括 4 个。ΔS_{rn}为行业中资本报酬占全部要素报酬的比重，方程（6－10）中的被解释变量；ΔS_{wn}为行业中高技术劳动报酬占全部要素报酬的比重，方程（6－11）中的被解释变量；ΔS_{qn}为行业中中技术劳动报酬占全部要素报酬的比重，方程（6－12）中的被解释变量；ΔS_{mn}为行业中低技术劳动报酬占全部要素报酬的比重，方程（6－13）中的被解释变量。

（2）主要解释变量。方程（6－10）～方程（6－13）中的主要解释变量包括 2 个。$\Delta \ln inim$ 为中国不同行业中间品进口的对数的差分；$\Delta \ln fiim$ 为中国不同行业最终品进口的对数的差分，上述两个变量为 4 个计量方程中的主要解释变量。

（3）控制变量。本节的控制变量包括以下 4 个。$\Delta \ln y$ 为中国不同行业总产出对数的差分，用于衡量行业产出变化对行业内生产要报酬差距的影响；$\Delta \ln pr$ 为行业全员劳动生产率对数的差分，根据该行业的增加值与全部从业人员之比计算而得，用于衡量生产率变化对行业不同要素报酬差距的变化的影响；$\Delta \ln k$ 为行业资本存量对数的差分，用于衡量行业规模的变化对于行业内部不同要素报酬差距的影响；*slniner* 为行业外贸依存度的差分，用于衡量行业对世界市场的依赖程度对行业内部不同要素报酬差距的影响。

数据来源上，本书计算中间品出口和最终品出口的数据来自世界投入产出数据库中的国家间投入产出表（WIOT），不同要素报酬、行业总产出、全员劳动生产率、行业资本存量、行业对外贸易依存度的相关数据来自 WIOD 数据库中的社会—经济账户表（SEA 表）。由于存在部分行业数据为 0 的情况，本书最终选取了 33 个行业 1995—2009 年的数据作为分析的样本，取差分后，共计 462 个样本。

（二）回归结果及分析

在这一部分中，首先利用全部样本，采用系统广义矩估计（系统 GMM）方法，对中间品进口、最终品进口对中国行业内要素报酬差距的影响进行实证研究，其次，鉴于货物行业（包括农业和制造业，共 17 个行业）和服务行业（16 个行业），中间品进口和最终品进口对中国行业内要素报酬差距的影响可能有所差异，因此，本书将样本拆分为货物行业和服务行业两个子样本，分别对两个子样本进行回归分析。

1. 全样本回归结果及分析

表 6－3 显示了中间品进口、最终品进口对中国行业内要素报酬差距的影响的计量结果。4 个计量方程中的 *Arellano－Bond*（1）检验和 *Arellano－Bond*（2）检验表明，在

至少5%的显著性水平下，每个回归方程扰动项的差分均存在一阶自相关，不存在二阶自相关，可以接受扰动项不存在自相关的原假设；4个计量方程的 *Sargan* 统计量表明，每个计量方程的工具变量均是有效的，可以使用系统 GMM 方法对每个方程进行估计。从4个计量方程的回归系数来看，在至少5%的显著性水平下，中间品进口的对数的差分（$\Delta\ln inte$）和最终品进口的对数的差分（$\Delta\ln fin$）的回归系数都是显著的，鉴于上述两个变量是本书主要关心的变量，接下来，本书主要对上述两个变量的结果进行分析。

根据表6-3中方程（6-10）的计量结果，中间品进口对数的差分和最终品进口对数的差分对资本在各行业全部要素所占比重的差分的影响均为负，且中间品进口的系数的绝对值大于最终品进口的系数的绝对值，说明中间品进口和最终品进口的变化对资本在行业内要素报酬中所占比重的影响为负，即中间品和最终品的进口均显著的降低了资本报酬所占比重，缩小了其与其他要素在要素报酬上的差距，且中间品进口对其的影响幅度大于最终品进口对其的影响程度。根据方程（6-11）的计量结果，进口中间品的变化对高技术劳动报酬所占比重变化的影响为正，最终品进口的变化对高技术劳动报酬所占比重的影响为负，从影响程度上来看，中间品进口的系数的绝对值大于最终品进口的系数绝对值，表明中间品进口对中国行业内高技术劳动报酬所占比重的影响程度大于最终品进口。根据方程（6-12）的计量结果，进口中间品的变化对中技术劳动报酬所占比重的变化的影响为负，最终品进口的变化对中技术劳动报酬所占比重的影响为正，方程(6-13)中计量结果的系数表明，中间品进口对于中国行业内中技术劳动者报酬所占比重的影响大于最终品进口对其的影响。根据方程（6-13）的计量结果，进口中间品的变化对低技术劳动报酬所占比重的变化的影响为负，最终品进口的变化对中国行业内低技术劳动报酬所占比重的影响为正，且中间品进口对其的影响程度大于最终品进口对其的影响。方程（6-10）~方程（6-13）的计量结果，也部分验证了本节所提出的第一个理论假说中的一部分内容：中间品进口将提高中国高技术劳动者的要素报酬，降低中、低技术劳动者报酬，最终品进口将提高中国中、低技术劳动者要素报酬，缩小其与高技术劳动者报酬之间的差距。中间品进口对资本报酬所占比重的影响为负，与前文所提出的理论假说相悖，这其中可能的原因在于：中间品进口带来的要素创造效应，一方面提高了对高技术劳动的需求，另一方面，由于高技术劳动与资本存在一定的替代效应，因此，高技术劳动的增加，减少了企业对资本的需求，降低资本报酬在行业内要素报酬中所占的比重。

表6-3　中间品进口、最终品进口对中国行业内要素报酬差距的影响：计量结果

估计方法	因变量			
	ΔS_{rn}	ΔS_{wn}	ΔS_{qn}	ΔS_{mn}
	方程（6-10）	方程（6-11）	方程（6-12）	方程（6-13）
	系统 GMM	系统 GMM	系统 GMM	系统 GMM
因变量滞后1期	0.724 968 8*** (7.03)	-0.000 786 2 (-0.06)	0.489 024 2*** (18.55)	0.505 821 3*** (15.14)

续表

估计方法	因变量			
	ΔS_{rn}	ΔS_{wn}	ΔS_{qn}	ΔS_{mn}
	方程（6－10）	方程（6－11）	方程（6－12）	方程（6－13）
	系统 GMM	系统 GMM	系统 GMM	系统 GMM
Δln*inte*	－0.000 833 9 ** （－2.39）	0.001 798 2 *** （15.85）	－0.002 923 *** （－6.50）	－0.001 802 3 *** （－3.86）
Δln*fin*	－0.000 757 9 *** （－3.71）	－0.001 691 6 *** （－11.44）	0.001 445 9 *** （4.08）	0.001 511 7 *** （10.74）
Δln*y*	0.015 288 9 *** （3.54）	0.004 293 4 *** （2.76）	－0.015 306 9 *** （－3.40）	0.012 060 1 *** （3.26）
Δln*k*	－0.000 203 3 （－0.10）	0.003 588 3 ** （2.39）	－0.004 560 6 （－0.69）	－0.006 519 7 ** （－2.27）
Δln*pr*	－0.010 852 7 *** （－3.74）	－0.003 449 *** （－3.46）	0.012 467 8 *** （4.00）	－0.005 930 3 ** （－2.24）
slniner	0.000 930 9 *** （21.76）	－0.000 384 6 *** （－4.41）	－0.000 185 1 （－0.82）	－0.000 299 3 *** （－15.00）
c	0.001 367 9 *** （1.53）	0.001 067 9 *** （3.87）	－0.000 789 2 （0.85）	－0.002 652 2 *** （－4.29）
Arellano－Bond（1）	－3.580 6 ***	－2.418 4 **	－3.302 7 ***	－3.024 ***
Arellano－Bond（2）	1.208 8	0.705 46	－1.038 5	－0.728 78
Sargan 统计量	27.840 82	27.652 22	28.785 9	28.946 34

注：小括号内为 *t* 值，* 表示在 10% 的显著性水平下显著，** 表示在 5% 的显著性水平下显著，*** 表示在 1% 的显著性水平下显著，AR（1）和 AR（2）检验的零假设分别是模型不存在一阶和二阶自相关，统计量的原假设为工具变量是有效的。

2. 分组回归

在这一部分中，本书进一步对中间品进口和最终品进口对中国货物行业和服务行业中行业内要素报酬差距的影响进行实证研究，在研究方法上，同样采用了系统广义矩估计作为分析方法，采用解释变量和被解释变量的 1～4 期滞后值作为工具变量，计量结果如表 2 所示。

根据表 6－4 的计量结果，8 个计量方程中的 *Arellano－Bond*（1）检验和 *Arellano－Bond*（2）检验表明，在至少 10% 的显著性水平下，每个回归方程扰动项的差分均存在一阶自相关，不存在二阶自相关，可以接受扰动项不存在自相关的原假设；8 个计量方程的 *Sargan* 统计量表明，每个计量方程的工具变量均是有效的，可以使用系统 GMM 方法对每个方程进行估计。

从 8 个计量方程的回归结果来看，第一，从货物行业来看，在至少 10% 的显著性水平下，中间品进口的变化对中国货物行业高技术劳动报酬所占比重变化的影响为正，对资本、中技术劳动和低技术劳动3种要素报酬比重变化的影响为负；最终品进口对资本和高技术劳动两种要素报酬比重变化的影响为负，对中技术劳动和低技术劳动两种要素报酬比重变化的影响为正。第二，从服务行业来看，在至少10%的显著性水平下，中间品进口的变化对服务行业中资本和高技术劳动两种要素报酬所占比重变化的影响为正，对中技术劳动报酬所占比重变化的影响为负，对低技术劳动报酬所占比重变化的影响虽为负，但不显著；最终品进口的变化对服务行业资本和高技术劳动两种要素报酬所占比重变化的影响为负，对中技术劳动和低技术劳动两种要素报酬所占比重变化的影响为正。上述计量结果总体上验证了前文所提出的第二个理论假说，但出现中间品进口对服务行业低技术劳动报酬的影响不显著的原因可能在于，目前服务行业的从业者更多地以中、高技术劳动者为主，低技术劳动者所占比重较小，因此，中间品进口将可能更多地影响到中技术劳动者报酬的变化，而对低技术劳动者报酬的影响则不显著。第三，从中间品进口和最终品进口对货物行业和服务行业的影响的对比来看，中间品进口对服务行业的影响要大于其对货物行业的影响，最终品进口对货物行业的影响将大于其对服务行业的影响。

表6-4　分组回归计量结果

估计方法	货物行业				服务行业			
	因变量				因变量			
	ΔS_{rn}	ΔS_{wn}	ΔS_{qn}	ΔS_{mn}	ΔS_{rn}	ΔS_{wn}	ΔS_{qn}	ΔS_{mn}
	系统GMM	系统GMM	系统GMM	系统GMM	系统GMM	系统GMM	系统GMM	系统GMM
因变量滞后1期	1.691927* (1.83)	0.0171088** (2.04)	0.2106226** (2.42)	0.0613401 (0.23)	−0.784015** (−2.32)	−0.1593054* (−1.74)	0.5235972*** (3.31)	0.194315* (1.88)
Dlninte	−0.0055954*** (−3.63)	0.0005209* (1.76)	−0.0020335* (−1.71)	−0.0003288* (−1.74)	0.0061184** (2.08)	0.0022679*** (2.75)	−0.0048168*** (−7.97)	−0.0005707 (−0.78)
$\Delta \ln fin$	−0.0043174*** (−2.56)	−0.0005626* (−1.78)	0.0050274*** (2.90)	0.0027617*** (2.80)	−0.0035092* (−1.83)	−0.0028642*** (−4.37)	0.0044874*** (4.55)	0.0000536** (2.11)
$\Delta \ln y$	−0.0221588* (−1.74)	−0.0141766* (−1.76)	−0.0335271*** (−4.47)	0.0093649 (0.80)	−0.008727 (−0.17)	0.0080971 (0.24)	−0.0225435* (−1.77)	0.0391531* (1.95)
$\Delta \ln k$	−0.0062717* (−1.75)	0.0048529* (1.70)	0.0080061 (0.54)	−0.0008589 (−0.07)	−0.0174365** (−1.95)	0.002994 (0.64)	−0.0141059** (−2.19)	−0.0034875 (−0.18)
$\Delta \ln pr$	0.0097634* (1.70)	0.004892* (1.69)	0.0125485*** (2.90)	0.0044177 (0.66)	0.0206413* (1.75)	−0.0075094 (−0.27)	0.0359631** (2.16)	−0.0402632** (−1.99)
slniner	−0.0171288* (−1.72)	−0.0000492** (−2.08)	0.001307* (1.87)	−0.0047538*** (−3.28)	0.0001961 (1.48)	0.0000831 (0.38)	−0.0002534 (−0.56)	−0.0002057* (−1.84)
c	−0.0018222 (−0.40)	0.0012623 (0.58)	0.0012037 (0.87)	−0.0066183*** (−3.90)	0.0203884*** (2.77)	0.0027307* (1.63)	−0.0024916 (−0.83)	−0.0052319** (−2.14)
Arellano-Bond（1）	−1.6764*	−1.6594*	−1.9794**	−2.0144**	2.0968**	−1.6998*	−2.4116**	−2.1745**
Arellano-Bond（2）	−1.0663	0.10352	−0.99597	−0.56773	1.076	0.04102	−0.34415	−0.57785
*Sargan*统计量	10.33565	9.936998	12.69148	10.35753	7.1476	8.943269	5.489548	10.40265

注：小括号内为t值，*表示在10%的显著性水平下显著，**表示在5%的显著性水平下显著，***表示在1%的显著性水平下显著，AR（1）和AR（2）检验的零假设分别是模型不存在一阶和二阶自相关，统计量的原假设为工具变量是有效的。

六、研究结论

本书在现有的国际贸易对一国要素报酬影响的理论基础上，首先构建了中间品进口和最终品进口对一国行业内要素报酬差距影响的可经实证检验的理论假说，在此基础上，根据世界投入产出表的相关数据，实证检验了中间品进口和最终品进口对中国行业内要素报酬差距的影响，得出如下结论。

首先，对相关数据的分析表明，第一，中国进口的中间品和最终品的绝对数量不断增加，中间品进口所占比重显著高于最终品进口所占比重，且中间品进口所占比重总体呈上升趋势；第二，无论是货物行业还是服务行业，其所进口的产品均以中间品为主，且服务行业中间品进口所占比重高于货物行业中间品进口所占比重；第三，从不同要素报酬占中国全部要素报酬的比重的变化来看，资本报酬在全部要素报酬中所占比重最高，低技术劳动报酬在全部要素报酬中所占比重次之，中技术劳动报酬占全部要素报酬排在第三位，高技术劳动报酬在全部要素报酬中所占比重最低，资本报酬和高技术劳动报酬所占比重逐年上升，低技术劳动报酬所占比重快速下降，中技术劳动报酬所占比重呈先上升后下降的变化趋势。

其次，实证研究得到以下结论。第一，中间品进口提高了中国高技术劳动要素报酬所占比重，降低了资本、中技术劳动和低技术劳动者报酬所占比重，扩大了高技术劳动与资本、中技术劳动和低技术劳动在要素报酬上的差距，最终品进口提高了中国中技术劳动和低技术劳动要素报酬所占比重，缩小了其与资本和高技术劳动者报酬之间的差距，且中间品进口对中国行业内要素报酬差距的影响大于最终品进口对中国行业内要素报酬差距的影响。第二，分组回归表明，中间品进口对中国货物行业高技术劳动报酬所占比重的影响为正，对资本、中技术劳动和低技术劳动 3 种要素报酬的影响为负；最终品进口对资本和高技术劳动两种要素报酬差距的影响为负，对中技术劳动和低技术劳动两种要素报酬的影响为正，中间品进口对服务行业中资本和高技术劳动两种要素报酬所占比重的影响为正，对中技术劳动报酬所占比重的影响为负，对低技术劳动报酬所占比重的影响虽为负，但不显著；最终品进口对服务行业资本和高技术劳动两种要素报酬所占比重的影响为负，对中技术劳动和低技术劳动两种要素报酬所占比重的影响为正；中间品进口对服务行业的影响要大于其对货物行业的影响，最终品进口对货物行业的影响将大于其对服务行业的影响。

本书的政策启示主要在于，虽然中间品进口和最终品进口，特别是中间品进口，具有缓解国内资源禀赋压力、促进国内技术水平升级、促进中国国际收支平衡等作用，但也应注意中间品进口和最终品进口给中国要素收入分配所带来的负面作用，因此，在进一步扩大中间品和最终品进口的同时，鉴于中间品进口将扩大高技术劳动与中、低技术劳动在要素报酬上的差距，最终品进口将缩小中、低技术劳动者与高技术劳动者在要素报酬上的差距，因此，首先应做到兼顾中间品进口和最终品进口，以保证不会由于过分偏向于某一类进口而导致不同要素报酬的失衡；其次，应进一步通过诸如扩大转移支付力度、加强对中、低技术劳动者的培训等方法来缩小不同要素在要素报酬方面的差距。

第三节　服务中间品进口、最终品出口对服务业要素报酬的影响

20 世纪 80 年代以来，随着中国经济的发展、产业结构的优化、对外开放程度的不断扩大以及由于技术进步所导致的服务产品可贸易化程度的加深，中国服务贸易出口呈现出快速增长的态势。根据商务部的统计，1982 年中国服务贸易出口 25 亿美元，仅占世界服务贸易出口的 0.7%，2001 年中国加入 WTO 时，中国服务贸易出口达到 329 亿美元，占世界服务贸易出口的 2.2%，2007 年中国服务贸易出口首次突破了 1 000 亿美元大关①，至 2013 年，中国服务贸易出口额已达到 2105 亿美元，同比增长 10.6%，占世界服务贸易出口的 4.6%，中国已成为世界五大服务贸易出口国②。服务贸易出口在促进中国经济的增长的同时，也促进了中国就业的增加。作为服务贸易出口重要组成部分的离岸服务外包行业的相关统计数据表明，截至 2014 年底，中国共有服务外包企业 2.81 万家，从业人员 607.2 万人，其中大学（含大专）以上学历 404.7 万人，占从业人员总数的 66.7%③。服务贸易出口在促进中国服务行业就业增加的同时，也相应地提高了中国服务行业从业人员的工资水平，但与之密切相关的一个问题是，服务贸易出口对中国服务行业中不同生产要素报酬之间的差距会产生什么影响？新古典贸易理论中的 SS 定理认为，在其他条件不变的情况下，出口的增加将导致出口的相对价格上升，相对价格的上升将会提高生产该种商品时密集使用的生产要素的实际报酬，降低其他生产要素的实际报酬。由于中国服务贸易出口主要集中在旅游、运输等资源密集型和劳动密集型行业，那么，根据 SS 定理，中国服务贸易出口将导致服务业中所使用的资本、高技术劳动与中技术劳动、低技术劳动之间在生产要素报酬方面上的差距缩小，但本书通过计算 1995—2009 年中国服务行业中资本报酬与低技术劳动报酬之比、高技术劳动报酬与低技术劳动报酬之比、中技术劳动报酬与低技术劳动报酬之比却发现，这一时期，上述 3 个数值总体上是呈上升趋势的，1995 年中国不同服务行业中资本报酬、高技术劳动报酬、中技术劳动报酬与低技术劳动报酬之比的均值分别为 11.55、0.72 和 4.30，2009 年这 3 个比值分别扩大为 25.05、3.14 和 5.67，15 年期间分别增长了 1.17 倍、3.36 倍和 0.32

① 数据来源：商务部服贸司，《中国服务贸易统计 2013》数据表组。

② 数据来源：中国服务贸易指南网，2013 年中国服务进出口保持世界第三进口跃居第二：http://tradeinservices.mofcom.gov.cn/c/2014-06-10/235885.shtml。

③ 数据来源：中华人民共和国商务部网站：http://www.mofcom.gov.cn/article/i/jyjl/l/201501/20150100874409.shtml。

倍，其中的原因是否与中国服务贸易出口的产品性质有关，即由于中国服务贸易出口中既包括服务最终品出口，也包括服务中间品出口，那么，中国服务行业中不同生产要素报酬之间的差距的扩大是否缘于服务中间品出口与服务最终品出口之间的差异？对于这一问题的研究，从理论上来看，将有助于进一步厘清不同形式的服务贸易的出口（服务中间品出口和服务最终品出口）对发展中国家不同生产要素报酬影响的理论机制，从实践上看，通过比较服务中间品出口和服务最终品出口对发展中国家不同生产要素报酬差距的影响，将可能会为解决发展中国家中普遍存在的生产要素报酬分配不平等问题提供一个新的分析视角。从中国的角度来看，在中国各项改革稳步推进、经济长期保持较快增长速度的大背景下，如何缩小收入分配差距已成为当前中国所面临的一项重要问题，在进一步扩大服务贸易出口的同时，如何保证不同生产要素在生产要素报酬方面的差距不被过分拉大，将是一个摆在各级政府面前亟须解决的问题。基于此，本书拟从中国的视角，通过将中国服务贸易出口分解为服务中间品出口和服务最终品出口两部分，来具体研究不同类型的服务贸易出口对中国不同生产要素报酬差距的影响。

一、理论框架

在对出口对一国生产要素分配差距的理论分析中，新古典贸易理论中的SS定理在两国、两种商品、两种生产要素的2×2×2模型下证明了，出口将导致出口中所密集使用的生产要素获益，进口中所密集使用的生产要素受损，不同生产要素之间的差距扩大。由于SS定理的推导基于2×2×2模型，Jones和Scheinkman（1997）、Ethier（1984）进一步证明了在N种商品N种商生产要素的条件下，SS定理仍然成立，只是结果的可靠性不如2×2×2模型。

SS定理所研究的是最终品出口的情况，在全球生产价值链按照不同生产环节中所使用的生产要素的差异被分置于各国，中间品出口在国际贸易中所占比重日益增大的背景下，SS定理是否同样适用于中间品出口？对于这一问题，滕瑜和朱晶（2011）根据Feenstra和Hanson（1996）提出的中间品贸易模型所进行的理论和实证分析所以及程惠芳、丁小义和翁杰（2014）基于中国工业行业数据的分析均表明，中间品出口将提高中国对中间品出口中所密集使用的生产要素的需求，从而扩大了不同生产要素在生产要素报酬上的差距，进而验证了SS定理同样适用于存在中间品贸易的情况。

通过上述分析可以发现，无论是最终品出口还是中间品出口，其对不同生产要素报酬分配差距的影响都源于其出口中所使用的生产要素的密集度不同，即出口将扩大其密集使用的生产要素与其他生产要素在要素报酬上的差距。在全球生产价值链逐渐形成，产品生产环节依据要素密集度不同被分置于世界各国的条件下，根据产品价值链的“微笑曲线”，最终品生产处于产品价值链的末端，属于劳动密集型的生产环节，其出口更多地使用中技术劳动、低技术劳动；中间品的生产处于生产价值链的上游环节和中游环节，属于资本和技术密集型的生产环节，其出口更多地使用资本和高技术劳动。

基于此，本书提出可供实证检验的理论假说：

中国服务贸易中的最终品出口将缩小中国服务行业中技术劳动、低技术劳动与资本、高技术劳动之间在生产要素报酬上的差距；中国服务贸易出口中间品出口则扩大中国服务行业中技术劳动、低技术劳动与资本、高技术劳动之间在生产要素报酬上的差距。

二、测算方法和数据来源

（一）服务贸易出口的分解方法

在对中国服务贸易出口按照其最终用途进行分解的方法的选择上，本书以国家间投入产出表为基础，采用 Zhi 等（2013）所提出的基于行业层面的分解方法，同时参照了卫瑞和张少军（2014）以及蒋庚华和张曙霄（2015）的计算方法，其计算公式如下：

假设世界包括中国、东亚国家和地区（包括日本、韩国和中国台湾）、美国、欧盟、新兴市场国家（包括俄罗斯、巴西、印度）以及除上述国家和地区之外的世界其他国家和地区六部分，每个组成部分有 N 个产业部门，每个产业部门所生产的产品要么作为最终品被各国（地区）消费，要么作为中间投入品被各国（地区）的生产者使用，根据国家（地区）间投入产出表，各国（地区）的总产出可以表现为如下的形式：

$$\begin{bmatrix} X_a \\ X_c \\ X_e \\ X_u \\ X_n \\ X_o \end{bmatrix} = \begin{bmatrix} A_{aa} & A_{ac} & A_{ae} & A_{au} & A_{an} & A_{ao} \\ A_{ca} & A_{cc} & A_{ce} & A_{cu} & A_{cn} & A_{co} \\ A_{ea} & A_{ec} & A_{ee} & A_{eu} & A_{en} & A_{eo} \\ A_{ua} & A_{ux} & A_{ue} & A_{uu} & A_{un} & A_{uo} \\ A_{na} & A_{nc} & A_{ne} & A_{nu} & A_{un} & A_{uo} \\ A_{oa} & A_{oc} & A_{oe} & A_{ou} & A_{on} & A_{oo} \end{bmatrix} \begin{bmatrix} X_a \\ X_c \\ X_e \\ X_u \\ X_n \\ X_o \end{bmatrix} + \begin{bmatrix} Y_{aa} + Y_{ac} + Y_{ae} + Y_{au} + Y_{an} + Y_{ao} \\ Y_{ca} + Y_{cc} + Y_{ce} + Y_{cu} + Y_{cn} + Y_{co} \\ Y_{ea} + Y_{ec} + Y_{ee} + Y_{eu} + Y_{en} + Y_{eo} \\ Y_{ua} + Y_{uc} + Y_{ue} + Y_{uu} + Y_{un} + Y_{uo} \\ Y_{na} + Y_{nc} + Y_{ne} + Y_{nu} + Y_{mn} + Y_{no} \\ Y_{oa} + Y_{oc} + Y_{oe} + Y_{ou} + Y_{on} + Y_{oo} \end{bmatrix} \tag{6-14}$$

其中，a、c、e、u、n、o 分别代表美国、中国、东亚各国家和地区、欧盟、新兴市场国家和世界其他国家，$A_{sr}(s,r=a,c,e,u,n,o)$ 为 $N \times N$ 矩阵，表示 r 国（地区）生产中使用的 S 国（地区）产品的直接消耗系数矩阵，$X_i(i=a,c,e,u,n,o)$ 为各国（地区）的总产出，$Y_{sr}(s,r=a,c,e,u,n,o)$ 代表 r 国（地区）对 S 国（地区）的最终需求，均为 $N \times 1$ 矩阵。

根据国家间投入产出表，S 国（地区）对 r 国（地区）的总出口 E_{rs} 可以分解为最终品出口（Y_{rs}）和中间品出口（$A_{rs}X_s$）两部分，即

$$E_{rs} = Y_{rs} + A_{rs}X_s \tag{6-15}$$

r 国（地区）总出口 E_r 为对各国（地区）的最终品出口和中间品出口之和：

$$E_r = \sum_{r \neq s} Y_{rs} + \sum_{r \neq s} A_{rs}X_s \tag{6-16}$$

（二）服务行业生产要素报酬差距的计算方法

在服务行业生产要素报酬差距的计算方法上，本书采用资本报酬、高技术劳动报酬、中技术劳动报酬和低技术劳动报酬4种生产要素报酬分别占全部生产要素报酬的比重作为衡量指标，若某种生产要素报酬在全部生产要素报酬中所占比重上升，则说明其与其他生产要素报酬之间的差距扩大。

（三）相关数据来源

本书中对中国服务贸易按最终用途进行分解的相关数据来自世界投入产出数据中的世界投入产出表（WIOT），该投入产出表提供了包括中国在内的世界上40个主要国家和地区以及除上述国家和地区之外的世界其他国家和地区的35个行业（其中包括18个服务行业）的国家间投入产出数据。计算中国服务行业不同生产要素报酬的数据来自世界投入产出数据库中的社会—经济账户表（SEA表），该表提供了不同服务行业中资本报酬以及高、中、低3种技术劳动者报酬的相关数据，其中高、中、低3种技术劳动的分类以1997年版国际教育标准分类（ISCED）为基础，将只接受过第二阶段基础教育以下的劳动者定义为低技术劳动者，将接受第二阶段教育但未接受高等教育的劳动者定义为中级技术劳动者，将接受高等教育及上教育的劳动者定义为高技术劳动者。

三、中国服务中间品和服务最终品出口的变化趋势

图6-8计算了1995—2009年中国15个服务行业[①]的服务中间品出口和服务最终品出口的绝对额均值及各自所占比重均值的变化趋势[②]，从中可以发现这一时期中国服务行业中间品出口和最终品出口的变化呈现以下几个特征：第一，总体上看，这一时期中国服务行业的服务中间品和服务最终品出口的绝对额均呈上升趋势，其中，15个服务行业中服务中间品出口和服务最终品出口的绝对值的均值分别由1995年的9.51亿美元和3.28亿美元上升到2009年的91.11亿美元和25.67亿美元，分别增长了8.58倍和6.83倍；第二，从不同服务行业中服务中间品出口和服务最终品出口占全部服务贸易出口的比重的均值的变化趋势来看，这一时期服务中间品出口所占比重始终高于服务最终品出口所占比重，且服务中间品出口所占比重总体上表现出稳中有升的态势，其占全部服务贸易出口的比重由1995年的57.71%上升到的2001年的66.40%，此后其所占比重始终保持在63%以上，与之对应的是，服务最终品出口所占比重相对较低且总体上呈下降趋势。

① 虽然WIOD数据库中提供了18个服务行业的投入产出数据，但由于针对中国的数据中存在部分服务行业数据为0的情况，本书将上述为0的服务行业予以剔除，最终选择15个服务行业作为分析样本。

② 虽然目前WIOD数据库中所提供的国家间投入产出数据截止到2011年，但SEA表中所提供的有关数据的数据只截止到2009年，为了便于分析，本书所使用的相关数据均截止到2009年。

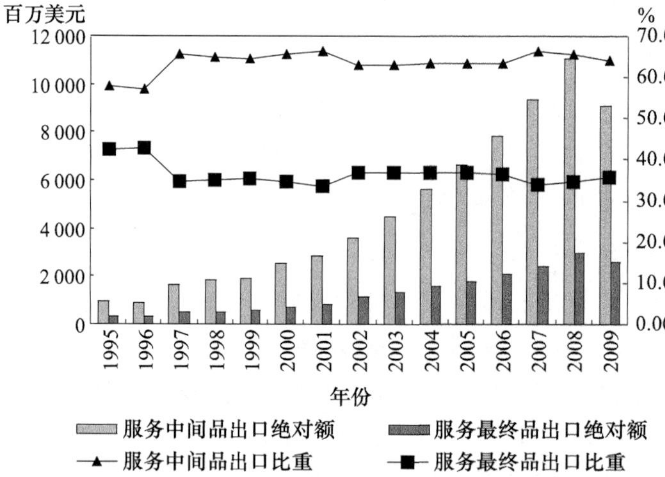

图 6－8　1995—2009 年中国服务行业中间品出口和最终品出口及其所占比重均值变化趋势

数据来源：根据世界投入产出数据库中的国家间投入产出表中相关数据计算而得。

在图 6－8 的基础上，考虑到服务中间品出口和服务最终品出口在中国出口到不同国家和地区的服务贸易出口中的构成可能存在差异，本书进一步计算了中国出口到东亚国家和地区（包括日本、韩国和中国台湾）、欧盟 27 国、美国、新兴市场国家（包括俄罗斯、巴西、印度）以及除上述国家和地区之外的世界其他国家和地区的服务中间品和服务最终品占对各自国家和地区的服务贸易出口的比重，并对 1995 年和 2009 年的计算结果进行了对比，计算结果如图 6－9 所示。根据图 6－9 的计算结果可以发现：第一，中国对除美国以外的其他 4 个国家和地区的服务贸易出口均以服务中间品出口为主；第二，中国对欧盟服务贸易出口中服务中间品出口所占比重最高，中国对美国服务贸易出口中服务最终品出口所占比重最高；第三，相对于 1995 年，除新兴市场国家外，2009 年中国对其他 4 个国家和地区的服务中间品出口占全部服务贸易出口的比重均呈上升趋势。

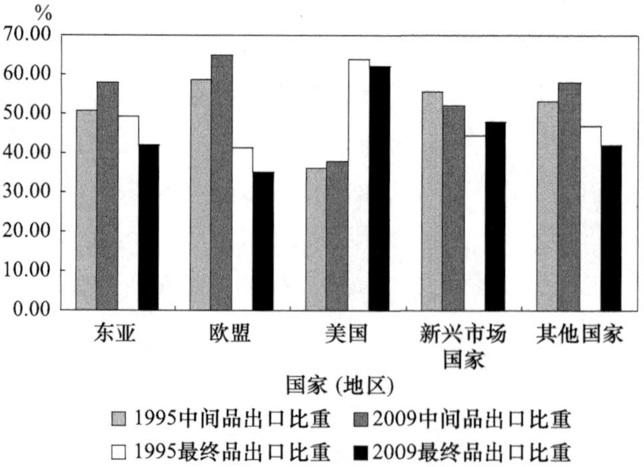

图 6－9　1995 年和 2009 年中国出口到世界主要国家和地区的服务最终品和中间品所占比重

数据来源：根据世界投入产出数据库中的国家间投入产出表中相关数据计算而得。

综合对图 6－8 和图 6－9 中变化趋势的分析，进一步说明了随着中国融入全球生产体系的程度不断加深，中国服务业与全球生产体系的联系日益紧密，中国服务业融入全球生产体系的程度日益加深的现实。

四、中国服务业要素报酬的变化趋势

图 6－10 计算了 1995—2009 年中国 15 个服务行业中资本报酬、高技术劳动报酬、中技术劳动报酬和低技术劳动报酬以及上述 4 种生产要素占该行业全部生产要素报酬的均值的变化趋势，从中可以发现，第一，这一时期上述 4 种生产要素报酬的绝对值呈上升趋势，相对于 1995 年，2009 年不同服务行业中上述 4 种报酬的均值分别增加 8. 17 倍、15. 16 倍、3. 79 倍和 2. 64 倍；第二，这一时期资本报酬占全部生产要素报酬最高，占到历年全部生产要素报酬的 50% 以上，中技术劳动报酬占全部生产要素报酬的 20% ~ 30%，低技术劳动报酬占全部生产要素的比重保持在 8% ~20%，高技术劳动报酬占全部生产要素报酬的比重最少，在 10% 以下；第三，从变化趋势上看，这一时期资本报酬所占比重和高技术劳动报酬所占比重总体呈上升趋势，与之对应的是，中技术劳动报酬和低技术劳动报酬所占比重呈下降趋势，特别是低技术劳动报酬所占比重的均值由 1995 年的 16. 83% 下降到 2009 年的 8. 40%，下降了 50% 以上。

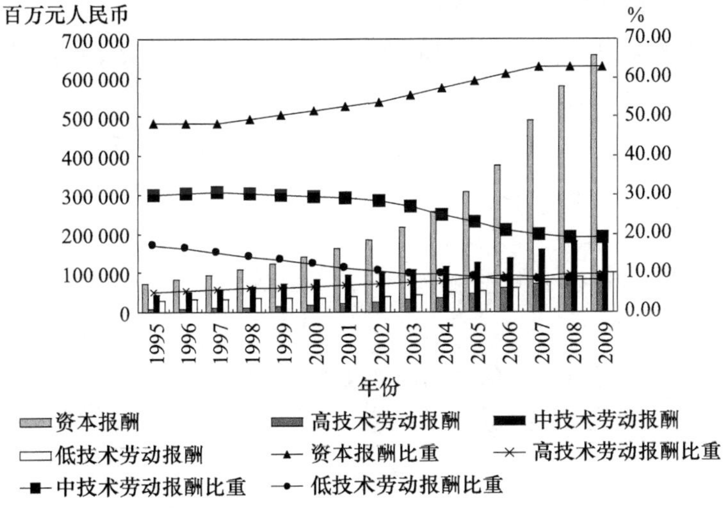

图 6－10　1995—2009 年中国服务行业不同生产要素报酬均值变化趋势

数据来源：根据世界投入产出数据库中的社会—经济账户表中相关数据计算而得。

这一时期中国服务行业生产要素绝对额呈不断上升趋势的原因可能在于：伴随中国服务业的快速发展，中国服务业中所使用的各种生产要素的绝对数量也在不断上升。中国服务业中资本、高技术劳动等生产要素所占比重上升的原因则可能有以下两个。第一个可能的原因是，随着中国经济水平的不断提高，相对中、低技术劳动，中国所积累的资本和高技术劳动得以更快的速度提高，相应地，服务行业中资本和高技术劳动所占比重也不断上升。中国服务行业中资本、高技术劳动所占比重上升的第二个原因可能与垄断导致的生产要素价格扭曲有关。相对于制造业而言，当前中国服务行业的垄断程度仍然较高，金融、电信、航空、海运等服务领域仍存在较多的行政管制，服务业的垄断一方面导致了在中国服务业的发展过程中，片面发展不符合中国比较优势的金融、保险、航空等资本、技术密集型的服务行业，致使资本、技术密集型服务行业发展速度过快；另一方面在生产要素使用方面，由于生产要素价格的扭曲，人为压低资本、高技术劳动等相对稀缺的生产要素的价格，导致服务企业过多使用中国相对稀缺的生产要素，从而导致原本在中国属于稀缺的资本、高技术劳动等生产要素在中国服务业所使用的各种生产要素中所占比重不断提高。

五、服务中间品、最终品出口对服务业要素报酬影响的实证分析

（一）模型、变量和数据

1. 计量模型的设定

为检验本节第三部分所提出的理论假说，在这一部分中，进一步对服务中间品出口和服务最终品出口对中国服务行业中资本、高技术劳动、中技术劳动、低技术劳动4种生产要素报酬差距的影响进行实证检验。在计量模型的选择上，借鉴了Feenstra和Hanson（2003）、滕瑜和朱晶（2011）、单希彦（2014）的计量方法，使用超越对数生产函数作为基本的计量模型，其基本形式如下：

假设生产某种服务产品 i 需要4种生产要素：资本 K_i、高技术劳动 H_i、中技术劳动 M_i 和低技术劳动 L_i，生产函数为

$$Y_i = f(K_i, H_i, M_i, L_i, Z_i) \tag{6-17}$$

其中，Z_i 代表其他影响 i 服务行业产出的结构性因素，相应地，i 服务行业的成本函数可以表示为

$$C_i = C(r, w, q, m, Y_i, Z_i) \tag{6-18}$$

其中，r、w、q、m 分别代表资本报酬、高技术劳动报酬、中技术劳动报酬和低技术劳动报酬。在长期，企业为了使生产成本最小化，需要在不同生产要素之间进行选择，即

$$C_i = C(r, w, q, m, Y_i, Z_i) = \min_{K_i, H_i, M_i, L_i} rK_i + wH_i + qM_i + mL_i \tag{6-19}$$

假设成本函数采用超越对数生产函数的形式：

$$\begin{aligned}\ln C = {} & \alpha_0 + \alpha_1 \ln r + \alpha_2 \ln w + \alpha_3 \ln q + \alpha_4 \ln m + \alpha_5 \ln Y_n + \alpha_6 \ln Z_n + \beta_1 (\ln r)^2 + \beta_2 (\ln w)^2 \\ & + \beta_3 (\ln q)^2 + \beta_4 (\ln m)^2 + \beta_5 (\ln Y_n)^2 + \beta_6 (\ln Z_n)^2 + \gamma_1 \ln r \ln Y_n + \gamma_2 \ln r \ln Z_n + \gamma_3 \ln w \ln Y_n \\ & + \gamma_4 \ln w \ln Z_n + \gamma_5 \ln q \ln Y_n + \gamma_6 \ln q \ln Z_n + \gamma_7 \ln m \ln Y_n + \gamma_8 \ln m \ln Z_n + \phi_1 \ln r \ln w \\ & + \phi_2 \ln r \ln q + \phi_3 \ln r \ln m + \phi_4 \ln w \ln q + \phi_5 \ln w \ln m + \phi_6 \ln q \ln m + \eta_1 \ln Y_n \ln Z_n\end{aligned} \tag{6-20}$$

将方程（6－20）中左边的 $\ln C$ 分别对 $\ln r$、$\ln w$、$\ln q$ 和 $\ln m$ 求导，可以得到：

$$\frac{\partial \ln C}{\partial \ln r} = \alpha_1 + \beta_1 \ln r + \phi_1 \ln w + \phi_2 \ln q + \phi_3 \ln m + \gamma_1 \ln Y_n + \gamma_2 \ln Z_n \tag{6-21}$$

$$\frac{\partial \ln C}{\partial \ln w} = \alpha_2 + \beta_2 \ln w + \phi_1 \ln r + \phi_4 \ln q + \phi_5 \ln m + \gamma_3 \ln Y_n + \gamma_4 \ln Z_n \tag{6-22}$$

$$\frac{\partial \ln C}{\partial \ln q} = \alpha_3 + \beta_3 \ln q + \phi_2 \ln r + \phi_4 \ln w + \phi_6 \ln m + \gamma_5 \ln Y_n + \gamma_6 \ln Z_n \tag{6-23}$$

$$\frac{\partial \ln C}{\partial \ln m} = \alpha_4 + \beta_4 \ln m + \phi_3 \ln r + \phi_5 \ln w + \phi_6 \ln q + \gamma_7 \ln Y_n + \gamma_8 \ln Z_n \tag{6-24}$$

方程（6－21）~方程（6－24）的左边 $\frac{\partial \ln C}{\partial \ln i} = \left(\frac{\partial C}{\partial i}\right)\left(\frac{i}{C}\right)(i = r, w, q, m)$ 为第 i 种生产要素报酬在总成本中的比重，将其表示为 S_{in}（$i = r$，w，q，m），对方程（6－21）~方程（6－24）取差分，将服务中间品出口（*intra*）、服务最终品出口（*fitra*）、行业生产率（*pr*）作为外生结构性变量纳入方程中，考虑到生产要素报酬的变化受到其前一期的影响，因此，在计量模型中加入被解释变量的滞后 1 期，最终得到本书用于估计服务中间品出口和服务最终品出口对中国服务行业中 4 种不同生产要素报酬差距影响的计量方程：

$$\Delta S_m = \gamma_0 + \theta_0 \Delta S_{m,t-1} + \gamma_1 \Delta \ln Y + \tau_1 \Delta \ln intra + \tau_2 \Delta \ln fitra + \tau_3 \Delta \ln pr \tag{6-25}$$

$$\Delta S_{wn} = \lambda_1 + \theta_1 \Delta S_{wn,t-1} + \gamma_2 \Delta \ln Y + \rho_1 \Delta \ln intra + \rho_2 \Delta \ln fitra + \rho_3 \Delta \ln pr \tag{6-26}$$

$$\Delta S_{qn} = \lambda_2 + \theta_2 \Delta S_{qn,-1} + \gamma_3 \Delta \ln Y + \varphi_1 \Delta \ln intra + \varphi_2 \Delta \ln fitra + \varphi_3 \Delta \ln pr \tag{6-27}$$

$$\Delta S_{mn} = \lambda_3 + \theta_3 \Delta S_{mn,t-1} + \gamma_4 \Delta \ln Y + \omega_1 \Delta \ln intra + \omega_2 \Delta \ln fitra + \omega_3 \Delta \ln pr \tag{6-28}$$

在估计方法的选择上，由于本书使用的是面板数据，考虑到计量方程可能存在的内生性问题可能对计量模型的估计造成偏误，本书采用面板数据的系统广义矩估计（系统 GMM）作为估计方法，将服务中间品出口、服务最终品出口这两个本书所关心的主要解释变量作为内生变量来考虑，采用采用解释变量和被解释变量的 1 ~ 3 期的滞后值作为工具变量。

2. 相关变量说明和数据来源

（1）被解释变量

本节的被解释变量包括 4 个。ΔS_{rn} 为服务行业中资本报酬占全部生产要素报酬的比重，方程（6－25）中的被解释变量；ΔS_{wn} 为服务行业中高技术劳动报酬占全部生产要素报酬的比重，方程（6－26）中的被解释变量；ΔS_{qn} 为服务行业中中技术劳动报酬占全部生产要素报酬的比重，方程（6－27）中的被解释变量；ΔS_{mn} 为服务行业中低技术劳动报酬占全部生产要素报酬的比重，方程（6－28）中的被解释变量。

（2）解释变量

方程（6－25）~方程（6－28）中的解释变量包括 4 个。$\Delta \ln intra$ 为服务中间品出口的对数的差分；$\Delta \ln fitra$ 为服务最终品出口的对数的差分，上述两个变量为 4 个计量方程中的主要解释变量；$\Delta\ln Y$ 为服务行业总产出的对数的差分，用于衡量服务行业产出变化对服务行业生产要报酬差距的影响；$\Delta\ln pr$ 为服务行业全员劳动生产率的对数的差分，根据梁运文和张帅（2013）的计算方法，该行业的增加值与全部从业人员比值计算而得，用于衡量生产率变化对服务行业不同生产要素报酬差距的变化的影响。

在数据来源上，本书计算不同服务行业中间品出口和最终品出口的相关数据来自世界投入产出数据库中的国家间投入产出表（WIOT），服务行业中不同生产要素报酬所占比重、服务行业总产出、全员劳动生产率的相关数据来自 WIOD 数据库中的社会—经济账户表（SEA 表）。

3. 数据处理

由于 WIOD 数据中的部分服务行业的数据为 0，对于上述数据的处理，本书采用两种方法：首先，对于全部年份数据为 0 的行业进行剔除；其次，在此基础上，对于某些行业存在部分年份数据为 0 的情况，参照陆铭（2013）的处理办法，将原始数据加 1 后再取对数。在剔除缺失数据后，最终选取 15 个服务行业 1995—2009 年共计 15 年的数据作为分析的样本，因此，原始数据共 225 个观测值，取差分后共 210 个观测值。所有数据均根据世界投入产出数据库中的 SEA 表提供的以 1995 年为基础的总产出价格指数进行了平减。

样本描述性统计如表 6 – 5 所示。

表 6 – 5　样本描述性统计

变量名称	变量含义	观测值	均值	标准差	最小值	最大值
ΔS_{rn}	服务行业中资本报酬与全部生产要素报酬之比的差分	210	0. 524 554 3	0. 205 13	0. 053 798 7	0. 793 904 3
ΔS_{wn}	服务行业中高技术劳动报酬与全部生产要素报酬之比的差分	210	0. 076 404 4	0. 071 786 4	0. 005 862 6	0. 387 520 8
ΔS_{qn}	服务行业中中技术劳动报酬与全部生产要素报酬之比的差分	210	0. 278 395 5	0. 135 862 5	0. 103 082 9	0. 669 434 4
ΔS_{mn}	服务行业中低技术劳动报酬与全部生产要素报酬之比的差分	210	0. 120 645 8	0. 085 568 3	0. 002 820 9	0. 420 140 2
$\Delta\ln fitra$	服务最终品出口的对数的差分	210	5. 598 555	2. 614 902	–7. 182 192	8. 591 666
$\Delta\ln intra$	服务中间品出口的对数的差分	210	6. 766 81	2. 222 533	0	10. 394 08
$\Delta\ln Y$	服务行业总产出的对数的差分	210	13. 002 67	0. 901 356 6	10. 585 88	15. 454 89
$\Delta\ln pr$	服务行业全员劳动生产率的对数的差分	210	3. 168 363	1. 089 456	0. 344 617 7	5. 294 645

（二）回归结果及分析

1. 服务中间品和最终品出口对中国服务业不同生产要素报酬差距的影响

表 6 – 6 显示了服务中间品出口和服务最终品出口对中国服务业不同生产要素报酬差距影响的计量结果。根据表中的计量结果，4 个方程中的 AR（1）检验和 AR（2）检

验表明，在至少10%的显著性水平下，每个回归方程扰动项的差分均存在一阶自相关，但不存在二阶自相关，故接受扰动项不存在自相关的原假设，统计量则表明，每个计量模型的工具变量均是有效的，故可以使用系统GMM方法对每个方程进行估计。

表6-6　服务中间品和服务最终品对中国服务行业生产要素分配差距的影响：计量结果

估计方法	因变量			
	ΔS_{rn}	ΔS_{wn}	ΔS_{qn}	ΔS_{mn}
	系统 GMM	系统 GMM	系统 GMM	系统 GMM
因变量滞后1期	0.936 492 6***	0.966 991 6***	0.903 051 2***	0.919 024***
$\Delta \ln fitra$	-0.003 898 1**	-0.001 504 5**	0.005 262 1**	0.000 397**
$\Delta \ln intra$	0.007 825 1***	0.001 655 1*	-0.001 196 7**	-0.001 175 8*
$\Delta \ln Y$	0.015 544 8***	-0.001 244 2**	-0.012 184 1*	-0.000 131**
$\Delta \ln pr$	-0.013 398 5***	0.004 998 7**	-0.002 603*	-0.002 337*
c	-0.145 853 8***	0.003 687	0.202 272 5**	0.002 645 4
*Arellano-Bond*AR（1）	-1.958 19**	-1.92*	-2.126 2**	-2.019 8**
*Arellano-Bond*AR（2）	0.357 49	-0.538 65	-1.324 7	-1.167 1
sargan 统计量	10.488 87	13.845 48	10.890 86	13.406 74

注：*、**和***分别表示在10%、5%和1%的显著性水平下显著，*Arellano-Bond*AR（1）和AR（2）检验的零假设分别是模型不存在一阶和二阶自相关，*Sargan* 统计量的原假设为工具变量是有效的。

从4个计量方程的估计结果来看，在至少10%的显著性水平下，服务最终品出口的变化显著降低了服务业中资本和高技术劳动两种生产要素报酬在全部生产要素报酬中的比重，增加了服务业中中技术劳动和低技术劳动两种生产要素报酬在全部生产要素报酬中的比重；服务中间品出口的变化则显著增加了服务业中资本和高技术劳动两种生产要素报酬在全部生产要素报酬中的比重，降低了服务业中中技术劳动和低技术劳动两种生产要素报酬在全部生产要素报酬中的比重，这也验证了本节第三部分所提出的理论假说，即中国服务最终品的出口将缩小中国服务行业中技术劳动、低技术劳动与资本、高技术劳动在要素报酬上的差距；中国服务中间品的出口则扩大中国服务行业中技术劳动、低技术劳动与资本、高技术劳动之间在要素报酬上的差距。

从4个变量中主要解释变量的影响上看，服务最终品出口对服务业中中技术劳动报酬占全部生产要素报酬比重的影响最大，对服务业中资本报酬占全部生产要素报酬比重的影响最小；服务中间品出口对服务业中资本报酬占全部生产要素报酬比重的影响最大，对服务业中中技术劳动报酬占全部生产要素报酬比重的影响最小。上述计量结果表明，首先，服务中间品出口将扩大服务业中资本、高技术劳动与中技术劳动、低技术劳动在生产要报酬上的差距，服务最终品出口会缩小服务业中资本、高技术劳动与中技术劳动、低技术劳动在生产要报酬上的差距；其次，服务中间品出口在扩大服务业中资本、高技术劳动与中技术劳动、低技术劳动在生产要报酬上的差距的同时，还将扩大服务业中资本报酬与高技术劳动报酬之间的差距，与之对应的是，服务最终品出口虽然在总体上会缩小服务业中资本、高技术劳动与中技术劳动、低技术劳动在生产要报酬上的差距，但却可能扩大服务业中中技术劳动报酬和低技术劳动报酬之间的差距。

从全员劳动生产率和总产出对服务业中4种不同生产要素报酬之间的差距的影响来看，总产出的增加会扩大服务业中资本与其他3种生产要素在生产报酬方面的差距，全员劳动生产率则会拉大服务业中高技术劳动者报酬与其他3种生产要素报酬之间的差距。上述结果也符合经济学的基本常识：随着行业总产出的提高，行业中所使用的资本不断增加，相应地，资本在全部生产要素报酬中的比重也随之上升，这也与 Timmer 等（2014）在针对发达国家和新兴经济国家中制造业的研究中所得到的结论相类似；全员生产率的提高，往往意味着行业中所使用的高技术劳动所占比重的上升，相应地，高技术劳动所得到的报酬在全部生产要素报酬中的比重也相应增加。

通过对比表6－6中服务中间品出口与全员劳动生产率对中国服务行业4种生产要素报酬的影响的系数可以发现，在促进服务业中高技术劳动报酬所占比重的提高方面，全员劳动生产率对高技术劳动报酬提高的作用高于服务中间品对其的作用，其对中技术劳动者和低技术劳动者报酬的作用也高于服务中间品出口对上述两种生产要素报酬的影响，上述结果说明，服务行业生产率的变化对中国服务行业4种生产要素报酬差距的影响要大于服务中间品出口对其所产生的影响，上述事实也与 Feenstra 和 Hanson （1996）所得到的结论相一致，即相对于中间品贸易，生产率的提高对不同生产要素在要素报酬差距上的影响可能更大。

2. 分组回归

考虑到中国出口到不同国家和地区的服务产品以及不同生产率的服务行业的服务出口对中国服务行业不同生产要素报酬差距可能都会产生不同的影响，因此，本书接下来从中国对不同国家和地区的服务贸易出口进行分组回归，将中国服务贸易出口分为对中国对东亚（包括日本、韩国和中国台湾）、欧盟27国、美国、新兴市场国家（包括俄罗斯、印度和巴西）以及除上述4个主要国家和地区之外的世界其他国家和地区的服务中间品出口和服务最终品出口。

在计量模型的选择上，本书同样使用系统 GMM 方法作为计量检验方法，使用主要解释变量和被解释变量的1~4期滞后值作为工具变量，计量结果如表6－7所示。

根据表6－7的计量结果，至少在10%的显著性水平下，中国对不同国家和地区出口的服务最终品和服务中间品对中国服务业中4种生产要素报酬差距均存在显著影响。其中，中国对东亚和欧盟出口的服务最终品对中国服务业中资本报酬和高技术劳动报酬的影响为负，对中技术劳动报酬和低技术劳动报酬的影响为正，中国对东亚和欧盟出口的服务中间品对中国服务业中资本报酬和高技术劳动报酬的影响为正，对中技术劳动报酬和低技术劳动者报酬的影响为负；中国对美国出口的服务最终品对中国服务业中资本报酬、高技术劳动报酬和中技术劳动报酬的影响均为负，对低技术劳动者报酬的影响为

表 6-7　中国对不同国家和地区服务贸易出口对中国服务行业生产要素报酬差距的影响

	东亚				欧盟				美国			
因变量	ΔS_{rn}	ΔS_{wn}	ΔS_{qn}	ΔS_{mn}	ΔS_{rn}	ΔS_{wn}	ΔS_{qn}	ΔS_{mn}	ΔS_{rn}	ΔS_{wn}	ΔS_{qn}	ΔS_{mn}
估计方法	系统 GMM	系统 GMM	系统 GMM	系统 GMM	系统 GMM	系统 GMM	系统 GMM	系统 GMM	系统 GMM	系统 GMM	系统 GMM	系统 GMM
因变量滞后 1 期	0.918 39***	0.590 81***	0.892 03***	0.804 16***	0.984 62***	0.855 08***	0.896 13***	0.885 1***	0.972 267***	1.032 6***	0.928 79***	1.036 965***
Δln*fitra*	−0.015 2***	−0.001 446*	0.006 18**	0.006 36**	−0.003 37*	−0.003 597*	0.003 87**	0.001 6**	−0.004 82**	−0.002 12**	−0.011 01**	0.105 235**
Δln*intra*	0.016 13***	0.001 26**	−0.010 2**	−0.009 91**	0.007 799**	0.004 85*	−0.001 38**	−0.000 66**	0.004 15**	0.001 699 6*	0.011 91**	−0.110 39**
Δln*Y*	0.022 23***	0.001 88**	−0.028 2***	−0.007 83**	0.009 57***	0.008 524*	−0.023 54**	0.018 012*	0.011 658	0.000 827 3	−0.019 24*	0.023 865 8*
Δln*pr*	−0.019 6***	−0.000 84**	0.018 05*	0.002 98**	−0.013 47*	−0.004 51*	0.010 379 2	−0.021 26*	−0.005 926*	0.000 469**	0.006 88*	−0.015 371
c	−0.191 8***	−0.017 06	0.353 23***	0.088 68	−0.085 191	−0.072 72*	0.303 394 5	−0.156 13*	−0.108 398	−0.011 735	0.239 560 5	−0.207 952
Arellano-Bond AR(1)	−1.744 73*	−2.071 7**	−1.991 3**	−1.756 5*	−1.989 42**	−1.812 9*	−2.409 4**	−2.035 8**	−1.796 13*	−1.927 8*	−1.822 6*	−1.836 9*
Arellano-Bond AR(2)	0.096 12	−0.623 95	−0.696 6	−0.552 85	0.330 25	−0.486 36	−0.675 3	−1.011 4	0.015	0.487 83	−0.675 82	−1.037 7
sargan 统计量	9.530 491	12.064 37	12.041 24	7.461 349	11.664 12	8.981 592	12.906 11	9.121 367	10.556 16	9.691 749	12.380 11	8.862 754

	新兴市场国家					世界其他国家和地区		
因变量	ΔS_{rn}	ΔS_{wn}	ΔS_{qn}	ΔS_{mn}	ΔS_{rn}	ΔS_{wn}	ΔS_{qn}	ΔS_{mn}
估计方法	系统 GMM	系统 GMM	系统 GMM	系统 GMM	系统 GMM	系统 GMM	系统 GMM	系统 GMM
因变量滞后 1 期	0.953 347***	1.048 518***	0.895 901 4***	0.807 362 9***	0.978 702 4***	0.926 543 2***	0.932 889 5***	0.856 517***
Δln*fitra*	0.020 06**	0.053 838*	0.059 211**	−0.010 800 5**	0.001 116**	0.001 212***	0.000 863 7**	−0.000 531 4***

续表

	新兴市场国家				世界其他国家和地区			
因变量	ΔS_{rn}	ΔS_{wn}	ΔS_{qn}	ΔS_{mn}	ΔS_{rn}	ΔS_{wn}	ΔS_{qn}	ΔS_{mn}
估计方法	系统 GMM	系统 GMM	系统 GMM	系统 GMM	系统 GMM	系统 GMM	系统 GMM	系统 GMM
$\Delta \ln intra$	0. 0150 6 **	0. 050 536 *	0. 032 092 **	-0. 010 859 *	0. 002 417 9 ***	0. 001 668 4 **	0. 003 778 4 ***	-0. 000 178 8 *
$\Delta \ln Y$	0. 033 66 *	0. 019 451 **	-0. 008 659 **	0. 007 861 8 *	0. 008 371 3 ***	0. 004 772 *	-0. 009 565 2 *	0. 001 127 3 *
$\Delta \ln pr$	0. 078 89 **	-0. 027 748 **	-0. 007 098	-0. 012 658	-0. 009 053 5 **	-0. 002 725 2 *	0. 003 150 1 *	-0. 003 818
c	-0. 013 59	-0. 011 841 5	0. 153 180 6 ***	-0. 055 977 2	-0. 069 583 5 ***	-0. 042 415 9	0. 140 023	0. 009 362
Arellano - Bond AR(1)	-1. 792 4 *	-2. 225 7 **	-2. 091 7 **	-2. 154 5 **	-1. 728 3 *	-1. 876 9 *	-2. 175 4 **	-1. 741 3 *
Arellano - Bond AR(2)	0. 060 01	-0. 507 78	-1. 502 4	-1. 202 6	0. 454 93	-0. 419 43	-1. 490 7	-1. 135
sargan 统计量	10. 742 29	13. 440 86	10. 907 24	12. 590 1	10. 410 07	12. 209 5	11. 505 63	10. 714 88

注：*、** 和 *** 分别表示在 10%、5% 和 1% 的显著性水平下显著，*Arellano - Bond* AR(1) 和 AR(2) 检验的零假设分别是模型不存在一阶和二阶自相关，*Sargan* 统计量的原假设为工具变量是有效的。

正，中国对美国出口的服务中间品对中国服务业中资本报酬、高技术劳动报酬和中技术劳动报酬的影响均为正，对低技术劳动报酬的影响为负；中国对新兴市场国家和除上述4个国家和地区之外的世界其他国家和地区出口的服务最终品和服务中间品对中国资本报酬、高技术劳动报酬和中技术劳动报酬的影响均为正，对低技术劳动报酬的影响为负。出现上种情况的原因可能仍在于服务贸易双方在生产率方面的对比，如中国对美国出口的服务最终品以技术水平较低的最终品为主，从而导致对中国对美国出口将扩大低技术劳动报酬在总生产要素报酬上的比重，与之对应的是，在服务业的生产率方面，相对于新兴市场国家和世界其他国家和地区，中国服务行业的生产率可能仍处于较高水平，因此，中国出口到上述两个地区的服务最终品和服务中间品都将促进中国资本报酬、高技术劳动报酬和中间技术劳动报酬的增加。

六、研究结论

本书根据世界投入产出数据库中的相关数据，对服务中间品出口和服务最终品出口对中国资本、高技术劳动、中技术劳动和低技术劳动4种生产要素报酬差距的影响进行了实证研究，得出如下结论。

对相关数据的分析得出以下结论。

第一，中国服务行业中间品出口和最终品出口的绝对额均呈上升趋势且中间品出口所占比重始终高于最终品出口所占比重。

第二，中国服务业中资本、高技术劳动、中技术劳动和低技术劳动4种生产要素报酬的绝对值呈上升趋势，且资本报酬占全部生产要素报酬最高，高技术劳动报酬占全部生产要素报酬的比重最低，在变化趋势上表现为资本报酬所占比重和高技术劳动报酬所占比重总体呈上升趋势，中技术劳动报酬和低技术劳动报酬所占比重则呈下降趋势，这一方面表明随着中国经济的发展，中国所积累的资本、高技术劳动等生产要素不断增加，另一方面也从侧面反映出目前中国服务业中可能仍存在由于垄断而造成的生产要素扭曲的情况。

根据超越对数生产函数对服务最终品出口、服务中间品出口对中国服务业中4种生产要素报酬差距的影响的实证研究得出如下结论。

第一，服务中间品出口将扩大服务业中资本、高技术劳动与中技术劳动、低技术劳动在生产要素报酬上的差距，服务最终品出口会缩小服务业中资本、高技术劳动与中技术劳动、低技术劳动在生产要素报酬上的差距；服务中间品出口在扩大服务业中资本、高技术劳动与中技术劳动、低技术劳动在生产要素报酬上的差距的同时，还将扩大服务业中资本报酬与高技术劳动报酬之间的差距，服务最终品出口虽然在总体上会缩小服务业中资本、高技术劳动与中技术劳动、低技术劳动在生产要素报酬上的差距，但却可能扩大中技术劳动者报酬和低技术劳动者报酬之间的差距。

第二，分组回归结果表明，从中国对不同国家和地区的服务贸易出口的角度来看，中国对东亚和欧盟出口的服务最终品对中国服务业中资本报酬和高技术劳动报酬的影响为负，对中技术劳动报酬和低技术劳动报酬的影响为正，中国对东亚和欧盟出口的服务中间品对中国服务业中资本报酬和高技术劳动报酬的影响为正，对中技术劳动报酬和低技术劳动报酬的影响为负；中国对美国出口的服务最终品对中国服务业中资本报酬、高技术劳动报酬和中技术劳动者报酬的影响均为负，对低技术劳动报酬的影响为正，中国对美国出口的服务中间品对中国服务业中资本报酬、高技术劳动报酬和中技术劳动报酬的影响均为正，对低技术劳动报酬的影响为负；中国对新兴市场国家和除上述4个国家和地区之外的世界其他国家和地区出口的服务最终品和服务中间品对中国服务业中资本报酬、高技术劳动报酬和中技术劳动报酬的影响均为正，对低技术劳动报酬的影响为负。

在全球价值链日趋完善的背景下，中国服务中间品出口占中国服务贸易出口的比重不断增加，服务中间品出口增加又将扩大中国资本、高技术劳动报酬与中技术劳动、低技术劳动报酬之间的差距，从缩小服务行业4种生产要素报酬差距的角度来讲，本书的政策启示有以下几点。

一是在进一步扩大服务贸易出口的同时，要统筹安排服务中间品出口和服务最终品出口之间关系，在扩大服务中间品出口的同时，也要兼顾服务最终品的出口，通过政策引导等方式，鼓励部分有比较优势的服务最终品的出口，特别是要鼓励对中、低技术劳动需求较大的资源密集型服务最终品和中、低技术密集型服务最终品的出口。

二是要通过诸如鼓励服务企业对中、低技术劳动者的在职培训、加大对中、低技术劳动者的转移支付力度等方式来缓解服务中间品出口对中国中、低技术劳动者在收入方面所可能造成的负面影响。

三是要重视偏向型技术进步在工资报酬方面的作用，虽然技术进步在短期会对中、低技术劳动者收入造成影响，但从长期来看，偏向型技术进步将扩大劳动者的收入份额，从而有利于缩小中国资本和劳动者报酬的差距。

四是鉴于中国服务业中资本、高技术劳动两种生产要素报酬所占比重上升可能是由生产要素价格扭曲所导致的，因此，还是通过诸如进一步打破服务业中所存在的垄断，促进服务企业的竞争，降低服务企业的生产成本，缓解服务行业中存在的生产要素价格扭曲来达到提高服务业中中技术劳动者和低技术劳动者报酬的目的。

第四节　全球价值链位置对中国行业要素报酬的影响

改革开放以来，随着中国对外开放程度的不断加深和中国融入全球生产体系的程度日益深化，中国对外贸易快速发展，中国对外贸易额由1978年的206.4亿美元上升到2014年的43 015.3亿美元，对外贸易顺差达到3 830.6亿美元。中国对外贸易的快速增长不仅仅体现在贸易总量上，从不同用途产品的对外贸易来看，中国制造业中间品出口由1995年的529.64亿美元上升到2011年的8 851.06亿美元，年均增长率达到19.24%（尹伟华，2015）。对外贸易在促进中国就业、增加中国要素收入报酬的同时，也相应地对中国不同要素在要素收入分配方面产生了影响，相关研究表明，在中国对欧盟的出口中，资本报酬所占比重最高，高技术劳动报酬所占比重呈上升趋势，低技术劳动报酬所占比重则呈下降趋势（Gasiorek and Lopez - Gonzalez，2014），这其中的部分原因虽然可以用生产技术进步导致对高技术劳动者的需求不断增加来解释，但也从另一方面说明，随着中国对外贸易额的增加，相应地扩大了不同要素在要素收入报酬方面的差距。

将视角由中国转向世界可以发现，20世纪六七十年代以来，信息技术的进步和运输成本的降低，导致了国际贸易的交易成本的下降，这使得原本由单一企业进行生产的产品可以将其按照技术水平和要素配置的差异划分为不同的生产环节，配置到不同的国家进行生产和贸易，全球价值链逐步形成。由于各国根据自身要素禀赋和产品技术水平的差异，各国可以选择具有比较优势的若干个生产环节生产并出口，使得世界各国可以通过利用自身的比较优势来参与国际分工，获得由此产生的国际贸易所带来的好处，中国改革开放后对外贸易所取得的成就，其中的部分原因可以归因于中国承接了大量发达国家中、低端生产环节。

类比"微笑曲线"，由于处于全球价值链的不同生产环节的技术水平存在差异，其对不同要素的使用也存在差别，这种差异又必将导致处于全球价值链不同位置的国家，不同国内要素报酬之间存在差距。那么对于一国在全球价值链上位置的变化对该国要素报酬差距究竟会产生何种影响这一问题的研究，一方面，将有助于从理论上探究参与全球价值链对一国要素报酬差距的影响；另一方面，从现实的角度来看，在中国逐步融入全球生产分割体系的大背景下，中国在全球价值链上的移动，将直接影响到中国不同要素的分配情况，从这个角度来说，分析中国在全球价值链上位置的变化所可能给中国要素收入分配差距所带来的影响，将为解决中国不同要素收入分配差距问题提供一个新的视角。基于上述分析，本书将基于全球价值链的视角，在相关理论框架的基础上，采用实证研究的方法，分析全球价值链位置对中国要素报酬差距的影响。

一、理论框架

由于目前从理论上构建参与全球价值链对一国生产要素收入分配影响的相关理论模型较为困难，大多数学者在对这一问题的研究上，多数是采用实证研究的方式来对二者之间的关系进行分析，因此，本书基于以下逻辑对参与全球价值链对一国生产要素收入分配的影响进行理论分析。目前国内外学者对价值链的分析主要基于"微笑曲线"，熊珍琴和赵春明（2016）将"微笑曲线"上各环节及其增加值（增值率）进行了具体的描述和分析（"微笑曲线"示意图见图6－11），从中可发现，处于"微笑曲线"上游和下游环节的研发设计、品牌运作等相关生产环节的增加值（增值率）较高，处于微笑曲线底部的组装环节的增加值（增值率）较低。由于“微笑曲线”中各生产环节的技术水平存在差异，其所使用的生产要素也存在差异，处于“微笑曲线”两端的生产环节，对资本和技术的要求相对高于处于“微笑曲线”底部的生产环节，对于资本和高技术劳动的需求也较高；处于“微笑曲线”底部的生产环节，由于其所需的技术水平相对较低，对低技术劳动者的需求较高。由于处于“微笑曲线”中的不同位置对资本和不同技术水平的劳动者的需求不一致，这将导致处于全球价值链不同位置，将对一国的生产要素的报酬差距产生影响，相关学者针对参与全球价值链的位置对劳动者报酬差距的影响，也证明了这种现象的存在（胡昭玲、李红阳，2016；刘瑶，2016）。

上述分析表明，一国在全球价值链中所处的位置，将对一国的生产要素报酬的差距产生影响，那么，进一步地，当一国在全球价值链上移动时，将导致该国不同生产要素报酬差距发生变化。当一国由全球价值链上的底端环节向其下游的生产环节移动时，根据图6－11的“微笑曲线”，由于全球价值链的下游生产环节多为服务环节，其对高技术劳动的需求大于处于全球价值链底端的组装和代工环节对高技术劳动的需求，相应地，当一国由全球价值链底端向全球价值链下游移动时，将扩大资本、高技术劳动与中、低技术劳动在生产要素报酬上的差距；当一国由全球价值链上的底端环节向其上游的生产环节移动时，根据图6－11，由于全球价值链的上游生产环节为零件生产和研发设计环节，要么属于服务环节，要么属于制造业中的技术密集型生产环节，其对资本和高技术劳动的需求大于处于底端的代工和组装环节对资本和高技术劳动的需求，相应地，当一国由全球价值链底端向全球价值链上游移动时，将扩大资本、高技术劳动与中、低技术劳动在生产要素报酬上的差距。上述分析也表明，当一国在全球价值链上移动时，其所处位置的变化，对一国生产要素报酬差距的影响可能将是非线性的，将呈现出“U”形的变化。

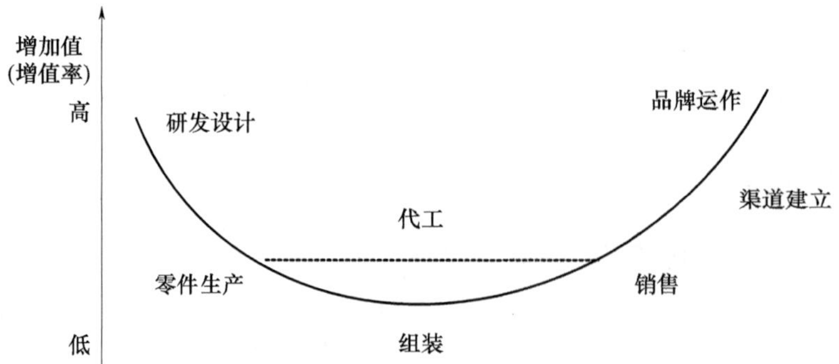

图6－11　“微笑曲线”示意图

因此，根据上述分析，同时鉴于处于“微笑曲线”两端的生产环节使用更多资本和高技术劳动者这一事实，本节提出可供实证检验的理论假说：

全球价值链的位置及其变化对一国生产要素收入分配的影响是非线性的，呈现“U”形的变化特点，当一国向全球价值链的两端移动时，将扩大一国不同生产要素的收入分配差距。

二、测算方法和数据来源

（一）中国在全球价值链中的位置的测算方法

在对中国在全球价值链中的位置的测算上，本书以 Wang 等（2013）提出的针对双边贸易中的增加值进行分析的方法为基础，采用 Koopman 等（2010）提出的测算一国在全球价值链中的位置的指标，同时借鉴了王岚（2014）的计算方法，来测算中国整体及与主要国家和地区在对外贸易中在全球价值链中所处的位置。具体计算公式如下：

$$GVC\_positon_{ir} = \ln\left(1 + \frac{IV_{ir}}{E_{ir}}\right) - \ln\left(1 + \frac{FV_{ir}}{E_{ir}}\right) \quad (6-29)$$

其中，E_{ir}为 i 国 r 行业的出口额，IV_{ir}为 i 国 r 行业出口中的国内增加值，FV_{ir}为 i 国 r 行业出口中的外国增加值。

该指标的建立基于以下的思想：如果一国处于上游环节，它会通过向其他国家提供原材料或者中间品，参与国际生产。对于这样的国家，其间接价值增值（IV）占总出口的比例就会高于国外价值增值（FV）的比例。相反，如果一国处于生产的下游环节，就会使用大量来自别国的中间品来生产最终品，此时 IV 会小于 FV。该指标越大，表明一国在国际生产链上所处的位置就越高；该指标越小，则表明一国在国际价值链上的位置越靠近下游。

（二）要素报酬差距的测算方法

在对要素报酬差距的测算方法上，本书参考了郭沛和李亚成（2016）对不同技术劳动者工资报酬的测算方法，使用两个指标作为测算中国要素报酬的指标：一是计算资本与劳动者报酬之比；二是将低技术劳动者报酬作为基准，分别计算资本、高技术劳动者报酬、中技术劳动者报酬 3 种要素与低技术劳动者报酬之比。

（三）相关数据来源

在数据来源上，本书对于中国在全球价值链中的位置进行测算时所使用的数据来源于世界投入产出数据库中的国家间非竞争型投入产出表（WIOT），该投入产出表提供了包括中国在内的世界上 40 个主要国家和地区以及除上述国家和地区之外的世界其他国家和地区的 35 个行业（其中包括 1 个农业行业、16 个工业行业和 18 个服务行业）的国家间投入产出数据。计算中国各行业不同要素报酬的数据来自于世界投入产出数据库中的社会—经济账户表（SEA 表），该表提供了不同行业中资本报酬以及高、中、低 3 种技术劳动者报酬的相关数据，其中高、中、低 3 种技术劳动的分类以 1997 年版国际教育标准分类（ISCED）为基础，将只接受过第二阶段基础教育以下的劳动者定义为低技术劳动者，将接受第二阶段教育但未接受高等教育的劳动者定义为中级技术劳动者，将接受高等教育及上教育的劳动者定义为高技术劳动者。

在数据使用中，需要特别说明的是，WIOD 数据库分别于 2013 年和 2016 年进行了更新，其中，2013 年进行的更新中，主要将 WIOT 中数据更新到 2011 年，没有将 SEA 表中的与中国相关的数据更新；2016 年进行的数据更新中，将 WIOT 中的数据更新到 2014 年，但 2000—2014 年所使用的行业分类与前一版相比发生了变化，且没有对应的将 SEA 表中的数据进行更新，目前 SEA 表中的关于中国的数据，其所统计的年限仍为 1995—2009 年，WIOT 中更新的行业，也较难与中国工业行业分类中的相关数据进行较为准确的匹配。因此，为了便于分析，本书所使用的数据的期限仍为1995—2009 年。

三、中国在全球价值链中位置的变化趋势

图 6－12 计算了 1995—2009 年中国 33 个行业（包括 1 个农业行业、16 个制造业行业、16 个服务业行业）在全球价值链所处的平均位置、货物行业和服务业各自行业在全球价值链中所处的平均位置的变化情况，可以发现，第一，总体来看，中国各行业普遍处于全球价值链的下游，且在 2004 年之前，中国各行业在全球价值链中所处的位置总体是在下降的，2008 年以后，这一趋势有所缓解，各行业在全球价值链中所处的平均位置有所上升；第二，相对于货物行业，服务业中各行业在全球价值链中的位置更高，更偏向于全球价值链的上游环节，这也从侧面说明，相对于服务业而言，货物行业从外国进口了更多的中间品来生产最终品，中国的货物行业更靠近最终品的生产。

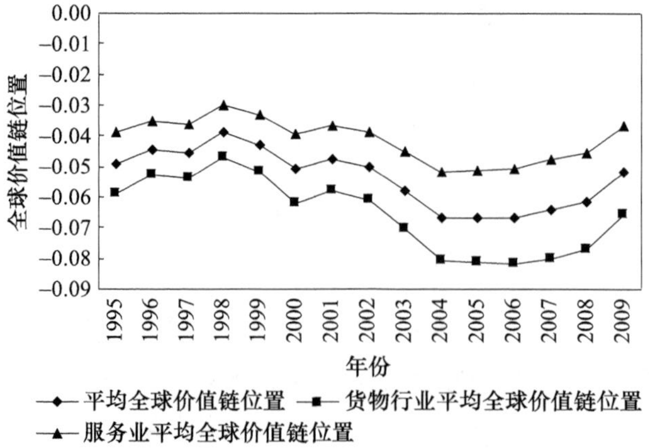

图 6－12　1995—2009 年中国各行业在全球价值链中所处的平均位置

数据来源：根据 WIOD 数据库中的相关数据计算而得。

四、中国不同行业要素报酬差距的变化趋势

图6-13计算了1995—2009年中国不同要素报酬比值变化趋势，从中可以发现：第一，资本劳动报酬比呈逐年增加趋势，说明相对于劳动者报酬，资本报酬逐年上升，资本报酬与劳动者报酬之间的差距也在不断扩大；第二，从资本、高技术劳动、中技术劳动3种要素报酬相对于低技术劳动者要素报酬的差距来看，高技术劳动与低技术劳动在要素报酬方面的差距最大，中技术劳动与低技术劳动在要素报酬方面的差距次之，资本与低技术劳动在要素报酬方面的差距最小；第三，资本报酬与低技术劳动报酬呈逐年上升趋势，说明相对于低技术劳动者报酬，资本报酬是在不断增加的，其与低技术劳动者之间的要素报酬上的差距是在不断扩大的；第四，高技术劳动报酬与低技术劳动报酬之比、中技术劳动报酬与低技术劳动报酬之比呈先上升后下降的趋势，其拐点出现在2003年前后，说明2003年以后，随着中国大量旨在缩小不同技术水平的劳动者报酬差距的政策的出台，中国不同技术劳动者之间在要素报酬方面的差距呈不断缩小的态势。

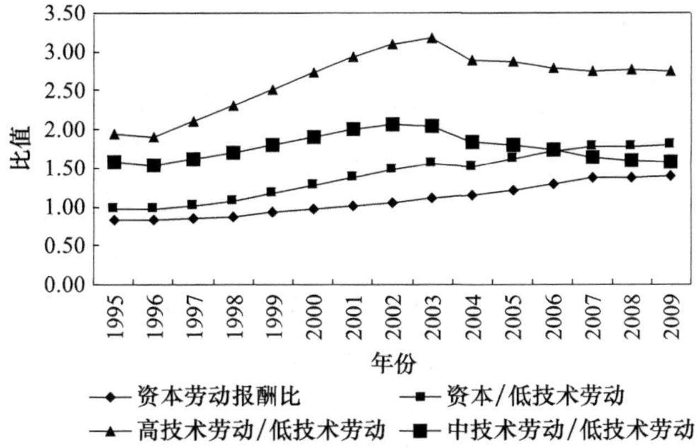

图6-13　1995—2009年中国不同要素报酬比值变化趋势

数据来源：根据WIOD数据库中的SEA表中相关数据计算而得。

五、全球价值链位置对中国行业要素报酬影响的实证分析

（一）模型、变量和数据

在这一部分中，将采用计量经济学的方法来实证检验全球价值链位置对中国要素收入报酬差距的影响，在模型的设定上，首先，由于本书所研究的是中国在全球价值链中的位置的变化对中国要素报酬差距的影响，参考了郭沛和李亚成（2016）对变量取差分来体现因变量和自变量变化的方法，先对所有变量取差分；其次，在前文的理论假说中提出了，在全球价值链中的位置对一国要素报酬差距的影响可能是非线性，为了体现这种影响，本书在自变量加入全球价值链位置的平方项；最后，考虑到要素报酬差距的前

一期值可能会影响到当期要素报酬差距，因此，本书在计量模型中加入了因变量的滞后一期项，最终建立如下计量模型：

$$\Delta h_{it} = \alpha_0 + \alpha_1 \Delta h_{it-1} + \alpha_2 \Delta gvc_{it} + \alpha_2 (\Delta gvc_{it})^2 + \vec{\lambda}\vec{X}_{it} + \varepsilon_{it} \quad (6-30)$$

$$\Delta q_{it} = \alpha_0 + \alpha_1 \Delta q_{it-1} + \alpha_2 \Delta gvc_{it} + \alpha_2 (\Delta gvc_{it})^2 + \vec{\lambda}\vec{X}_{it} + \eta_{it} \quad (6-31)$$

$$\Delta m_{it} = \alpha_0 + \alpha_1 \Delta m_{it-1} + \alpha_2 \Delta gvc_{it} + \alpha_2 (\Delta gvc_{it})^2 + \vec{\lambda}\vec{X}_{it} + v_{it} \quad (6-32)$$

其中，方程（6－30）、方程（6－31）和方程（6－32）分别用于检验全球价值链位置对中国资本与低技术劳动在要素报酬上的影响、全球价值链位置对中国高技术劳动与低技术劳动在要素报酬上的影响和全球价值链位置对中国中技术劳动与低技术劳动在要素报酬上的影响。

对计量模型中变量的选取和数据来源说明如下：

1. 被解释变量

Δh_{it}为中国各行业资本与低技术劳动报酬的差分，方程（6－30）中的被解释变量；Δq_{it}为中国各行业高技术劳动与低技术劳动报酬的差分，方程（6－31）中的被解释变量；Δm_{it}为中国各行业中技术劳动与低技术劳动报酬的差分，方程（6－32）中的被解释变量。

2. 解释变量

Δgvc_{it}为中国各行业在全球价值链位置的差分，方程（6－30）~方程（6－32）的主要解释变量。X_{it}为控制变量，主要包括：Δipr，进口渗透率的差分，其中，进口渗透率的其计算公式为进口与国内消费之比，用以衡量该行业对国外的依赖程度；Δpr，全员劳动生产率的差分，作为不同行业技术水平的衡量指标，利用各行业的增加值与从业人数之比计算而得；$\Delta K_{it}/Y_{Y_{it}}$，t 时期 i 行业的资本产出比的差分，其中 K_{it} 为固定资本存量，资本产出比越高的行业，作为衡量各行业规模的变量；Δw，人均工资的差分，代表各行业的劳动成本。

在数据来源方面，解释变量和各被解释变量的数据均来自 WIOD 数据库中的 WIOT 表和 SEA 表。考虑到存在部分行业的控制变量为 0 的情况，本书最终选取 33 个行业作为分析对象，共计 480 个样本，取差分后共 447 个样本。变量的描述性统计如表 6－8 所示。

表 6－8　样本描述性统计

变量中文名称	变量符号	样本量	均值	标准差	极小值	极大值
中国各行业资本与低技术劳动报酬的差分	Δh_{it}	447	1. 998 857	1. 367 646	0. 053 100 5	9. 610 617
中国各行业高技术劳动与低技术劳动报酬的差分	Δq_{it}	447	1. 542 377	0. 171 269 9	1. 087 809	2. 081 609
中国各行业中技术劳动与低技术劳动报酬的差分	Δm_{it}	447	1. 157 705	0. 080 660 1	0. 890 301 7	1. 462 69

续表

变量中文名称	变量符号	样本量	均值	标准差	极小值	极大值
中国各行业在全球价值链位置的差分	Δgvc_{it}	447	-0.053 642 3	0.024 880 8	-0.152 605 5	-0.010 799 1
进口渗透率的差分	Δipr	447	3.707 379	11.943 19	0.000 163 4	132.224 7
全员劳动生产率的差分	Δpr	447	71.687 41	109.774 1	2.923 801	1 109.863
资本产出比的差分	$\Delta K_{it}/Y_{Y_{it}}$	447	0.947 701 6	1.796 911	0.073 672 9	16.636 01
人均工资的差分	Δw	447	21.003 41	19.619 89	0.910 108 6	136.307 9

（二）回归结果及分析

根据方程（6－30）、方程（6－31）和方程（6－32），考虑到本书主要研究的是参与全球价值链对中国要素收入分配差距的影响，因此，本书将 Δgvc_{it} 和 Δgvc_{it}^2 两项作为主要内生变量来考虑，使用被解释变量的至多4 期滞后值和解释变量的1～5 期滞后值作为工具变量，采用动态面板数据系统广义矩估计法（系统 GMM）作为估计方法，对上述3个方程进行估计，计量结果如表6－9 所示。

根据表6－9 的计量结果，发现各变量在至少10%的显著性水平下，均通过了显著性检验，*Arellano－Bond* AR（1）检验和 *Arellano－Bond* AR（2）检验的结果表明，系统GMM 方法是适用的，*Sargan* 统计量表明，工具变量是有效的。鉴于本书主要关注的是中国在全球价值链中的位置对中国要素收入分配差距的影响，因此只对 Δgvc_{it}^2 和 Δgvc_{it} 两项进行分析。根据表6－9 的计量结果可以发现，中国在全球价值链中的位置的变化，显著影响了中国各行业不同要素收入分配差距，且这种变化呈现出“U”形变化，随着中国向全球价值链的两端移动，将显著扩大中国的资本、高技术劳动和中技术劳动与低技术劳动在要素报酬方面的差距，这也验证前文在理论框架中所提出的理论假说：全球价值链位置的变化对一国要素收入分配的影响是非线性的，当一国向全球价值链的两端移动时，将扩大一国不同要素的收入分配差距。通过进一步对比3 个方程的计量结果可以发现，通过向全球价值链两端的移动，对资本报酬与低技术劳动报酬之比的影响最大，对高技术劳动报酬与低技术劳动报酬之比的影响次之，对中技术劳动报酬与低技术劳动报酬之比的影响最小。

表6－9 全球价值链位置对中国要素收入分配差距的影响：计量结果

被解释变量	Δh_{it}	Δq_{it}	Δm_{it}
估计方法	系统 GMM	系统 GMM	系统 GMM
被解释变量滞后1期	1.085 7*** (29.38)	0.979 810 1*** (11.30)	0.911 882 1*** (8.47)
Δgvc_{it}^2	15.790 06*** (4.65)	12.420 63*** (3.46)	9.933 999*** (9.96)

续表

被解释变量	Δh_{it}	Δq_{it}	Δm_{it}
Δgvc_{it}	2. 949 093 *** (3. 95)	2. 015 951 *** (6. 57)	1. 718 796 *** (6. 28)
Δipr	−0. 001 344 4 * (−1. 70)	0. 000 312 2 ** (2. 21)	0. 000 130 7 * (1. 84)
Δpr	0. 000 048 2 *** (2. 97)	−0. 000 064 *** (−7. 91)	−0. 000 060 9 *** (7. 56)
$\Delta K_{it}/Y_{Y_{it}}$	−0. 036 240 9 *** (4. 65)	0. 001 118 8 (0. 63)	−0. 001 732 9 *** (−5. 59)
Δw	−0. 000 284 4 ** (−2. 16)	−0. 000 092 3 *** (−3. 05)	−0. 000 090 2 *** (−6. 61)
c	0. 060 620 3 (1. 44)	0. 129 507 9 *** (9. 90)	0. 178 691 *** (6. 11)
Arellano − Bond AR（1）统计量	−1. 918 7 *	−1. 828 3 *	−2. 055 **
Arellano − Bond AR（2）统计量	−1. 625 6	−1. 514	−1. 518 2
Sargan 统计量	26. 786 46	29. 710 47	29. 306 63

注：小括号内为 t 值，* 表示在 10% 的显著性水平下显著，** 表示在 5% 的显著性水平下显著，*** 表示在 1% 的显著性水平下显著，*Arellano − Bond* AR（1）和 AR（2）检验的零假设分别是模型不存在一阶和二阶自相关，*Sargan* 统计量的原假设为工具变量是有效的。

在表 6 −9 的基础上，考虑到货物行业和服务业在要素密集型度上的差别，本书接下来进一步实证检验了货物行业和服务业在全球价值链上的位置的变化对不同要素收入分配差距的影响。计量结果如表 6 − 10 所示。

根据表 6 − 10 中分组回归的计量结果来看，在至少 10% 的显著性水平下，*Arellano − Bond* AR（1）检验和 *Arellano − Bond* AR（2）检验的结果表明，系统 GMM 方法是适用的，*Sargan* 统计量表明，工具变量是有效的。在至少 10% 的显著性水平下，货物行业在全球价值链中位置的变化显著的影响了货物行业资本与低技术劳动报酬之比、高技术劳动报酬与低技术劳动报酬之比以中技术劳动报酬与低技术劳动报酬之比，且这种影响同样呈现出"U"形变化，且从系数大小来看，货物行业在全球价值链上位置的变化对高技术劳动报酬与低技术劳动报酬之比的影响最大，对资本报酬与低技术劳动报酬之比的影响次之，对中技术劳动报酬与低技术劳动报酬之比的影响最小。出现上述原因可能在于：货物行业在全球价值链位置上的变动，将导致货物行业相对于低技术劳动，使用更多的高技术劳动、资本和中技术劳动 3 种要素，从而扩大了这 3 种要素在要素报酬上的差距。由于全球价值链的两端更多的属于资本密集型和技术密集型生产环节，因此，相对于中技术劳动而言，可能货物行业使用了更多的高技术劳动和资本两种要素，从而导致相对于中技术劳动报酬与低技术劳动报酬之比而言，中国货物行业在全球价值链上位置的变动对高技术劳动报酬与低技术劳动报酬之比和资本与低技术劳动报酬之比的影响更大。

表 6－10 分组回归计量结果

被解释变量	货物行业			服务行业		
	Δh_{it}	Δq_{it}	Δm_{it}	Δh_{it}	Δq_{it}	Δm_{it}
估计方法	系统 GMM	系统 GMM	系统 GMM	系统 GMM	系统 GMM	系统 GMM
被解释变量滞后 1 期	1.008 244 *** (12.68)	0.984 795 7 *** (5.47)	0.824 583 8 *** (8.52)	1.057 074 *** (21.19)	0.876 629 6 *** (15.61)	0.880 443 5 *** (14.10)
Δgvc_{it}^2	12.396 04 * (1.69)	13.428 87 *** (2.61)	4.922 801 ** (2.20)	63.644 79 *** (2.46)	85.176 91 ** (2.07)	14.432 82 (0.75)
Δgvc_{it}	4.522 631 *** (3.13)	2.716 306 *** (2.90)	1.167 059 ** (2.39)	7.480 201 * (1.77)	10.509 57 ** (2.26)	2.578 156 (1.02)
Δipr	0.000 757 4 ** (2.36)	0.000 180 8 * (1.76)	－0.000 308 * (－1.73)	0.012 246 8 ** (2.16)	0.013 318 7 ** (1.89)	0.001 922 5 * (1.86)
Δpr	0.000 441 ** (2.23)	0.000 342 9 * (1.73)	0.000 345 2 ** (2.49)	－0.000 068 5 * (－1.74)	－0.000 041 5 ** (－1.99)	－0.000 057 6 *** (－3.36)
$\Delta K_{it}/Y_{Y_{it}}$	0.134 672 5 * (1.70)	0.021 107 7 *** (2.69)	－0.044 167 9 ** (－1.98)	－0.100 429 6 * (－1.86)	0.006 745 3 * (1.73)	－0.000 162 1 ** (－2.02)
Δw	－0.001 925 7 ** (－2.26)	－0.001 096 8 * (－1.77)	－0.001 384 4 ** (－2.14)	－0.002 806 4 * (－1.84)	－0.000 494 8 * (－1.76)	－0.000 247 (－1.33)
c	－0.262 085 9 (－1.13)	－0.081 458 2 (－1.60)	0.290 194 7 *** (3.65)	0.025 700 8 (1.05)	0.527 783 9 *** (3.09)	0.247 927 6 *** (2.74)
Arellano－Bond AR（1）统计量	－1.756 4 *	－1.726 9 *	－2.138 6 **	－1.759 8 *	－2.033 9 **	－2.021 8 **
Arellano－Bond AR（2）统计量	－1.270 1	－1.170 1	－0.828 8	－0.696 3	－1.504 8	－1.486 3
Sargan 统计量	16.405 99	16.241 34	10.848 02	7.762 72	8.614 104	13.501 75

注：小括号内为 t 值，* 表示在 10% 的显著性水平下显著，** 表示在 5% 的显著性水平下显著，*** 表示在 1% 的显著性水平下显著，*Arellano－Bond* AR（1）和 AR（2）检验的零假设分别是模型不存在一阶和二阶自相关，*Sargan* 统计量的原假设为工具变量是有效的。

从服务业在全球价值链位置的变化对服务业不同要素报酬差距的影响来看，服务业在全球价值链的变化对服务业中高技术劳动报酬与低技术劳动报酬之比的影响最大，对资本报酬与低技术劳动报酬之比的影响次之，对中技术劳动报酬与低技术劳动报酬之比的影响虽为正，但并不显著。出现上述结果的原因可能同样需要从服务业在全球价值链的不同位置上对不同要素的需求差距有关。由于绝大多数的服务业可被归于技术密集型行业和资本密集型行业，因此，相对于资本和高技术劳动而言，服务业在全球价值链上的位置的变动对于中技术劳动和低技术劳动的需求的变化相对较小，从而导致服务业在全球价值链上位置的变动，对于服务业中技术劳动报酬与低技术劳动报酬之比的影响不显著。

从货物行业与服务业的对比来看，服务业在全球价值链上位置的变动对高技术劳动报酬与低技术劳动报酬之比以及资本报酬与低技术劳动报酬之比的影响显著大于货物行业，上述结果也从另一个角度证明了相对于货物行业而言，服务业在全球价值链上不同位置上所使用的不同要素的差别更大的事实。

六、研究结论

本书根据世界投入产出数据库中的相关数据，在相关理论框架的基础上，实证研究了中国在全球价值链上位置的变动对中国资本、高技术劳动、中技术劳动和低技术劳动4种要素报酬差距的影响，得出以下结论。

第一，对相关数据的分析表明，总体来看，中国各行业普遍处于全球价值链的下游，且中国各行业在全球价值链中所处的位置总体是在下降的，2008年以后，各行业在全球价值链中所处的平均位置有所上升；相对于货物行业，服务业中各行业在全球价值链中的位置更高，更偏向于全球价值链的上游环节。

第二，实证研究结果表明，随着中国向全球价值链的两端移动，将显著扩大中国的资本、高技术劳动和中技术劳动与低技术劳动在要素报酬方面的差距，通过向全球价值链两端的移动，对资本报酬与低技术劳动报酬之比的影响最大，对高技术劳动报酬与低技术劳动报酬之比的影响次之，对中技术劳动报酬与低技术劳动报酬之比的影响最小。

第三，分组回归结果表明，货物行业在全球价值链上位置的变化对高技术劳动报酬与低技术劳动报酬之比的影响最大，对资本报酬与低技术劳动报酬之比的影响次之，对中技术劳动报酬与低技术劳动报酬之比的影响最小；服务行业在全球价值链的变化对服务业中高技术劳动报酬与低技术劳动报酬之比的影响最大，对资本报酬与低技术劳动报酬之比的影响次之，对中技术劳动报酬与低技术劳动报酬之比的影响虽为正，但并不显著；服务行业在全球价值链上位置的变动对高技术劳动报酬与低技术劳动报酬之比以及资本报酬与低技术劳动报酬之比的影响显著大于货物行业。

本书的政策启示在于，虽然中国在全球价值链上位置的变动有助于提高中国各行业的技术水平和国内增加值，但同样可能会扩大不同要素在要素报酬上的差距。因此，在努力提高中国各行业在全球价值链上的位置的同时，还应通过诸如扩大转移支付力度、加强对低技术劳动者的培训等方法来缩小不同要素在要素报酬方面的差距。

第五节　全球价值链参与度对中国行业要素报酬的影响

改革开放以来，随着中国融入世界经济体系进程的加深，中国与世界各国之间的经济联系也在不断的加深。笔者对相关数据的计算表明，中国货物贸易依存度、货物贸易出口依存度和货物贸易进口依存度分别由 1978 年的 9.65%、4.56% 和 5.09% 上升到 2015 年的 35.81%、20.59% 和 15.22%，对外贸易在中国经济中的作用日益显著。兴起于 20 世纪 60 年代的全球价值链，使跨国公司可以根据各国要素禀赋和生产成本的差异，将不同生产环节分别配置于不同的国家和地区从事生产，这一方面导致了在一国的对外贸易中出现了所谓的“所见非所得”现象，即一国所出口的产品的价值并不能代表该国在对外贸易中所获得的价值（Maurer and Degain，2012）；另一方面依据传统的贸易总量数据来计算对外贸易依存度并不能准确的反映一国对于对外贸易的依赖程度。基于这一问题，Koopman 等（2010）基于本国出口后被第三国再间接出口的本国国内增加值和出口中的外国增加值，构建了全球价值链参与度（GVC 参与度）指标，用于描述一国参与全球价值链的程度。WIOD 数据库的相关计算表明，中国 33 个行业的平均 GVC 参与度由 1995 年的 12.28% 上升到 2009 年的 13.69%，17 个货物贸易行业的平均 GVC 参与度由 1995 年的 14.77% 上升到 2009 年的 17.21%，16 个服务行业的平均 GVC 参与度则由 1995 年的 9.79% 上升到 2011 年的 10.16%，这也进一步说明，中国融入全球价值链的程度在日益加深。

与中国融入全球价值链密切相关的一个问题是，中国作为一个融入全球价值链的大国，中国在全球价值链的参与程度，是否会影响到中国不同生产要素在生产要素报酬上的差距？对于这一问题的研究，一方面将有助于评估参与全球价值链对中国生产要素报酬所产生的影响；另一方面，也可以为解决中国生产要素报酬差距问题提供一个视角。基于上述分析，本书拟基于全球价值链的角度，实证研究全球价值链参与度对中国行业内生产要素报酬差距的影响。

一、理论框架

新古典贸易理论中研究贸易对生产要素收入分配影响的 SS 定理证明了，在两国、两种商品、两种生产要素的 $2 \times 2 \times 2$ 模型下，对外贸易将导致出口中所密集使用的生产要素获益，进口中所密集使用的生产要素受损。

在全球价值链条件下，根据 Koopman 等（2010）的计算公式，一国参与全球价值链的程度由其出口中的外国增加值和间接出口的增加值（GVC 前向参与率和 GVC 后向参与率）决定，因此，一国参与全球价值链的程度对该国行业内生产要素报酬差距的影响，则由间接出口的国内增加值（GVC 前向参与率）和出口中的外国增加值（GVC 后向参与率）对该国行业内生产要素报酬差距的影响来决定。

从间接出口的国内增加值（GVC 前向参与率）对中国行业内生产要素报酬差距的影响来看，由于间接出口的国内增加值主要来自中间品出口的国内增加值，根据“微笑曲线”示意图（见图 6-4），相对于最终品的生产，中间品的生产处于全球价值链的上游环节，其技术水平和附加率更高，因此，随着中国间接出口的国内增加值（GVC 前向参与率）的增加，所使用资本和高技术劳动也相应的增加，相应地，间接出口的国内增加值（GVC 前向参与率）的增加也将进一步扩大资本和高技术劳动与中、低技术劳动在行业内生产要素报酬上的差距。

从出口中的外国增加值（GVC 后向参与率）对一国行业内生产要素报酬差距的影响来看，由于这一部分主要来自进口的中间投入品，程惠芳等（2014）认为，中间品进口会通过要素替代效应和要素需求创造效应影响一国的工资收入分配。替代效应指中间品进口相当于出口国生产要素替代进口国要素被投入生产，减少了对进口国生产要素的需求，降低了进口产品密集使用的生产要素的使用，缩小了其与进口国稀缺要素之间在生产要素报酬上的差距。要素创造效应指中间品进口导致行业生产规模的相对扩张，增加了对生产要素的需求。因此，中间品的进口对进口国行业内生产要素分配的影响取决于上述两种效应的综合作用。鉴于目前中国属于高技术劳动相对稀缺的国家，预期中间品进口将通过要素需求创造效应提高资本和高技术劳动者的生产要素报酬，扩大其与中、低技术劳动者在生产要素报酬上的差距，因此，出口中的外国增加值和后向参与率的增加，将扩大资本和高技术劳动与中、低技术劳动在生产要素报酬上的差距。

从间接出口的国内增加值（GVC 前向参与率）和出口中的外国增加值（GVC 后向参与率）对中国行业内生产要素报酬差距的影响来看，根据前文的分析，间接出口的国内增加值（GVC 前向参与率）可以直接增加对中国资本和高技术劳动的使用，进而增加二者的生产要素报酬，出口中的外国增加值（GVC 后向参与率）只是通过由行业生产规模扩张而导致的要素需求创造效应，间接带动了资本和高技术劳动的增加，因此，本书预期，相对于出口中的外国增加值（GVC 后向参与率），间接出口的国内增加值（GVC 前向参与率）对中国资本和高技术劳动与中、低技术劳动在行业内生产要素报酬差距上的影响可能更大。

根据上述分析，本节提出以下两个假说。

假说 1：随着中国 GVC 参与率的上升，将扩大中国资本和高技术劳动与中、低技术劳动在行业内生产要素报酬上的差距。

假说 2：GVC 前向参与率和 GVC 后向参与率的增加，都将扩大中国资本和高技术劳动与中、低技术劳动在行业内生产要素报酬上的差距，从影响大小上看，前向参与率对中国不同生产要素行业内报酬差距的影响程度将大于后向参与率对其的影响程度。

二、测算方法和数据来源

在对中国全球价值链参与度的测算上，本书以 Koopman 等（2010）所提出的基于一国出口增加值的 KWWZ 计算方法基础上的“GVC 参与度”作为测算指标，其计算公式为

$$GVC\_Participation = \frac{IV_{ir}}{E_{ir}} + \frac{FV_{ir}}{E_{ir}} \quad (6-33)$$

其中，IV_{ir}表示 r 国 i 行业间接增加值出口，FV_{ir}表示 r 国 i 行业出口中的国外增加值，E_{ir}表示 r 国 i 行业的总出口。根据式（6－33），GVC 参与度（GVCparticipation）由两部分构成，$\frac{IV_{ir}}{E_{ir}}$又称 GVC 前向参与度，表示 r 国 i 行业出口的中间品被进口国用于生产最终品并出口到第三国的程度，该指数越高表明在全球价值链上 r 国就越处于价值链的上游。$\frac{FV_{ir}}{E_{ir}}$又称 GVC 后向参与度，该指数越高表明在全球价值链上 r 国就越处于价值链的下游。

在相关数据来源方面，本书计算中国全球价值链参与度的相关数据来自世界投入产出数据库中的国家间非竞争型投入产出表（WIOT），计算中国不同行业内部不同要素报酬的数据来自世界投入产出数据库中的社会—经济账户表（SEA 表）。

WIOD 数据库自公布以来，主要经历了两次变化，最初的 WIOT 提供了 1995—2009 年是世界 40 个国家和地区以及除上述国家和地区之外的其他国家和地区 35 个行业（包括 1 个农业行业、17 个工业行业和 17 个服务业行业）的国家间非竞争型投入产出表以及对应的 SEA 表，该表提供了不同行业中资本报酬以及高、中、低 3 种技术劳动者报酬的相关数据。WIOD 数据库的第一次更新是在 2013 年，主要将 WIOT 中数据更新到了 2011 年，国家和行业没有变化，但没有将 SEA 表中的与中国相关的数据更新，第二次更新是在 2016 年，更新主要仍是针对国家间投入产出表的更新，提供了 2000—2014 年 44 个国家和地区以及除上述国家和地区之外的世界其他国家和地区 56 个行业（包括 3 个农业行业、23 个工业行业和 30 个服务业行业）的国家间非竞争型投入产出表，与此前的国家间非竞争型投入产出表相比，其所统计的时间、国家（地区）、行业都发生变化，但 2016 年并没有将所对应的 SEA 表进行更新。因此，为了便于分析和保持数据来源的一致性，本书所使用的数据的期限仍为 1995—2009 年。

在对中国不同行业的行业内要素报酬差距的测算上，采用不同行业内部资本报酬、高技术劳动报酬、中技术劳动报酬和低技术劳动报酬 4 种要素报酬分别占全部要素报酬的比重作为衡量指标，若某种要素报酬在全部要素报酬中所占比重上升，则可以说明其与其他要素报酬之间的差距扩大；反之，若某种要素在全部要素报酬中所占比重下降，则表明其与其他要素报酬之间的差距缩小。

三、中国全球价值链参与度的变化趋势

根据式（6－33），图 6－14 计算了 1995—2009 年中国 GVC 参与度的变化趋势，从中可以发现，第一，这一时期中国各行业 GVC 参与度均值总体呈先上升再下降的变化趋势，各行业 GVC 参与度的均值由 1995 年 12.28%上升到 2006 年的 17.08%后逐年下降，2009 年下降到 13.05%，略高于 1995 年的水平；第二，从 GVC 后向参与度和 GVC 前向

参与度的绝对量来看，GVC 后向参与度显著高于 GVC 前向参与度，说明这一时期中国出口中的国外增加值占总出口的比重显著高于间接出口的国内增加值在总出口中的比重，这也说明了，中国处于全球价值链的下游生产环节；第三，从 GVC 后向参与度与 GVC 前向参与度的变化趋势来看，GVC 前向参与度呈逐年上升趋势，GVC 后向参与度则先上升后下降，说明间接出口的国内增加值在不断上升。

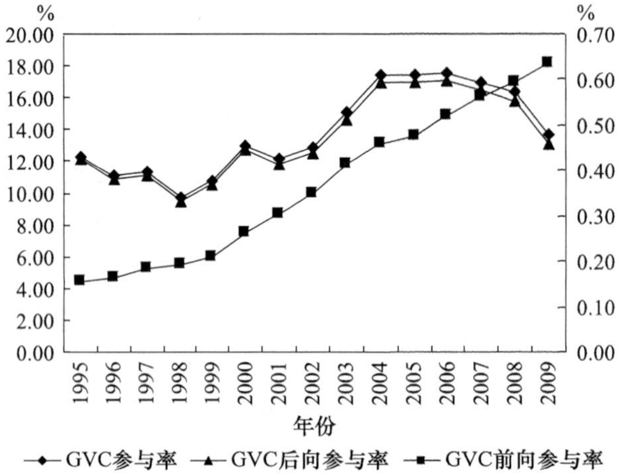

图 6－14　1995—2009 年中国各行业全球价值链参与度均值变化趋势

数据来源：根据世界投入产出数据库中国家间非竞争型投入产出表中的相关数据计算而得。

在图 6－14 的基础上，图 6－15 进一步计算了中国各货物贸易行业和服务贸易行业的 GVC 参与度、GVC 前向参与度和 GVC 后向参与度的均值的变化趋势，从中可以发现，第一，无论是 GVC 参与度、GVC 前向参与度还是 GVC 后向参与度，货物贸易行业的均值均显著高于服务行业，这说明，相对于服务贸易行业而言，货物贸易参与全球价值链的程度更深；第二，从变化幅度来看，服务贸易行业 GVC 参与度、GVC 前向参与度和 GVC 后向参与度的变化幅度高于货物贸易行业，说明相对于货物贸易行业，服务贸易行业融入全球价值链的速度更快。

四、中国行业内要素报酬差距的变化趋势

图 6－16 计算了 1995—2009 年资本、高技术劳动、中技术劳动和低技术劳动 4 种要素报酬占中国全部要素报酬的比重的变化趋势，从中可以发现，第一，资本报酬在全部要素报酬中所占比重最高，低技术劳动报酬在全部要素报酬中所占比重次之，高技术劳动报酬在全部要素报酬中所占比重最低；第二，从 4 种要素报酬所占比重的变化趋势来看，资本报酬和高技术劳动报酬所占比重逐年上升，低技术劳动报酬所占比重快速下降，中技术劳动报酬所占比重呈先上升后下降的变化趋势。

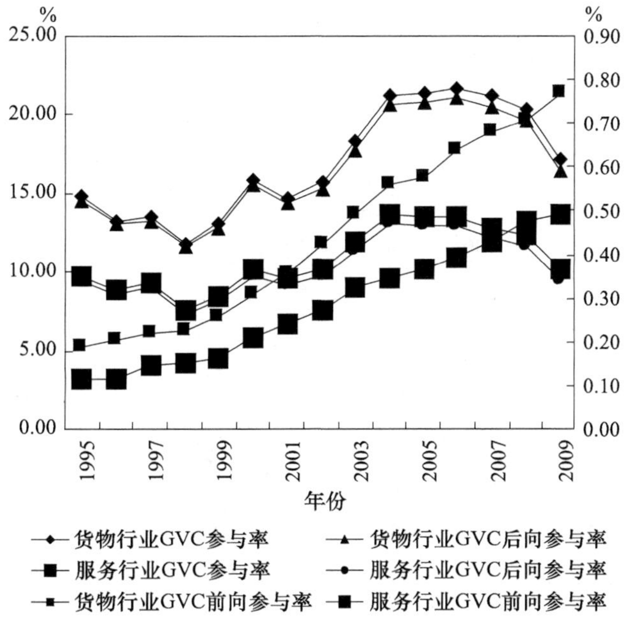

图 6－15　1995—2009 年中国货物行业和服务行业全球价值链参与度均值变化趋势

数据来源：根据世界投入产出数据库中国家间非竞争型投入产出表中的相关数据计算而得。

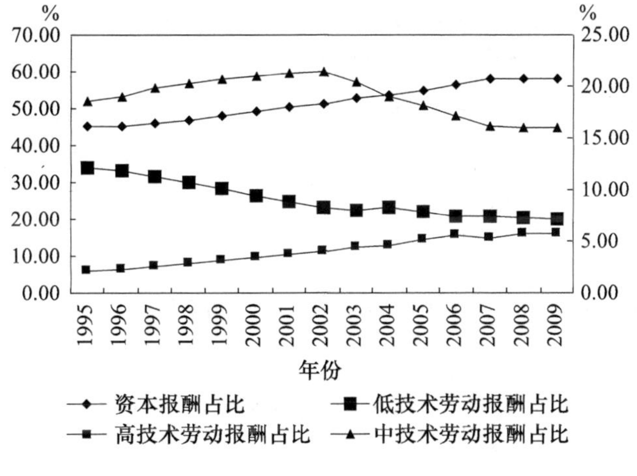

图 6－16　1995—2009 年不同要素报酬占比变化趋势

数据来源：根据世界投入产出数据库中的 SEA 表中相关数据计算而得。

五、全球价值链参与度对中国行业要素报酬影响的实证分析

（一）模型设定

为检验本节第三部分所提出的理论假说，在这一部分，对中间品进口和最终品进口对中国资本、高技术劳动、中技术劳动、低技术劳动 4 种要素的行业内报酬差距的影响

进行实证检验。在计量模型的选择上，借鉴了 Feenstra 和 Hanson（2003）的计量方法，采用超越对数生产函数作为基本的计量方程，其推导过程如下

假设生产某种服务产品 i 需要4种要素：资本 K_i、高技术劳动 H_i、中技术劳动 M_i 和低技术劳动 L_i，生产函数为

$$Y_i = f(K_i, H_i, M_i, L_i, Z_i) \tag{6-34}$$

其中，Z_i 代表其他影响 i 服务行业产出的结构性因素，相应地，i 服务行业的成本函数可以表示为

$$C_i = C(r, w, q, m, Y_i, Z_i) \tag{6-35}$$

其中，r、w、q、m 分别代表资本报酬、高技术劳动报酬、中技术劳动报酬和低技术劳动报酬。

假设成本函数采用超越对数生产函数的形式：

$$\begin{aligned}\ln C = {} & \alpha_0 + \alpha_1 \ln r + \alpha_2 \ln w + \alpha_3 \ln q + \alpha_4 \ln m + \alpha_5 \ln Y_n + \alpha_6 \ln Z_n + \beta_1 (\ln r)^2 + \beta_2 (\ln w)^2 \\ & + \beta_3 (\ln q)^2 + \beta_4 (\ln m)^2 + \beta_5 (\ln Y_n)^2 + \beta_6 (\ln Z_n)^2 + \gamma_1 \ln r \ln Y_n + \gamma_2 \ln r \ln Z_n + \gamma_3 \ln w \ln Y_n \\ & + \gamma_4 \ln w \ln Z_n + \gamma_5 \ln q \ln Y_n + \gamma_6 \ln q \ln Z_n + \gamma_7 \ln m \ln Y_n + \gamma_8 \ln m \ln Z_n + \phi_1 \ln r \ln w \\ & + \phi_2 \ln r \ln q + \phi_3 \ln r \ln m + \phi_4 \ln w \ln q + \phi_5 \ln w \ln m + \phi_6 \ln q \ln m + \eta_1 \ln Y_n \ln Z_n\end{aligned} \tag{6-36}$$

将方程（6-36）中左边的 $\ln C$ 分别对 $\ln r$、$\ln w$、$\ln q$ 和 $\ln m$ 求导并取差分，将全球价值链参与度（gvc）、行业生产率（pr）、行业资本存量（K）、外贸依存度（$slniner$）和进口渗透率（ita）作为外生结构性变量纳入方程中，考虑到要素报酬的变化受到其前一期的影响，在计量模型中加入被解释变量的滞后1期，最终得到本书用于估计中间品进口和最终品进口对中国行业内4种不同要素报酬差距影响的计量方程：

$$\Delta S_{rn} = \gamma_0 + \theta_0 \Delta S_{m,-1} + \gamma_1 \Delta \ln Y + \tau_1 \Delta \ln gvc + \tau_2 \Delta \ln ita + \tau_3 \Delta \ln pr + \tau_4 \Delta \ln K + \tau_5 \Delta \ln \mathrm{iner} \tag{6-37}$$

$$\Delta S_{wn} = \lambda_1 + \theta_1 \Delta S_{wn,t-1} + \gamma_2 \Delta \ln Y + \rho_1 \Delta \ln gvc + \rho_2 \Delta \ln ita + \rho_3 \Delta \ln pr + \rho_4 \Delta \ln K + \rho_5 \Delta \ln iner \tag{6-38}$$

$$\Delta S_{qn} = \lambda_2 + \theta_2 \Delta S_{qnt-1} + \gamma_3 \Delta \ln Y + \varphi_1 \Delta \ln gvc + \varphi_2 \Delta \ln ita + \varphi_3 \Delta \ln pr + \varphi_4 \Delta \ln K + \varphi_5 \Delta \ln iner \tag{6-39}$$

$$\Delta S_{mn} = \lambda_3 + \theta_3 \Delta S_{mn,t-1} + \gamma_4 \Delta \ln Y + \omega_1 \Delta \ln gvc + \omega_2 \Delta \ln ta + \omega_3 \Delta \ln pr + \omega_4 \Delta \ln K + \omega_5 \Delta \ln\ ner \tag{6-40}$$

其中，S_{in}（$i=r$，w，q，m）为第 i 种要素报酬在总成本中的比重。

在方程（6-37）~方程（6-40）的基础上，为了比较 GVC 前向参与度和 GVC 后向参与度对中国行业内要素报酬差距的影响，本书进一步构建了以下4个计量方程，用于衡量前向参与度和后向参与度对中国行业内要素报酬差距的影响。

$$\Delta S_{rn} = \gamma_0 + \theta_0 \Delta S_{m,t-1} + \gamma_1 \Delta \ln Y + \tau_1 \Delta \ln iv + \tau_2 \Delta \ln fv + \tau_3 \Delta \ln ita + \tau_4 \Delta \ln pr + \tau_5 \Delta \ln K + \tau_6 \Delta \ln iner \tag{6-41}$$

$$\Delta S_{wn} = \lambda_1 + \theta_1 \Delta S_{wnf-1} + \gamma_2 \Delta \ln Y + \rho_1 \Delta \ln iv + \rho_2 \Delta \ln fv + \rho_3 \Delta \ln ta + \rho_4 \Delta \ln pr + \rho_5 \Delta \ln K + \rho_6 \Delta \ln iner \tag{6-42}$$

$$\Delta S_{qn} = \lambda_2 + \theta_2 \Delta S_{qnt-1} + \gamma_3 \Delta \ln Y + \varphi_1 \Delta \ln iv + \varphi_2 \Delta \ln fv + \varphi_3 \Delta \ln ita + \varphi_4 \Delta \ln pr + \varphi_5 \Delta \ln K + \varphi_6 \Delta \ln iner \tag{6-43}$$

$$\Delta S_{mn} = \lambda_3 + \theta_3 \Delta S_{m,f-1} + \gamma_4 \Delta \ln Y + \omega_1 \Delta \ln iv + \omega_2 \Delta \ln iv + \omega_3 \Delta \ln ta + \omega_4 \Delta \ln pr + \omega_3 \Delta \ln K + \omega_6 \Delta \ln iner \tag{6-44}$$

在估计方法的选择上，考虑到计量方程可能存在的内生性问题可能对计量模型的估计造成偏误，本书采用面板数据的系统广义矩估计（系统 GMM）作为估计方法，将方程（6－37）～方程（6－40）中的 $\Delta\ln gvc$ 项、方程（6－41）～方程（6－44）中的 $\Delta\ln iv$ 和 $\Delta\ln fv$ 项作为内生变量来考虑，采用解释变量和被解释变量的 1～4 期的滞后值作为工具变量，分别对上述两组方程进行估计。

（二）相关变量说明和数据来源

1. 被解释变量

本节的被解释变量包括 4 个。ΔS_{rn} 为行业中资本报酬占全部要素报酬比重的差分，方程（6－37）和方程（6－41）中的被解释变量；ΔS_{wn} 为行业中高技术劳动报酬占全部要素报酬比重的差分，方程（6－38）和方程（6－42）中的被解释变量；ΔS_{qn} 为行业中中技术劳动报酬占全部要素报酬比重的差分，方程（6－39）和方程（6－43）中的被解释变量；ΔS_{mn} 为行业中低技术劳动报酬占全部要素报酬比重的差分，方程（6－40）和方程（6－44）中的被解释变量。

2. 主要解释变量

$\Delta\ln gvc$ 为中国不同行业 GVC 参与度对数的差分，方程（6－37）～方程（6－40）的主要解释变量；$\Delta\ln fv$ 为中国不同行业 GVC 后向参与度的差分；$\Delta\ln iv$ 为中国不同行业 GVC 前向参与度的差分，上述两个变量为方程（6－41）～方程（6－44）的主要解释变量。

3. 控制变量

本节的控制变量包括以下 4 个。$\Delta\ln Y$ 为中国不同行业总产出对数的差分，用于衡量行业产出变化对行业内生产要报酬差距的影响；$\Delta\ln pr$ 为行业全员劳动生产率对数的差分，根据该行业的增加值与全部从业人员之比计算而得，用于衡量生产率变化对行业不同要素报酬差距的变化的影响；$\Delta\ln K$ 为行业资本存量对数的差分，用于衡量行业规模的变化对于行业内部不同要素报酬差距的影响；$\Delta\ln ita$ 为行业进口渗透率对数的差分，该变量作为有效关税的替代变量，用于衡量有效关税对中国行业内要素报酬差距的影响；$slniner$ 为行业外贸依存度的差分，用于衡量行业对世界市场的依赖程度对行业内部不同要素报酬差距的影响。

数据来源上，本书计算中间品出口和最终品出口的数据来自世界投入产出数据库中的国家间投入产出表（WIOT），不同要素报酬、行业总产出、全员劳动生产率、行业资本存量、行业对外贸易依存度的相关数据来自 WIOD 数据库中的社会—经济账户表（SEA 表）。由于存在部分行业数据为 0 的情况，本书最终选取了 33 个行业 1995—2009 年的数据作为分析的样本，取差分后，共计 462 个样本。样本描述性统计如表 6 – 11 所示。

表 6 – 11　样本描述性统计

变量名称	变量中文含义	样本量	均值	标准差	最小值	最大值
ΔS_{rn}	行业中资本报酬占全部要素报酬比重的差分	462	0. 180 387	0. 051 555 8	0. 891 335 8	0. 180 387
ΔS_{wn}	行业中高技术劳动报酬占全部要素报酬比重的差分	462	0. 057 757 9	0. 000 347	0. 387 520 8	0. 057 757 9
ΔS_{qn}	行业中中技术劳动报酬占全部要素报酬比重的差分	462	0. 145 814 5	0. 002 820 9	0. 893 487	0. 145 814 5
ΔS_{mn}	行业中低技术劳动报酬占全部要素报酬比重的差分	462	0. 116 501 1	0. 037 637 3	0. 669 434 4	0. 116 501 1
$\Delta \ln gvc$	中国不同行业 GVC 参与度对数的差分	462	–2. 091 346	0. 492 676 8	–3. 681 803	–0. 850 107 1
$\Delta \ln iv$	中国不同行业 GVC 前向参与度的差分	462	–5. 921 84	0. 821 232 5	–8. 227 423	–4. 039 257
$\Delta \ln fv$	中国不同行业 GVC 后向参与度的差分	462	–2. 116 913	0. 493 234 2	–3. 681 803	–0. 865 031 5
$\Delta \ln Y$	中国不同行业总产出对数的差分	462	13. 557 34	0. 984 767	10. 585 88	16. 068 28
$\Delta \ln K$	行业资本存量对数的差分	462	11. 325 9	1. 176 465	8. 127 995	14. 921 25
$\Delta \ln pr$	行业全员劳动生产率对数的差分	462	3. 560 998	1. 099 65	0. 344 617 7	6. 810 242
$\Delta \ln ita$	行业进口渗透率对数的差分	462	–3. 541 001	1. 665 186	–8. 780 404	–0. 798 720 7
$slniner$	行业外贸依存度的差分	462	–3. 466 039	3. 052 678	–18. 783 08	–0. 287 019 5

（三）回归结果及分析

在这部分中，本书首先对 GVC 参与度对中国行业内要素报酬的影响进行实证研究，在此基础上，分别对 GVC 前向参与度和 GVC 后向参与度对中国行业内要素报酬的影响进行研究，最后，考虑到货物行业和服务行业可能存在的差异，采用分组回归的方式，分别研究GVC参与度对货物行业和服务行业的行业内要素报酬差距的影响。

根据表6－12的计量结果，8个计量方程中的*Arellano－Bond*（1）检验和*Arellano－Bond*（2）检验表明，在至少5%的显著性水平下，每个回归方程扰动项的差分均存在一阶自相关，不存在二阶自相关，可以接受扰动项不存在自相关的原假设；8个计量方程的*Sargan*统计量表明，每个计量方程的工具变量均是有效的，可以使用系统GMM方法对每个方程进行估计。鉴于本书主要关心的问题是GVC参与度、GVC前向参与度和GVC后向参与度对中国行业内要素报酬差距的影响，因此，接下来，将主要对上述3个变量对被解释变量的影响进行分析。

根据表6－12的计量结果，在1%的显著性水平下，3个主要解释变量对被解释变量的影响都是显著的。根据方程（6－37）~方程（6－40）的计量结果可以发现，GVC参与度的变化将显著提高资本和高技术劳动在全部要素报酬中的所占的份额，降低中技术劳动和低技术劳动在全部要素报酬中的所占的份额，一方面验证了前文中的假说1，也进一步说明了，参与全球价值链，将扩大资本和高技术劳动与中、低技术劳动在行业内要素报酬上的差距。从系数的大小来看，GVC参与度对资本所占份额的影响最大，对中技术劳动报酬所占份额的影响最小，即通过参与全球价值链，更有可能扩大资本报酬所占份额，降低技术劳动报酬所占份额。根据方程（6－41）~方程（6－44）的计量结果，在至少5%的显著性水平下，GVC前向参与度对数的一阶差分对资本报酬所占比重变化和高技术劳动所占比重变化的影响为正，对中技术劳动报酬所占比重变化和低技术劳动报酬所占比重变化的影响为负，GVC后向参与度对资本报酬变化的影响为正，对高技术劳动、中技术劳动和低技术劳动3种要素报酬的变化影响为负，说明GVC前向参与度的增加显著扩大了资本和高技术劳动与中、低技术劳动在要素报酬上的差距，GVC后向参与度的增加则显著扩大了资本与高技术劳动、中技术劳动和低技术劳动在行业内要素报酬上的差距。从系数上看，GVC前向参与度对资本、高技术劳动、中技术劳动和低技术劳动4种要素报酬所占比重变化的影响程度大于GVC后向参与度对这4种要素行业内要素报酬差距的影响，说明相对于GVC后向参与度的变化，即相对于出口中的外国增加值所占比重的变化，GVC前向参与度的变化，即间出口的国内增加值所占比重的变化对中国行业内要素报酬差距的影响更大，这也验证了前文中的假说2，即中国间接出口的国内增加值，更多是中间出口中的国内增加值，而相对于最终品，中间品的技术含量更高。因此，包含在中间品出口中的国内增加值使用了相对更多的资本和高技术劳动，进而相对于GVC后向参与度的变化，GVC前向参与度的变化，对中国行业内要素报酬差距的影响更大。

表 6-12　全球价值链参与度对中国行业内要素报酬的影响：实证结果

估计方法	因变量				因变量			
	ΔS_{rn}	ΔS_{wn}	ΔS_{qn}	ΔS_{mn}	ΔS_{rn}	ΔS_{wn}	ΔS_{qn}	ΔS_{mn}
	方程(6-37)	方程(6-38)	方程(6-39)	方程(6-40)	方程(6-41)	方程(6-42)	方程(6-43)	方程(6-44)
	系统 GMM	系统 GMM	系统 GMM	系统 GMM	系统 GMM	系统 GMM	系统 GMM	系统 GMM
因变量滞后 1 期	1. 002 731*** (126. 81)	1. 031 826*** (84. 80)	1. 034 767*** (80. 68)	0. 878 442 5*** (152. 92)	1. 008 624*** (43. 56)	1. 038 219*** (64. 99)	0. 994 588 5*** (82. 17)	0. 902 795 3*** (108. 54)
$\Delta \ln gvc$	0. 023 967 8*** (11. 33)	0. 002 287 6*** (10. 57)	-0. 004 493 7*** (-7. 76)	-0. 003 990 1*** (-12. 49)				
$\Delta \ln iv$					0. 017 617 4*** (7. 06)	0. 002 171 3*** (8. 54)	-0. 005 790 5*** (-6. 46)	-0. 010 215*** (-9. 97)
$\Delta \ln fv$					0. 013 109 9*** (13. 05)	-0. 002 600 4*** (-7. 36)	-0. 001 684 6** (-2. 55)	-0. 002 543 6*** (-2. 88)
$\Delta \ln y$	-0. 009 234 9*** (-6. 12)	-0. 003 403*** (-5. 08)	-0. 002 059 3** (-2. 38)	-0. 001 630 7* (-1. 73)	-0. 000 260 8 (-0. 08)	-0. 004 589 3*** (-7. 28)	0. 000 016 6 (0. 01)	-0. 005 265 7*** (-2. 77)
$\Delta \ln k$	0. 016 005 4*** (8. 18)	0. 001 975 4*** (4. 50)	0. 001 49 (1. 29)	-0. 009 720 4*** (-10. 37)	-0. 001 384 7 (-0. 78)	0. 003 631 5*** (6. 58)	0. 002 629 4** (2. 32)	-0. 000 937 4 (-0. 73)
$\Delta \ln pr$	-0. 012 388 4*** (-9. 09)	0. 001 455 3*** (4. 71)	0. 007 298*** (7. 32)	0. 000 408 6 (0. 37)	-0. 014 737 5*** (-4. 84)	-0. 000 644 9 (-0. 79)	0. 004 918 9*** (4. 46)	0. 006 059*** (4. 24)
$\Delta \ln ita$	-0. 009 976 9*** (-15. 45)	0. 001 325 2*** (15. 12)	0. 004 055 7*** (6. 59)	-0. 001 652 2*** (-4. 12)	-0. 008 468 8*** (-10. 30)	0. 001 340 3*** (4. 27)	0. 004 489 5*** (5. 51)	-0. 000 806 4 (-1. 24)
$slniner$	0. 003 115 2*** (11. 47)	-0. 001 212 5*** (-21. 77)	-0. 000 945 7*** (-5. 41)	-0. 000 497 8*** (-6. 01)	0. 002 269 7*** (34. 94)	-0. 000 505 5*** (-28. 02)	-0. 000 509 1*** (-19. 76)	-0. 001 136 5*** (-46. 86)
c	0. 019 463 6* (1. 78)	0. 024 915 6*** (5. 37)	-0. 025 719** (-2. 20)	0. 136 256 6*** (11. 42)	0. 183 742 4*** (5. 18)	0. 034 907 5*** (7. 33)	-0. 076 078 4*** (-4. 18)	0. 005 154 (0. 22)
Arellano-Bond(1)	-2. 310 6**	-2. 201 2**	-2. 509**	-2. 159 2**	-2. 071 7**	-2. 085 5**	-2. 522 6**	-2. 163 9**
Arellano-Bond(2)	0. 852 17	-0. 492 92	-1. 399 5	-1. 741 7*	0. 145 36	0. 325 69	-1. 427 7	-1. 647 8*
Sargan 统计量	31. 229 19	30. 339 84	28. 016 9	31. 250 66	29. 348 7	28. 748 78	30. 467 5	29. 811 87

注：小括号内为 t 值，* 表示在 10% 的显著性水平下显著，** 表示在 5% 的显著性水平下显著，*** 表示在 1% 的显著性水平下显著，*Arellano-Bond*(1) 和 *Arellano-Bond*(2) 检验的零假设分别是模型不存在一阶和二阶自相关，*Sargan* 统计量的原假设为工具变量是有效的。

在表6－12的基础上，考虑到货物行业和服务行业所可能存在的差异，表6－13进一步比较了GVC参与度对货物行业和服务行业不同要素行业内要素报酬差距的影响。根据表6－13的计量结果，在至少10%的显著性水平下，*Arellano－Bond*（1）检验和*Arellano－Bond*（2）检验表明，每个回归方程扰动项的差分均存在一阶自相关，不存在二阶自相关，可以接受扰动项不存在自相关的原假设；*Sargan*统计量表明，每个计量方程的工具变量均是有效的，可以使用系统GMM方法对每个方程进行估计。从计量方程的系数上看，在至少10%的显著性水平下，GVC参与度对数的差分对每个方程的被解释变量的影响都是显著的。从回归系数来看，GVC参与度的变化对货物行业资本、高技术劳动和中技术劳动3种要素报酬所占比重的变化的影响显著为正，对低技术劳动报酬所占比重的变化的影响显著为负；GVC参与度对服务行业资本、高技术劳动两种要素报酬所占比重的变化的影响显著正，对中技术劳动和低技术劳动两种要素报酬所占比重的变化的影响显著为负。从GVC参与度对货物行业和服务行业不同要素行业内要素报酬差距的影响的对比来看，GVC参与度对货物行业的行业内要素报酬差距的影响程度大于其对服务行业的影响程度，这其中的原因则可能在于：相对于服务行业，融入全球价值链后，货物行业更可能根据全球价值链的要求来改变行业的要素配置，使用更多的资本、高技术劳动和中技术劳动，从而使得全球价值链参与度对货物行业的行业内要素报酬差距的影响程度高于其对服务行业的影响程度。

六、研究结论

本书首先分析了GVC参与度对一国生产要素报酬差距的影响的理论机制；其次，根据世界投入产出数据库的相关数据，分析了1995—2009年中国全球价值链参与度、前向参与度、后向参与度和资本、高技术劳动劳动、中技术劳动、低技术劳动4种要素报酬的变化趋势，最后，基于超越对数生产函数，实证检验了全球价值链参与度对中国行业内要素报酬差距的影响，得出如下结论。

首先，针对相关数据的分析得出如下结论。

第一，中国各行业全球价值链参与度均值总体呈先上升再下降的变化趋势，GVC后向参与度高于GVC前向参与度，说明相对而言，中国主要处于全球价值链的下游生产环节。

第二，从货物行业和服务行业全球价值链参与度的对比来看，货物行业的全球价值链参与度高于服务行业，说明相对于服务行业，货物行业参与全球价值链的程度更深，但从变化幅度来看，服务行业融入全球价值链的速度快于货物行业。

第三，从资本、高技术劳动、中技术劳动和低技术劳动4种要素报酬占中国全部要素报酬的比重的变化趋势来看，虽然资本报酬在全部要素报酬中所占比重最高，低技术劳动报酬在全部要素报酬中所占比重次之，高技术劳动报酬在全部要素报酬中所占比重最低，但资本报酬和高技术劳动报酬所占比重逐年上升，低技术劳动报酬所占比重快速下降。

表 6－13　全球价值链参与度对中国行业内要素报酬差距的影响：分组回归

估计方法	货物行业					服务行业		
	因变量					因变量		
	ΔS_{rn}	ΔS_{wn}	ΔS_{qn}	ΔS_{mn}	ΔS_{rn}	ΔS_{wn}	ΔS_{qn}	ΔS_{mn}
	方程(6－37)	方程(6－38)	方程(6－39)	方程(6－40)	方程(6－41)	方程(6－42)	方程(6－43)	方程(6－44)
	系统 GMM	系统 GMM	系统 GMM	系统 GMM	系统 GMM	系统 GMM	系统 GMM	系统 GMM
因变量滞后 1 期	0. 929 268 5*** (14. 20)	0. 883 079*** (24. 51)	1. 008 336*** (56. 93)	0. 800 442 8*** (17. 26)	1. 014 769*** (48. 63)	1. 006 222*** (23. 74)	1. 001 037*** (16. 35)	0. 915 166 3*** (29. 63)
$\Delta \ln gvc$	0. 019 336 8*** (5. 98)	0. 004 158 2*** (6. 49)	0. 004 952 9*** (3. 35)	－0. 019 204 1*** (－8. 27)	0. 010 112 3*** (2. 66)	0. 002 441 9** (2. 36)	－0. 004 077 9* (－1. 67)	－0. 009 055 3*** (－3. 04)
$\Delta \ln y$	－0. 037 811 1*** (－6. 81)	－0. 002 117 1*** (－2. 81)	0. 012 004 2*** (4. 27)	0. 013 652 9*** (3. 21)	－0. 002 438 9 (－0. 21)	－0. 000 748 (－0. 14)	0. 014 580 2 (1. 30)	－0. 008 147 9 (－0. 61)
$\Delta \ln k$	0. 030 039 9*** (7. 38)	0. 000 831 8 (1. 24)	－0. 009 308 2*** (－3. 03)	－0. 017 910 8*** (－6. 22)	0. 015 200 4* (2. 15)	0. 001 197 7 (0. 39)	－0. 000 311 2 (－0. 14)	－0. 010 613 2 (－1. 56)
$\Delta \ln pr$	0. 005 094 4 (1. 20)	0. 001 798 5*** (3. 73)	－0. 000 635 9 (－0. 29)	0. 008 285 6*** (2. 67)	－0. 008 317 (－0. 78)	－0. 000 318 1 (－0. 05)	－0. 015 206 8 (－1. 22)	0. 006 834 1 (0. 50)
$\Delta \ln ita$	－0. 004 647*** (－3. 13)	－0. 000 854 9** (－2. 08)	－0. 002 307 5* (－1. 65)	0. 005 286*** (4. 53)	－0. 006 909 7*** (－5. 86)	0. 001 329 1* (1. 80)	0. 001 732 3** (2. 11)	0. 000 344 9 (0. 34)
$slniner$	0. 010 794 8*** (5. 02)	－0. 000 059 8 (－0. 31)	－0. 002 947 3*** (－3. 08)	－0. 003 687 8*** (－3. 18)	0. 001 68*** (10. 33)	－0. 000 845 1** (－2. 10)	－0. 000 555 2*** (－2. 83)	－0. 000 356 1 (－0. 74)
c	0. 259 777 8*** (8. 87)	0. 021 372 6*** (5. 39)	－0. 069 489 3*** (－4. 19)	－0. 015 194 2 (－0. 46)	－0. 104 823 5 (－1. 08)	0. 008 603 5 (0. 13)	－0. 128 794 5 (－1. 09)	0. 194 836 4** (2. 23)
Arellano－Bond(1)	－1. 937 4*	－3. 002 3***	－1. 683 5*	－2. 451 5**	－1. 806 3**	－2. 022 6**	－1. 937 1**	－2. 081 5*
Arellano－Bond(2)	－1. 239 1	－1. 074 7	－0. 982 49	－0. 903 62	1. 056 7	－0. 362 1	－1. 427 7	－1. 602 9
Sargan 统计量	15. 124 61	15. 474 46	16. 543 44	15. 877 21	12. 734 2	11. 317 33	8. 354 306	12. 284 33

注：小括号内为 t 值，* 表示在 10% 的显著性水平下显著，** 表示在 5% 的显著性水平下显著，*** 表示在 1% 的显著性水平下显著，*Arellano－Bond*(1) 和 *Arellano－Bond*(2) 检验的零假设分别是模型不存在一阶和二阶自相关，*Sargan* 统计量的原假设为工具变量是有效的。

其次，实证研究得出如下结论。

第一，全球价值链参与度的变化将提高资本和高技术劳动在全部要素报酬中的所占的份额，降低中技术劳动和低技术劳动在全部要素报酬中的所占的份额，参与全球价值链，将扩大资本和高技术劳动与中、低技术劳动在行业内要素报酬上的差距，从系数的大小来看，全球价值链参与度对资本所占份额的影响最大，对中技术劳动报酬所占份额的影响最小。

第二，从 GVC 前向参与度和 GVC 后向参与度对中国行业内要素报酬差距的影响来看，GVC 前向参与度显著扩大了资本和高技术劳动与中、低技术劳动在要素报酬上的差距，GVC 后向参与度显著扩大了资本与高技术劳动、中技术劳动和低技术劳动在行业内要素报酬上的差距，从系数上看，GVC 前向参与度对资本、高技术劳动、中技术劳动和低技术劳动 4 种要素报酬所占比重变化的影响程度大于 GVC 后向参与度对这 4 种要素报酬的影响。

第三，分组回归结果表明，全球价值链参与度的变化对货物行业资本、高技术劳动和中技术劳动 3 种要素报酬所占比重的变化的影响为正，对低技术劳动报酬所占比重的变化的影响为负，对服务行业资本、高技术劳动两种要素报酬所占比重的变化的影响正，对中技术劳动和低技术劳动两种要素报酬所占比重的变化的影响为负，全球价值链参与度对货物行业的行业内要素报酬差距的影响程度大于其对服务行业的影响程度。

本书的政策启示主要在于，鉴于参与全球价值链在促进了中国的技术进步、就业增加、经济发展的同时，也将扩大中国资本和高技术劳动与中、低技术劳动在要素报酬差距的事实，因此，在进一步融入全球价值链，获取全球价值链的收益的同时，也要警惕其在中国行业内要素收入分配方面所造成的负面影响，因此，需要通过鼓励企业和职业院校通过合作来增加对中、低技术劳动者的在职培训，以增强中、低技术劳动者的技术水平；通过增加对中、低技术劳动者的转移支付等方法，保证其与高技术劳动者在要素报酬方面的差距不被过分拉大。

第六节　全球价值链长度对中国就业弹性的影响

就业是民生之本，面对竞争日益激烈的就业环境，中国政府积极创造良好的就业机会以缓解其压力，但是由于国内市场的饱和性，随着对外开放的不断扩大，中国开始将视野放宽至国外市场。全球价值链作为经济全球化扩展的产物，它的不断延伸会对参与国劳动力市场产生显著的影响。参与全球价值链分工对各国的劳动力市场，尤其是对发展中国家的劳动力市场有着巨大的现实意义。

本书主要研究参与全球价值分工对中国劳动力市场就业效应的影响，现有文献主要包括两部分：一是参与全球价值链分工对劳动需求总量的影响，学者们肯定了参与全球价值链分工会增加中国的劳动需求，但是对这一命题的实证研究较少；二是参与全球价值链分工对劳动力就业结构的影响，均得出参与全球价值链分工对就业结构具有重要影响，但是参与全球价值链分工对中国的就业结构会产生怎样的影响却未得出一致的结论。基于此，本书选取2000—2014年世界投入产出表中的相关面板数据测算了中国17个制造业的价值链长度，并根据要素密集度的不同，分组检验了价值链长度对就业弹性的影响。对这一命题的研究对中国制造业更好地参与全球价值链分工，制定就业政策、缓解就业压力具有积极的意义。

一、测算方法和数据来源

（一）中国制造业价值链长度的测算方法

关于价值链长度的测算方法，国内外学者均采用Fally等（2013）的多国测算模型。

$$N_{im} = 1 - \sum_{jm} u_{jnim} N_{jn} \tag{6-45}$$

其中，N_{im}、N_{jn}分别表示m国产品i和n国产品j的价值链长度指数，u_{jnim}表示为生产m国1单位价值的i产品n国所需要投入的j产品的价值。矩阵推导后得到的价值链长度指数计算公式如下：

$$N_i = u'(I-A)^{-1} \tag{6-46}$$

其中，N为价值链长度列向量，u为单位列向量，A为投入产出直接消耗系数矩阵，$(I-A)^{-1}$为里昂惕夫逆矩阵。相关数据来源于2016年更新后的世界投入产出数据库，更新之后的WIOD数据库中包括2000—2014年45个国家56个行业的数据。世界投入产出表有效地解决了中国投入产出表年份不连续的缺陷，可以更好地显示出中国制造业价值链长度的年度变化趋势。

（二）中国制造业就业弹性的测算方法

本书选用点弹性估算方法对中国制造业2000—2014年的就业弹性进行测算。具体计算公式如下：

$$EL = \frac{L/L}{Y/Y} \tag{6-47}$$

其中，EL为就业弹性，L为某行业的劳动力数量，Y为该行业的产值，本书选用制造业大中型工业企业的平均从业人员数作为该行业的就业人数，大中型工业企业的工业增加值作为其产值。对于部分缺失年份的企业增加值数据的处理方法如下：2004年各细分行业增加值通过行业总增加值与行业总产值的比率再乘以2004年各细分行业的产值计算得到，而2008年以后的数值则参照杨振兵和张诚（2015）的研究对其进行推算，即当年行业增加值等于当年行业增加值的年末累计增长与上一年的行业增加值的乘积。

（三）中国制造业部门的价值链长度分析

根据式（6－46）对中国制造业部门的价值链长度进行测算，2000—2014年中国制造业价值链的平均长度由2000年的2.635 6延伸到2014年的3.052 3。价值链的延长表明制造业在参与全球分工的程度不断加深，其技术水平也在中国对外开放的过程中有所提升，基于智能制造、转型升级等相关政策的出台，中国制造业部门在整个价值链链条中逐步实现由底端的加工组装向设计等位置的攀升。

从各部门价值链长度值来看，2000 年、2001 年和 2004 年价值链最长的部门为金属制品业（除机器、设备），其余年份价值链最长的部门均为汽车制造业；除 2000 年、2006 年以及 2007 年外，家具制造及其他制造业的价值链长度均为最短，其他年份价值链长度最短的部门为石油精炼及核燃料和电子及光学设备制造业。就其增长幅度来看，2000—2014 年中国制造业整体部门的价值链长度平均增加了 13.65%，其中，增长幅度最大的部门为印刷业、记录媒介的复制业，其价值链长度增幅为 19.93%，增长幅度最小的部门为金属制品业，其价值链长度增长了 7.64%。基于要素密集度的差异而言，2000—2014 年劳动密集型制造业部门价值链长度的增长幅度为 15.42%，由 2000 年的 2.523 9 增长到 2014 年的 2.984 1；资本密集型部门的平均价值链长度值由 2000 年的 2.678 7 增长到 2014 年的 2.996 8，增长了 10.62%。2000—2014 年中国劳动密集型制造业的价值链长度平均值增长率相对较高，通过以上数据以及制造业的发展现状均可以表明其技术水平有了显著提高。

根据相关测算可知，2000—2014 年中国制造业各部门产品价值链长度呈现出以下特征：第一，中国制造业各部门价值链长度总体呈上升趋势，在 18 个制造业中价值链长度增长趋势最明显的部门为劳动密集型制造业印刷业、记录媒介的复制业，2000—2014 年的增长幅度为 19.93%，价值链长度增长率最小的部门为金属冶炼及压延加工业（资本密集型部门），其增长率为 7.64%。对于劳动密集型制造业印刷业、记录媒介的复制业，由于其在技术上的弱势以及中国劳动力丰裕使得其在参与全球价值链分工中具有一定的发展潜力。第二，从各部门价值链长度的变化趋势来看，在 2001—2003 年和 2009—2011 年分别出现价值链长度缩短的现象。在 2001—2003 年，中国刚加入 WTO，进一步的对外开放政策在促进中国对外贸易发展的同时，会对中国部分传统行业造成一定的冲击，使得其价值链长度出现暂时性缩短；之后，国内各行业之间的相互合作关系将随着中国对外贸易的进一步发展而日益密切，这使得中国国内的中间品贸易得到迅速发展，进而使得价值链长度出现积极的增长趋势；2009—2011 年制造业各部门产品价值链长度出现缩短的现象，这与马风涛（2015）得出的结果一致，这可能源于全球经济衰退导致中间投入品贸易明显下滑。

（四）中国制造业就业弹性的分析

利用式（6－47）对 2000—2014 年中国制造业各部门就业弹性进行计算。从制造业整体情况来看，2000—2014 年中国制造业部门的就业弹性总体呈上升态势，但其间存在起伏，从 2000 年的 －0.741 7 增长到 2014 年的 0.111 4。从不同要素密集度来看，劳动和资本密集型行业就业弹性均呈增加趋势，2000—2014 年劳动密集型行业的平均就业弹性由 －0.071 9 增长到 0.028 9，资本密集型行业的平均就业弹性由 －0.669 7 增长到

0.0083，资本密集型行业的平均就业弹性的增长幅度明显高于劳动密集型行业，且资本密集型行业的平均就业弹性显著低于劳动密集型行业，与现实资本密集型行业需要较少的劳动要素完全相符。

整体制造业就业弹性的变化趋势表现为：第一，2000—2002 年，中国制造业产业产值增长率为正值，而在此期间该行业的就业弹性出现负值，也就意味着该行业的经济增长对就业出现“挤出效应”。这可能是因为自 2001 年中国加入 WTO 以来，国际交往的频繁提升了对中国制造业智能化、专业化等的相关需求，这将加速中国制造业的转型升级，从而减少对非熟练劳动力的需求；第二，在 2004—2007 年、2009 年和 2012—2014 年就业弹性出现 3 段较明显的下降，而在此 3 个阶段内，增加值均呈现出上升状态，根据张车伟和蔡昉（2002）的观点，就业弹性的下降表征该部门发生了生产投入要素的结构性变化，即劳动力要素投入减少，而资本和知识要素投入不断增加。表明在这期间中国制造业由于受到金融危机或者是产业升级等的影响，倒逼中国制造业生产要素的投入发生变化，虽然就业出现明显的下降，但是对于中国整个制造业而言却是向好发展的表现。

就中国制造业各细分行业的数据而言，2000—2014 年中国制造业各部门就业弹性呈现以下特征：第一，各制造业部门的就业弹性这一指标均为正，由此可以看出，制造业部门目前依然是拉动中国国民就业的最主要部门；第二，采用点弹性计算得出的就业弹性数据各年份波动性较大，故通过对相关细分行业数据做线性趋势线分析，可以得出其大致的波动趋势；第三，就业弹性波动下降的部门仅有 2 个，均为劳动密集型部门。基于张车伟和蔡昉（2002）的观点，这表明中国劳动密集型的部分行业在对外开放过程中正在逐步摆脱劳动要素的限制，生产要素的投入逐步转向增加资本和技术，其技术水平在逐步提升。

二、全球价值链长度对中国就业弹性影响的实证分析

（一）模型设定

本书借鉴 Falk 等（2007）提出的用于分析行业劳动需求的标准方程，构建如下计量模型：

$$\begin{aligned}\ln El_{it} = &\beta_0 + \beta_1 \times \ln Gvc_{it} + \beta_2 \times \ln RD_{it} + \beta_3 \times \ln PL_{it} \\ &+ \beta_4 \times \ln Scale_{it} + \beta_5 \times \ln RC_{it} + \beta_6 \times \ln(k/y)_{it} + \alpha_i + \mu_i + \varepsilon_{it}\end{aligned} \tag{6-48}$$

由于企业的就业调整具有时滞性，需要加入滞后项，因此在式（6－48）的基础上进行调整，修正后的动态面板模型如下：

$$\begin{aligned}\ln El_{it} = &\beta_0 + \beta_1 \times \ln Gvc_{it-1} + \beta_2 \times \ln RD_{it} + \beta_3 \times \ln PL_{it} \\ &+ \beta_4 \times \ln Scale_{it} + \beta_5 \times \ln RC_{it} + \beta_6 \times \ln(k/y)_{it} + \alpha_i + \mu_i + \varepsilon_{it}\end{aligned} \tag{6-49}$$

其中，EL_{it}表示 t 年 i 行业的就业弹性；EL_{it-1}表示就业弹性的滞后项；Gvc_{it}表示 t 年

i 行业的价值链长度；作为就业弹性的控制变量，RD_{it}，PL_{it}，$\ln Scale_{it}$，$\ln RC_{it}$ 和 $\ln(k/y)_{it}$ 分别表示技术进步、劳动力价格、行业规模、资本贡献率和资本产出比。

（二）变量选取和数据来源

1. 主要变量

中国制造业价值链长度（GVC），根据式（6－46）计算得到，相关数据来源于世界投入产出数据库。中国制造业就业弹性（EL），根据式（6－47）计算所得。平均从业人员数据来源于《中国工业统计年鉴》；2008 年以前的制造业企业增加值数据来源于《中国工业统计年鉴》，之后的数据参照杨振兵和张诚（2015）的方法进行推算。

2. 控制变量

技术进步（R&D），根据理论判断其与就业弹性可能呈反向变动关系，相关数据来源于历年《中国科技统计年鉴》；劳动力价格（PL），其与就业弹性可能呈现负相关关系，本书选取实际工资水平来衡量劳动力价格，并利用1978 年为基期的城镇居民消费价格指数进行了平减，相关数据来源于历年《中国劳动统计年鉴》；企业规模（Scale），由于中国制造业以加工贸易为主，其技术水平有限，故认为企业规模越大，所需的劳动力越多，与就业弹性成正比；资本产出比（K/Y），单位产出所需投入的资本量，资本产出比与生产技术水平具有一定的对应关系，技术一般起到了节约资本的作用，低的资本产出比表明该部门生产技术较高，则造成就业弹性下降，故预期资本产出比与就业弹性成正比；总资产贡献率（RC），总资产贡献率可以衡量各行业的经济利润及其综合盈利能力，预期其与就业弹性呈正向变动关系。相关数据来源于历年《中国工业统计年鉴》。相关变量说明见表 6－14。

表 6－14　相关变量说明

变量名称	变量含义	观测值	均值	标准差	最小值	最大值
$\ln EL$	就业弹性的对数	244	0.2057	0.4986	－4.3337	1.2642
$\ln GVC$	价值链长度的对数	255	1.0096	0.06521	0.8500	1.1519
$\ln R\&D$	科研经费支出与工业增加值之比的对数	255	2.9413	0.7135	－1.0885	4.1568
$\ln PL$	城镇单位就业人员平均劳动报酬与城镇居民消费价格指数（1978＝100）之比的对数	255	3.6681	0.3873	2.8854	4.5259
$\ln Scale$	销售收入与企业个数之比的对数	255	1.5296	0.5831	－0.8205	3.2889
$\ln RC$	总资产贡献率	255	2.3397	0.4637	－2.1084	3.9586
$\ln K/Y$	固定资产净值与工业增加值之比的对数	255	0.2351	0.3252	－0.9375	1.3532

（三）回归结果及分析

由于培训成本、劳动合同等因素的存在，就业弹性本身具有一定的滞后性，因此本书在计量模型中加入了被解释变量的滞后一期。动态面板数据一般会存在动态面板偏差，因此本书运用广义矩估计（GMM）对式（6－49）进行估计。表6－15为广义矩估计（GMM）的估计结果。其中，第（1）~第（3）列为差分GMM的估计结果，第（4）~第（6）列为系统GMM的计量结果。第（4）列为价值链长度等变量对整体制造业就业弹性的影响，第（5）列为各变量对劳动密集型制造业就业弹性造成的影响，第（6）列为各变量对资本密集型制造业就业弹性产生的影响。根据表6－15的计量结果，估计模型均能通过Arel－lano and Bond检验，即扰动项存在一阶自相关，但不存在二阶自相关，且在5%的显著性水平下接受“所有工具变量均有效”的假设。

表6－15　模型估计结果

变量	DIF－GMM			SYS－GMM		
	(1)	(2)	(3)	(4)	(5)	(6)
ln*EL*－1	0.5823***	－0.0404	－0.1353	0.8424***	－1.4677	0.3364
	(5.86)	(－0.08)	(－0.37)	(9.52)	(－1.59)	(1.47)
ln*GVC*	－0.0058*	－0.2451***	－0.0463**	－0.0167***	－0.0948***	－0.0383***
	(－1.75)	(－3.10)	(－1.98)	(－6.40)	(－3.03)	(－4.55)
ln*R&D*	－0.0049	－0.1120**	0.2513***	－0.0002	0.0748*	0.0008
	(－1.32)	(－1.97)	(3.06)	(－1.05)	(1.67)	(1.16)
ln*PL*	0.0482***	0.0739	－0.04657	0.0002	0.2481**	0.0011***
	(6.40)	(1.11)	(－0.68)	(1.27)	(2.48)	(3.92)
ln*Scale*	0.0187***	0.0161	0.0383**	0.0005	－0.0402	0.0006
	(4.19)	(1.06)	(2.24)	(1.35)	(－1.48)	(0.02)
ln*K/Y*	－0.0092**	0.1440	0.5121***	－0.0167***	0.2207**	－0.0334
	(－2.46)	(0.90)	(3.07)	(－2.84)	(2.19)	(－0.97)
ln*RC*	0.0051***	0.4730***	－0.0026	0.0010***	0.5302***	0.0003
	(3.21)	(2.79)	(－0.44)	(3.13)	(2.97)	(0.20)
_cons	0.2252***	0.0218	0.4845***	0.1765**	0.0258	1.8460***
	(6.59)	(1.11)	(2.90)	(2.11)	(1.25)	(3.03)
AR（1）*t*统计量	－3.2113	－3.9087	－2.0954	－3.5236	－1.9394	－1.7971
AR（2）*t*统计量	0.2409	0.0100	－0.5320	0.0966	－0.9383	0.9920
Sargan检验	*P*＝0.089	*P*＝0.033	*P*＝0.073	*P*＝0.029	*P*＝0.091	*P*＝0.068

注：括号内为*t*值，***、**和*分别表示在1%、5%和10%的显著性水平上显著。

由表6－15可以看出，系统GMM和差分GMM的实证结果在系数符号、大小和显著性方面基本保持一致，验证了回归结果具有较好的稳定性，但是相对于差分GMM，系统GMM的估计结果更为准确，因此本书主要对系统GMM的计量结果进行分析。

1. 全球价值链长度对就业弹性的影响

对于总体制造业而言，中国制造业价值链长度的变化对就业弹性的影响为负，且在1%的显著性水平下显著相关。可能的原因是：首先，随着某部门价值链长度的延长，该部门产品生产工序的复杂程度以及产品的科技含量均随之提高，这会促使其劳动生产率不断提高，进而减少对劳动力的需求；其次，随着中国制造业领域劳动生产率以及产品科技含量的提升，中国目前的人才培养能力并不能满足其技能改善的需求，在劳动力市场中体现为典型的“就业难”和“用工荒”，这在一定程度上限制了中国制造业对就业的拉动作用；最后，产业升级可以从价值链角度解释为价值链中低端经济体沿着价值阶梯向上攀升的过程，故价值链的延长会推动中国制造业的转型升级，进而倒逼生产投入要素的转变，促使生产投入要素由劳动转变为资本、技术，最终导致就业弹性的下降。

对于劳动、资本等不同密集型制造业部门而言，其价值链长度对就业弹性的影响均为负，且都通过了显著性水平检验。通过对两种细分制造业部门相关实证数据对比可知，劳动密集型制造业主要变量间相关系数的绝对值更高，即对于劳动密集型部门而言，价值链长度变动1%，其就业弹性的变动值比资本密集型制造业的变动值更大，可能是由该类型制造业本身的特质决定的，其就业人数较多但是劳动力质量相对较差，随着各部门贸易往来的增加以及对外交往的深入，价值链不断延长的同时，生产工序的复杂度以及专业化程度不断增加将直接刺激其技术水平及劳动生产率的提升，会直接导致就业结构的变化，大量减少对低技术劳动力的需求，加之劳动密集型部门人力资本的限制，高技术劳动力供给不足，造成其就业弹性大幅下降。而对于资本密集型部门来说，生产要素投入比例不同于劳动密集型部门，资本、知识和中、高技术劳动力投入相对于低技术劳动力较多，随着价值链的延长，由于本身劳动力的性质和结构不会造成劳动力的大规模减少，即价值链长度对就业弹性的影响相对较少。

2. 技术进步、总资产贡献率等控制变量对就业弹性的影响

技术进步对整体制造业就业弹性的影响为负，但未通过显著性水平检验，这说明技术进步将会提高行业的劳动生产率，提升劳动力的利用率，致使其劳动力的吸纳能力下降，但由于受到创新环境、奖励机制以及科技创新能力等的影响，会使其对就业弹性的影响能力有限。中国的劳动密集型制造业以“两头在外”的加工贸易模式为主，中国仍是承接处于价值链低端的加工、组装环节，随着生产技术水平的提升，会增加对熟练劳动力的需求，但是对低技术劳动力的需求却不会出现缩减，因此，技术进步并不能使中国劳动密集型制造业的就业弹性下降。对于资本密集型制造业而言，技术进步会导致其就业弹性上涨，但未通过显著性检验。不论是对于整体制造业还是不同要素密集度行业而言，随着劳动力价格即工资收入的增加，就业弹性也出现增长。这与最初的预期不

符，就业市场的不成熟将导致价格不能正常地发挥其调节供需状况的功效。价格的调节作用失效会出现供需状况的不匹配，使市场失衡，同样劳动力价格的失效也会使劳动力市场存在劳动力数量以及结构的错配，当劳动力素质以及高校的培养机制并不能与市场需求相对应时，劳动力价格对劳动力数量、结构的调节功能将完全失效。随着行业规模的逐步扩大，对劳动力数量的需求会随之增加，进而其就业弹性将呈不断增加态势。资本产出比对整体制造业就业弹性的影响为负，这与预期相反，则表明在产出一定的条件下，随着资本投入的增加，劳动力投入相对减少，表明资本对劳动的替代作用两者投入比例不一致会造成资本浪费严重，同时也表明该行业生产技术水平低下。而资本产出比对劳动密集型制造业就业弹性的影响为正，符合资本投入比与技术水平的对应关系。总资产贡献率越高，表明该部门的获利能力越高，越有能力支付更高的工资，对劳动力的吸引较大，尤其是对于劳动密集型行业的劳动力高工资的吸引力更大，故总资产贡献率对就业弹性具有正的劳动作用。

三、研究结论

本书运用投入产出法对中国制造业面板数据中 2000—2014 年各细分行业的生产价值链长度进行测算，并对制造业及其不同要素密集度部门价值链长度的变化对就业弹性的影响进行分析。得出以下主要结论：第一，价值链长度对就业弹性的影响为负，随着中国制造业参与全球价值链分工程度的加深，会在一定程度上推动中国制造业的转型升级，进而倒逼生产投入要素的转变，促使生产投入要素由劳动转变为资本、技术转变。第二，技术进步、劳动力价格等控制变量对就业弹性的影响，对于整体制造业而言，资本产出比对其就业弹性的影响为负，而总资产贡献率对就业弹性的影响为正，其他变量对就业弹性的影响不显著；对于劳动密集型制造业而言，对就业弹性起正向促进作用的变量为技术进步、劳动力价格、资本产出比和总资产贡献率；而对于资本密集型制造业而言，除劳动力价格对就业弹性具有正的促进作用之外，其他变量对其影响不显著。

第七节　全球价值链长度对工资差距的影响

世界经济论坛 2017 年年会开幕式上，习近平主席强调要坚定不移推进经济全球化，打造富有活力的增长模式、开放共赢的合作模式、公正合理的治理模式、平衡普惠的发展模式。根据中国多年的实践经验，随着中国对外开放的不断扩大，对外贸易快速增长，经济也呈现几何式的飞速发展。根据商务部的统计数据：2001 年中国加入 WTO 时，货物进出口总值为 5 096. 5 亿美元；至 2013 年，中国货物进出口总值达到 41 603. 3 亿美元，相比 2001 年增长了 7 倍多，使中国成为世界第一大货物贸易国。随着对外贸易的发展，各国各部门参与全球价值链分工的深度和广度不断延伸和延长。全球价值链的不断延伸促使参加全球价值链的产品种类和国家越来越多，也对参与国劳动力市场产生了显著影响（刘瑶，2016）。作为劳动力市场的关键因素之一，行业间工资差距形势趋于严峻，学术界开始将全球价值链与工资差距结合在一起，企图从参与价值链分工角度为缩小工资差距提供一定的政策依据。中国目前行业间的工资差距呈逐渐扩大趋势，1995 年制造业行业间工资极值比为 2.77，到 2005 年该比值已经升至 4.31，此后有所下降，但 2008 年该比值仍为 3.99（杨春艳，2012），可见行业间收入差距问题较严峻，对这一问题的研究，不仅关系到中国收入分配的公平性，还会对中国经济的可持续发展产生重大影响。那么，参与全球价值链分工会对中国行业间工资差距产生怎样的影响？对这一问题的研究，为中国应对参与全球竞争对中国造成的不利影响，尤其是对收入不公平造成的影响有着非常重要的现实意义，同时，从参与全球价值链分工视角下，可为如何缩小收入差距提供一条解决路径。本书研究的问题主要包括两个方面：一是关于价值链长度的测算，二是基于全球价值链视角分析价值链长度对不同技术水平工资收入的影响。

一、理论机制分析

本书研究价值链长度对中国各行业不同技能劳动者工资收入和工资差距的影响。全球价值链长度指数值越大，表明该部门参与全球价值链分工越深入（马风涛，2015）。参与全球价值链分工对熟练、非熟练劳动力工资差距的影响主要包括两条路径：一是通过影响熟练、非熟练劳动力的相对供给从而对其工资差距产生影响，二是通过影响生产技术水平对工资差距产生影响。

根据本书理论分析的需要，假设 A 国为发展中国家，其生产函数为 $Q=f(K, L_1, L_2)$，其中 K 代表资本，且其保持不变；L_1 表示熟练劳动力，L_2 表示非熟练劳动力；生产产品 X 需要耗费大量的熟练劳动力，生产产品 Y 需要耗费大量的非熟练劳动力。基于 SS 定理，A 国作为发展中国家，非熟练劳动力 L_2 相对丰裕，它会倾向于出口大量耗费非熟练劳动力的产品 Y，进口耗费熟练劳动力生产的产品 X，进而扩大 Y 类产品的生产，而相对减少产品 X 的生产，扩大 Y 类产品的生产需要投入更多的 L_2，增加对 L_2 的需求；而减少对 X 类的生产，则会释放出 X 类产品原先占用的大量的熟练劳动力 L_1 和少量的非熟练劳动力 L_2，由于扩大对 Y 类的生产对 L_2 的需求增加，但减少 X 类产品的生产只释放了少量的 L_2，此时对 L_2 的需求大于供给，L_2 的价格上升，即非熟练劳动力工资上涨；同理，减少对 X 产品的生产会释放大量的熟练劳动力，使得 L_1 供给增加，但是增加对 Y 类产品的生产仅需求少部分的 L_1，因此 L_1 供给大于需求使得 L_1 的价格下降，即熟练劳动力的工资减少。对于发展中国家来说，基于资源禀赋不同，参与全球价值链分工会使非熟练劳动力工资上涨，而熟练劳动力的工资下降，从而缩小熟练劳动力和非熟练劳动力之间的工资差距。基于参与价值链分工通过影响熟练、非熟练劳动力的相对供给对其工资差距产生影响，本节提出假设一：价值链长度指数变大可能会缩小熟练劳动力和非熟练劳动力之间工资差距。

通过参与价值链带来的技术外溢效应，有利于中国企业通过技术引进、技术创新等提高自身的自主创新能力，由于资本与技能的互补性和技术学习的技能偏向性（喻美辞，2012），增加对熟练劳动力的需求，相应提高其工资水平，扩大熟练劳动力与非熟练劳动力之间的工资差距。基于参与价值链分工通过影响生产技术水平进而对熟练、非熟练劳动力之间的工资差距产生影响，本节提出假设二：价值链长度指数变大可能会使熟练劳动力和非熟练劳动力之间工资差距扩大。价值链长度对熟练劳动力和非熟练劳动力之间工资差距的影响取决于以上两种影响路径的权衡。魏浩（2010）指出工业制成品在中国出口中日益占据主导地位，其中2007年工业制成品所占比例为94.95%；中国出口商品结构的商品构成集中于少数几种商品：轻纺产品、橡胶制品矿冶产品及其制品和机械及运输设备。而对于生产这类产品的行业来说，其多为劳动密集型行业，使用较多的中低技术劳动力，高技能劳动力在总劳动力中所占比例不超过10%；且在1995—2009年该类行业的工资差距在逐年扩大，但是2009年这些行业较35个行业中的其他行业，其工资差距均较小。这一实际情况与假设一相符，参与全球价值链分工程度越深可能会缩小熟练、非熟练劳动力之间的工资差距。

二、全球价值链长度对中国工资差距影响的实证分析

（一）计量模型的构建

本书根据Mincer（1974）以及Hering和Poncent（2010）有关个体工资方程的设定方法，根据本书研究的具体问题以及考虑到工资黏性等因素，构建有关工资收入的计量模型：

$$\begin{aligned}\ln wage_{i,t} = a + \beta_0 \times \ln wage_{i,-1} + \beta_1 \times \ln gvc_{i,t} + \beta_2 \times \ln Open_{i,t} \\ + \beta_3 \times \ln Tfp_{i,t} + \beta_4 \times \ln(k/l)_{i,t} + \beta_5 \times \ln(y/l)_{i,t} \\ + \beta_6 \times \ln(k/y)_{i,t} + \beta_7 \times \ln Hc_{i,t} + \mu_{i,t} + \varepsilon_{it}\end{aligned} \quad (6-50)$$

其中，$Wage_{i,t}$表示t年i行业的工资收入，在计量分析时将其分解为高技能劳动力劳动报酬（$Wage_{i,t}-h$）、中技能劳动力劳动报酬（$Wage_{i,t}-m$）、低技能劳动力劳动报酬（$Wage_{i,t}-l$），分别分析价值链长度对不同技能劳动力工资收入的影响；$W_{i,t}$表示i行业t年的熟练劳动力与非熟练劳动力之间的工资差距；gvc_{it}表示t年i行业的价值链长度；$Open_{i,t}$、$Tfp_{i,t}$、$\frac{k}{l}_{i,t}$、$\frac{y}{l}_{i,t}$、$Hc_{i,t}$作为工资的控制变量，分别表示贸易开放度、技术进步、资本密集度、劳动生产率、人力资本。

（二）变量选取和数据说明

1. 全球价值链长度的测算

依据Fally（2013）的定义，价值链长度指数是计算一国某部门产品在生产过程中所经历的生产阶段的数目，m国产品i的价值链长度指数可以表示为

$$N_{im} = 1 + \sum_{jn} u_{jnim} N_{jn} \quad (6-51)$$

其中，N_{im}、N_{jn}分别表示 m 国 i 产品和 n 国 j 产品的价值链长度指数，u_{jnim}表示为生产 m 国 1 单位价值的 i 产品所需要投入的 n 国 j 产品的价值。经过矩阵推导可以得到价值链长度指数的具体计算公式：

$$N_i = \mu'(I - A)^{-1} \tag{6-52}$$

其中，N 为产业价值链长度列向量，μ 为单位列向量，A 为投入产出直接消耗系数矩阵，$(I-A)^{-1}$为里昂惕夫逆阵。本书运用世界投入产出表测算出中国 1995—2009 年 35 个行业的价值链长度指数。

2. 工资收入、工资差距的选取

WIOD - SEAs 数据库中分别提供了 40 个国家和地区 35 个行业高、中、低技能劳动者①在各国各行业总劳动报酬中的份额，本书选择此份额乘以行业总的劳动报酬作为高、中、低技能劳动者的工资收入。

关于熟练与非熟练劳动者之间的工资差距的处理方法根据数据来源不同可分为两类：第一类是使用《中国科技统计年鉴》的相关数据，将工资差距定义为熟练劳动力平均工资与非熟练劳动力平均工资之比，其中熟练劳动力为从事科技活动人员，非熟练劳动力为从事非科技活动的工人（喻美辞，2008；周禄松，2014）。第二类是使用世界投入产出数据库中的社会—经济账户表（SEA 表），该表提供了 35 个行业高、中、低 3 种技能劳动者劳动报酬的相关数据。根据胡昭玲（2016）关于工资差距的处理，熟练与非熟练劳动力之间的工资差距为熟练劳动力之间的工资差距与非熟练劳动力之间的工资差距之和，其中熟练劳动力之间工资差距为高、中级技能劳动力之间的小时工资差距且取二者小时工资之比的对数，而非熟练劳动力之间工资差距为中、低技能劳动力之间的小时工资差距且取二者小时工资之比的对数。本书选用胡昭玲（2016）关于工资差距的定义，即熟练与非熟练劳动力之间的工资差距 = 熟练劳动力之间的工资差距 + 非熟练劳动力之间的工资差距 = $(LABHS/H\_HS)/(LABMS/H\_MS) + (LABMS/H\_MS)/(LABLS/H\_LS)$。

3. 控制变量

基于现有文献，本书选用以下控制变量：①对外开放度（Open），根据 SS 定理，发展中国家的贸易自由化会缩小其熟练劳动者和非熟练劳动者之间的工资差距。喻美辞（2008）、刘瑶（2012）等通过对中国制造业的实证分析却得出了与之相反的观点。②技术进步（Tfp），测度技术进步的指标有 3 种（WTO，2013）：全要素生产率、研发费用支出和专利申请数量。由于无法获取服务业的研发费用和专利申请数量的相关数据，因此，本书选用全要素生产率作为技术进步的替代变量（谭人友等，2016），运用 DEA 分析，将资本和劳动作为主要投入，计算得出 35 个行业 1995—2009 年的全要素生产率作

① 参照 1997 年的国际教育标准分类（International Standard Classification of Education，ISCED），WIOD - SEAs 根据劳动者的受教育水平将其划分为 6 级，其中 1 ~ 2 级为低技能，3 ~ 4 级为中技能，5 ~ 6 级为高技能。高、中、低技能劳动者在各国各行业总劳动报酬中的份额依次记为 LABHS、LABMS、LABLS，在各国各行业总工作时间中的份额依次记为 H_HS、H_MS、H_LS。

为技术进步的替代指标。③资本密集度（K/Y），预期资本密集度对工资差距的影响为正。④劳动生产率（Y/L），该项越大，表明其所使用的高技术劳动者越多，可能扩大不同技能劳动者报酬之间的差距。⑤人力资本（Hc），以高技能员工工作时间占行业总工作时间的比重来测度。具体的变量定义及变量的描述性统计如表6－16所示。

表6－16　样本数据中主要变量的描述性统计结果

变量名称	变量含义	均值	标准差	最小值	最大值	样本量
ln*Wage*	行业总的工资收入	11.682 9	1.090 6	8.494 7	15.021 9	495
ln*Wage*－*h*	高技能劳动者的劳动报酬	8.811 99	1.581 3	4.782 9	12.945 7	495
ln*Wage*－*m*	中技能劳动者的劳动报酬	10.900 9	1.040 28	8.034 5	13.258 9	495
ln*Wage*－*l*	低技能劳动者的劳动报酬	10.556 0	1.374 6	6.744 6	14.956 7	495
ln*W*	熟练与非熟练劳动力之间的工资差距	0.913 2	0.055 4	0.747 7	1.059 7	495
ln*GVC*	价值链长度	0.807 5	0.164 0	0.292 2	1.143 4	495
ln*Open*	出口贸易额/总产出	－3.433 0	2.893 9	－18.783 1	－0.287 1	495
ln*Tfp*	全要素生产率	－0.766 4	0.614 9	－3.352 4	0	495
ln*K/Y*	固定资本存量/产出	－0.684 6	0.914 9	－2.818 4	2.811 6	495
ln*Va/L*	行业增加值/就业人数	4.630 1	1.194 2	1.085 1	7.502 2	495
ln*Hc*	高技能劳动者工作时间/行业总工作时间	－3.189 3	1.291 6	－8.261 0	－0.936 6	495

4. 数据说明

本书所用的数据均来源于世界投入产出数据库。由于世界投入产出数据库中部分数据为0，因此，将全部年份数据为0的行业剔除，包括汽车及摩托车的销售、维护及修理业（C19）和为私人雇佣的家庭服务业（C35），最终选取33个行业[①] 1995—2009年共计15年的数据作为分析的样本，共得到495个观测值。

（三）回归结果及分析

本书使用的是面板数据，考虑到计量方程可能存在的内生性问题可能对计量模型的估计造成偏误，因此本书采用系统广义矩估计（系统GMM）。表6－17给出了价值链长度对不同技能劳动者工资以及工资差距影响的计量结果。

---

① WIOD行业：C1农林牧渔业，C2矿产采掘业，C3食品饮料和烟草业，C4纺织及其制品业，C5皮革及其制品业，C6木材及其制品业，C7造纸印刷出版业，C8石油精炼及核燃料，C9化学原料及其制品业，C10橡胶与塑料制品业，C11非金属矿物品，C12金属冶炼及压延加工业，C13机械制造业，C14电子及光学设备制造业，C15交通运输设备制造业，C16资源循环再利用，C17电力、煤气及水的生产和供应业，C18建筑业，C19汽车及摩托车的销售、维护及修理业，C20燃油零售批发业（不含汽车及摩托车），C21零售业（不含汽车及摩托车），C22住宿及餐饮业，C23内陆运输业，C24水路运输业，C25航空运输业，C26其他配套和辅助的运输业务及旅行社业务，C27邮政及通信业，C28金融业，C29房地产业，C30租赁及商务服务业，C31公共管理、国防及社会保障业，C32教育业，C33卫生及社会工作，C34其他社区、社会及个人服务业，C35为私人雇佣的家庭服务业。

1. 全球价值链长度对熟练、非熟练劳动力之间工资差距的影响

表6-17中第（1）~第（4）列为各变量对工资收入的影响分析，其中第（1）列为价值链长度对行业工资总额的影响，检验结果显示为负，且在1%的显著性水平下显著，表明价值链的延长会降低行业总的工资水平。这可能是由于，中国在参与全球价值链生产中主要使用的是低技术劳动力，价值链的延长对低技能劳动力的工资提升起到改善作用，但同时挤占了部分中、高技能劳动力的工资提升空间，因此，总体上降低了中国劳动力的工资水平。第（2）~第（4）列分别为价值链长度对高技能劳动者的劳动报酬、中技能劳动者劳动报酬、低技能劳动者劳动报酬的影响。结合第（2）~第（4）列同样可以得出以上结论，对于低技能劳动者来说，价值链的延长使得其工资状况得到改善，可能的原因是随着价值链的延长，中国各行业参与价值链分工程度逐渐加深，中国低技能劳动力的优势得到充分发挥，再加之，劳动力的国际流动和中国低技能劳动力价格优势，中国中低技能劳动力会替代发达国家部分劳动力，造成发达国家部分劳动力失业，而中国低技能劳动力的收入状况得到进一步改善。而随着参与价值链分工程度逐渐深入，中、高技能劳动者的收入状况却进一步恶化，可能的原因首先是中国的技术吸收能力有限，限制了中国生产技术水平的提升以及对高技能劳动力的需求；其次，低技能劳动力优势的充分发挥使得中国部分企业只关注于眼前利益而放弃技术创新，造成对高技能劳动力需求减少，进一步恶化高技能劳动力的收入状况。基于以上分析可以得出，随着价值链的延长，中国参与价值链分工程度逐渐深入，中国高、中、低技能劳动力之间的工资差距呈缩小趋势，这验证了假设一。

第（5）列为检验价值链长度对整体35个行业熟练劳动力和非熟练劳动力工资差距的影响，价值链长度对总体行业工资差距的影响为负，且通过了显著性检验，即随着价值链的延长，熟练劳动力和非熟练劳动力之间的工资差距在逐步缩小，这与假设一相符，也和第（2）~第（4）列得出的分析结果一致。这可能的原因是价值链长度通过影响熟练、非熟练劳动力的相对供给进而影响其工资差距这一效应大于通过影响生产技术水平而对工资差距产生影响的效应，参与全球价值链分工对中国生产技术水平的提升能力有限，这一方面是受中国的技术吸收能力的限制，另一方面可能是与中国在参与全球价值链分工中所处的地位相关。第（6）列、第（7）列分别表示价值链长度对制造业、服务业内部熟练劳动力和非熟练劳动力工资差距的影响，实证检验结果显示影响系数均为负，但是价值链长度的变动对服务业内部的工资差距的影响未通过显著性检验。也就是说，随着价值链的延长，制造业内部熟练劳动力和非熟练劳动力之间的工资差距在缩小，而对服务业的影响不显著。中国制造业仍处于价值链分工的低端，一定程度上制约了通过参与价值链带来的技术外溢效益对中国制造业生产技术水平的提升作用，故对于中国制造业而言，参与价值链分工通过影响生产技术水平而对工资差距产生影响较小，主要是通过影响不同技能劳动力的供需形成的。对于服务业而言，价值链长度对工资差距的影响不显著，可能是由参与全球价值链影响工资差距的两条路径的相互抵消作用造成。

2. 各控制变量对熟练、非熟练劳动力之间工资差距的影响

根据第（5）列，对外开放度对中国整体行业熟练、非熟练劳动力之间工资差距的影响为负，表明对外开放会缩小中国不同技能劳动力之间的工资差距，这与 SS 定理的假设一致。同时这一观点通过第（2）~第（4）列也可以得到验证，对外开放对不同技能劳动力工资收入的影响都为负，但是相对于低技术劳动力的工资来说，对外开放对高技术劳动力的工资收入的影响更显著，其相关系数更大，即对外开放每扩大 1 单位，高技能劳动力的工资下降 0.020 1 单位，低技能劳动力的工资收入下降 0.004 5，说明对外越开放，熟练、非熟练劳动者之间的工资差距逐渐缩小。科技进步指标对中国整体行业熟练、非熟练劳动力之间工资差距的影响为负，根据第（2）~第（4）列说明科技进步促进整体行业技术水平的提升主要是提升非熟练劳动力的技术水平，实现非熟练劳动力相对工资的追赶，故技术进步缩小整体行业熟练、非熟练劳动力之间的工资差距，但是科技进步对不同要素密集度行业间的工资差距的影响不同，之间的相互抵消作用可能使技术进步指标对整个行业的工资差距之间的影响不显著。资本密集度缩小了中国整体行业熟练、非熟练劳动者之间的工资差距，资本投入的减少在一定程度上代表了资本节约型的技术进步，所以资本产出比的系数为负表明资本节约型的技术进步使工资差距逐步缩小。劳动生产率的提高和人力资本投入的增加都表明增加了对该行业熟练劳动力的投入，相应地提高了其的工资收入，扩大了熟练、非熟练劳动力之间的工资差距。

对于制造业来说，对外开放、技术进步、人力资本投入扩大了熟练、非熟练劳动力之间的工资差距，其他控制变量对工资差距的影响不显著。对外开放、技术进步指标扩大了制造业熟练、非熟练劳动力之间工资差距，这与其对整个行业的影响符号相反。随着对外开放程度的加深，为了提升中国的国际竞争力以及在全球价值链分工中的地位，中国不得不越来越注重进出口产品的生产技术水平的提高以及对国外先进技术水平的引进与吸收，而不再过多地利用低技术劳动力优势，技术进步不再主要提高低技术劳动力的生产技术水平，这在一定程度上增加了对熟练劳动力的需求而减少了对非熟练劳动力的需求，因此扩大了中国制造业熟练、非熟练劳动力之间的工资差距。而对于服务业来说，技术进步、资本密集度、人力资本投入促进了熟练、非熟练劳动力之间工资差距的扩大，其他控制变量对工资差距的影响不显著。技术密集度对服务业工资差距的影响不同于其对制造业以及对整个行业的影响，可能的原因是资本密集度高表现为资本体现式技术进步，资本体现式技术进步与高技能劳动力需求具有较强的互补关系（宋冬林等，2010），进而拉大工资差距。

表 6－17 模型估计结果

变量	工资收入（ln*Wage*）				工资差距（ln*W*）		
	（1）	（2）	（3）	（4）	（5）	（6）	（7）
$\ln Wage_{-1}$	0.792 4*** （59.72）	0.783 8*** （62.29）	0.785 9*** （63.82）	0.737 7*** （33.88）	—	—	—

续表

变量	工资收入（ln*Wage*）				工资差距（ln*W*）		
	(1)	(2)	(3)	(4)	(5)	(6)	(7)
$\ln W_{-1}$	—	—	—	—	0.827 2*** (113.88)	0.896 7*** (13.00)	0.903 3*** (26.88)
ln*GVC*	-0.202 4*** (-4.30)	-0.452 4*** (-5.69)	-0.260 9*** (-3.35)	0.507 7*** (4.42)	-0.028 7*** (-19.98)	-0.035 2*** (-4.44)	-0.014 5 (-0.99)
ln*Open*	-0.013 9*** (-8.36)	-0.020 1*** (-7.36)	-0.016 9*** (-7.28)	-0.004 5* (-3.86)	-0.000 6*** (-14.58)	0.006 6*** (3.96)	0.000 2 (1.59)
ln*Tfp*	0.026 5* (1.71)	0.049 6*** (3.44)	0.087 5*** (5.52)	0.133 5*** (12.96)	-0.000 9 (-0.83)	0.172 2*** (3.11)	0.017 5* (2.46)
ln*K/Y*	-0.199 1*** (-14.69)	-0.244 0*** (-11.25)	-0.177 7*** (-8.48)	-0.187 9*** (-9.29)	-0.005 1*** (-9.78)	-0.007 2 (-1.53)	0.013 7*** (4.21)
ln*Va/L*	0.218 4*** (12.52)	0.233 9*** (9.75)	0.193 9*** (10.10)	0.333 6*** (16.76)	0.006 7*** (11.34)	0.004 1 (0.96)	0.004 2 (0.95)
ln*Hc*	0.065 7*** (8.19)	0.233 2*** (28.9)	0.103 0*** (6.13)	-0.140 9*** (-6.92)	0.009 4*** (9.82)	0.006 7*** (5.96)	0.013 1* (2.21)
_cons	2.628 7*** (25.08)	2.927 9*** (22.66)	2.781 7*** (20.02)	1.223 6*** (6.80)	0.205 9*** (23.49)	0.172 2** (3.11)	0.150 3*** (3.60)
AR（1）	-1.914 9 (0.055 5)	-2.620 8 (0.008 8)	-1.911 8 (0.055 9)	-1.286 3 (0.198 3)	-1.794 1 (0.072 8)	-2.843 2 (0.004 5)	-1.727 8 (0.084 0)
AR（2）	-1.492 5 (0.135 6)	-1.007 8 (0.313 6)	-1.570 9 (0.116 2)	-1.506 (0.132 1)	-1.526 (0.127 0)	-2.490 3 (0.012 8)	-1.512 4 (0.130 4)
Sargan	1	1	1	1	1	1	1

注：括号内为 *t* 值，***、** 和 * 分别表示在 1%、5% 和 10% 的显著性水平上显著。

三、研究结论

全球价值链长度指数主要是通过两条间接路径来影响熟练、非熟练劳动力之间的工资差距，通过以上实证检验可以得出，价值链长度主要是通过影响不同技能劳动力的供需状况进而对其工资差距产生影响，而通过生产技术水平这一路径对工资差距产生影响的效果不显著，故得出价值链延长会缩小熟练、非熟练劳动力之间的工资差距。基于此，中国各行业应该适当延长其价值链，以减少劳动力之间的不公平性。但是依靠低技能劳动力优势而非提升生产技术水平这一路径缩小工资差距在一定程度上不利于中国经济的健康可持续发展，使中国在国际竞争中长期处于不利地位。因此，在适当延长价值链，参与价值链分工程度加深的同时，还应当注重提升中国各行业在全球价值链分工中的地位，充分利用参与全球价值链分工，积极进行技术引进、技术模仿等促进中国各行业的技术进步，不断增强中国的技术吸收能力。

对外开放程度的加深可以缩小熟练、非熟练劳动力之间的工资差距，这是由于中国低技术劳动力的优势使出口产品更倾向于耗费低技能劳动力生产的产品，这虽然提升了低技能劳动的劳动报酬，但不利于中国产品国际竞争力的提升。所以应该注重提高出口产品的技术含量，调整出口产品结构，使技术进步更偏向于高技能劳动力，形成贸易与劳动力结构相互促进的良性循环。技术进步、人力资本投资的增加、劳动生产率的提高通过增加熟练劳动力的需求，扩大了行业内部熟练、非熟练劳动力之间的工资差距。高技能劳动力的缺乏、低技能劳动力生产技术水平能力不足扩大了熟练、非熟练劳动力之间的工资差距，因此为缩小其工资差距，应当促进教育公平，增加教育投入，注重对各类人才的培养，提高中国劳动力的素质；引进、吸收并留住高技术人才，通过设置良好的竞争环境、就业环境等防止人才外流；通过职业教育、在职培训等各种途径提高非熟练劳动力的技术水平以提升其收入水平。

第七章　结论和对策建议

第一节　主要结论

全球贸易模式由货物贸易向任务贸易的改变，使全球价值链概念兴起，而由欧美大型跨国公司为主导、以中间投入品为纽带的国际生产分工体系助推了全球价值链的形成和发展。全球价值链在全球生产与分工体系中的重要性和独特性非常显著，既有结构多样性和高度互补性，又与外部市场联系紧密，出现了创新研发、核心零部件等价值链上游环节及制成品的营销和消费等价值链下游环节均在美欧，生产与组装等价值链中游环节在东亚的两头在外的贸易格局。全球价值链参与者众多，价值链结构复杂，造成各经济体利益关系错综复杂。更由于全球供应链的主要控制者来自美国、日本、欧洲等，它们在世界各地区的不同利益诉求加剧了该地区的复杂性。对于所有区域合作参与者来说，选择何种组织取决于对自身在该组织所控制的全球价值链的地位判断，但全球化和价值链经济活动的复杂性，使这种判断异常困难。出于对前景未知担忧，各经济体对该地区出现的各类区域经济合作组织表现出特别的敏感和兴趣。

另外，当前国际分工格局的转化，使分工的价值创造功能越来越凸显，以生产网络为特征的全球价值链逐渐形成，而且国际分工细化模糊了制造业与服务业的界限。中国在全球价值链中的垂直分工格局也由低端的加工装配地位快速向中高端转移，这为中国产业结构的调整与升级带来了机遇。从行业融入全球价值链的垂直化分工程度来看，农业发展较为停滞，需要制定对策，改变这种困局，否则将造成经济的不可持续发展；传统劳动密集部门的垂直专业化水平放缓，正面临产业升级优化，该部门低效率的产能将被限制，大量劳动力需要消化和转移；资源密集型部门积极利用世界各国要素禀赋差异性，主动建立垂直生产网络，不断提升在相关产业价值链中的主体地位；制造业部门参与全球价值链的垂直分工水平较高，并不断向中高端技术水平区段移动；服务业部门，尤其是生产性服务业部门，在全球价值链中垂直化分工水平上升很快。中国的制造业出口额中包含了很大比例的服务投入，且这种比例不断上升，说明中国制造业和服务业之间的相互依赖越来越明显，“制造业服务化”的特征越发突出。

总而言之，本项目通过对中国在全球价值链中的真实贸易利益进行核算，对中国出口国内增加值中的资本、劳动等核心要素含量进行分解，研究中国进口中间投入以及中国在全球价值链的地位、参与度、长度等价值链指标对就业和要素报酬产生的影响之后得到如下显著性结论。

首先，通过测算中国在全球价值链贸易中的出口增加值，核算中国对外贸易的真实利益发现：从中国出口产品按不同用途区分的情况来看，中国出口的最终品、最终由外国消耗的中间品和最终流回本国的中间品，出口数量均呈上升趋势；从不同流向的出口产品占各行业出口的比重来看，外国消耗的中间品所占比重最大，最终品出口占各行业出口的比重呈逐年下降的趋势；从不同要素密集度的情况来看，资本密集型和部分技术密集型行业的中间品出口所占比重较大，资源密集型和劳动密集型行业中最终品出口所占比重较小；从中国出口产品按照增加值不同来源区分的情况来看，中国出口产品中的外国增加值和国内增加值均呈上升趋势，但相对而言，中国出口产品中的国内增加值所占比重明显高于外国增加值。另外，资本密集型和技术密集型出口产品中，中国的国内增加值所占比重相对较少，外国增加值所占比重相对较大，与之对应的是，中国在劳动密集型和资源密集型出口产品中的国内增加值所占比重较大。由此可见，中国经过快速的经济发展，其在全球价值链中的分工地位已经得到了大幅提高，并逐步向分工体系的高端收敛。

其次，通过对中日双边贸易真实利益的测度与核算，说明中日两国融入全球生产价值体系的程度不断加深，也说明中日双边贸易表现出较强的地域性特征，即中日双边贸易主要依赖于东亚各国间的生产分工。再就是，中日贸易仍是以要素禀赋为基础的贸易，基于规模经济和差异化产品而发生的贸易相对较少。这也从侧面说明，基于传统贸易统计方式得出的，在中日双边贸易中中国贸易结构不断优化的结论，高估了中国在中日双边贸易中的收益和地位。中国在中日双边贸易中的比较优势并未发生实质性的改变，仍集中在相对丰富的自然资源和劳动力资源上。通过对中韩双边贸易真实利益的测度和核算，说明两国各自的国内增加值的绝对额均不断上升，但中国是依靠双边贸易中的最终品出口和中间品出口的共同作用获得贸易利益，而韩国主要是以中间品贸易为主，中间品贸易中隐含的国内增加值远高于最终品出口所获得收益。

再次，通过对1995—2009年中国出口产品中的国内增加值的要素含量进行分解，研究结果发现：第一，虽然随着中国出口的不断增加，中国出口中的资本、高技术劳动、中技术劳动和低技术劳动4种国内要素的价值含量不断增加，但中国出口产品的国内增加值仍主要由资本和低技术劳动两种要素来完成。第二，对中国出口中的国内要素按出口用途分解的结果表明，中国经第三国间接出口的产品中所使用的本国要素所占比重略高，最终品出口中所使用的本国低技术劳动所占比重较高，说明中国出口的最终品更多的是由低技术劳动完成，这也进一步说明当前中国处于全球生产价值链的低端，主要从事低增加值环节的生产。第三，对中国出口中的国内要素按出口地区的分解结果表明，中国出口到东亚的产品中的本国要素以资本和低级技术劳动为主，出口到欧盟的产品则更多地使用本国的中技术劳动和高技术劳动。第四，从行业的角度来看，技术密集型行业和资本密集行业的出口中，4 种生产要素绝对额的增长较快，且资本和高技术劳动两种要素占出口的比重较高；劳动密集型行业中，中技术劳动和低技术劳动占出口的比重较高，国内高技术劳动占出口的比重增幅较大。

最后，通过实证分析进口中间投入对中国就业结构的影响，以及全球价值链地位、参与度和长度对中国出口贸易中的要素报酬产生的影响，研究结果发现：第一，中间品进口提高了中国高技术劳动要素报酬所占比重，降低了资本、中技术劳动和低技术劳动者报酬所占比重，扩大了高技术劳动与资本、中技术劳动和低技术劳动在要素报酬上的差距；而进口中间投入虽然在短期内恶化了中国货物贸易部门的就业结构，但从长期来看，进一步增加中间投入品的进口，特别是服务中间投入品的进口，将有助于提升中国货物贸易服务行业的技术水平，进而在长期有助于优化中国制造业行业的就业结构。另外，中国服务中间品出口的增加将扩大中国资本、高技术劳动报酬与中技术劳动、低技术劳动报酬之间的差距。在服务部门出口中，资本报酬占全部生产要素报酬最高，而高技术劳动报酬所占比重最低，但是在变化趋势上，资本报酬和高技术劳动报酬所占比重总体呈上升趋势，中技术和低技术劳动报酬所占比重则呈下降趋势。这一方面表明随着中国经济的发展，中国所积累的资本、高技术劳动等生产要素不断增加，另一方面也从侧面反映出了目前中国服务业中可能仍存在由于垄断而造成的生产要素扭曲的情况。第二，中国各行业在全球价值链中所处的位置总体是在下降的，2008 年以后各行业在全球价值链中所处的平均位置有所上升；相对于货物行业，服务业中各行业在全球价值链中的位置更高，更偏向于全球价值链的上游环节。同时，随着中国向全球价值链的两端移动，将显著扩大中国的资本、高技术劳动和中技术劳动与低技术劳动在要素报酬方面的差距。第三，中国各行业在全球价值链参与度的均值总体呈现先上升再下降的变化趋势，GVC 后向参与度高于 GVC 前向参与度，这说明中国主要处于全球价值链的下游生产环节；货物行业的全球价值链参与度高于服务行业，但从变化幅度来看，服务行业融入全球价值链的速度快于货物行业。全球价值链参与度的变化将提高资本和高技术劳动在全部要素报酬中所占的份额，降低中技术劳动和低技术劳动所占份额。中国参与全球价值链将扩大资本和高技术劳动与中、低技术劳动在行业内要素报酬上的差距，其中全球价值链参与度对资本要素报酬的影响最大，对中技术劳动要素报酬的影响最小。第四，全球价值链长度对中国就业弹性的影响为负，随着中国制造业参与全球价值链分工程度的加深，会在一定程度上推动中国制造业的转型升级，进而倒逼生产投入要素的转变，促使生产投入要素由劳动向资本和技术转变。全球价值链长度指数主要通过两条间接路径来影响熟练、非熟练劳动力之间的工资差距，而对外开放程度的加深可以缩小熟练、非熟练劳动力之间的工资差距。这是由于中国低技术劳动力的优势使出口产品更倾向于耗费低技能劳动力生产的产品。这虽然提升了低技能劳动的劳动报酬，但却不利于中国产品国际竞争力的提升。

第二节 对策建议

随着改革开放的扩大和经济全球化的深化，中国已经融入全球价值链之中，并在全球价值链中利用自身竞争优势很快找到了自己的发展位置，且逐步取代“亚洲四小龙”原来在东亚分工阶段的位置和作用，成为东亚地区最大的零部件净进口国和发展成为世界最大的制造业基地。从发展速度来看，中国已经超越日本成为世界第二大国，并且在全球价值链中的地位和作用也在不断加强；同时我们也必须看到，中国目前仍然是发展中国家，在通过全球价值链参与国际分工时，所处的分工位置仍处在低级、简单的分工阶段，而更高级的资本密集型、技术密集型分工生产阶段仍然被日本、美国等发达国家所占据。因此，调整产业结构，向更高层级的区域分工阶段迈进，成为中国目前急需解决的问题。为此，本书提出如下提升中国在全球价值链地位、增加中国在全球价值链贸易中真实利益的对策建议。

第一，推动产业技术变革和优化升级，推动制造业产业模式和企业形态根本性转变。从目前来看，中国在全球的国际分工中依然处于较低地位。尽管近年来中国高科技产业有了较快的发展，但是总体上来说，中国的劳动密集型或部分资本密集型产品在国际中具有较强的竞争力，而技术密集型产品的竞争优势并不明显。从而，中国在国际产业链中仍处于低端位置或向中端位置转移过程中，通过促进产业结构调整和优化升级，可以促进中国在全球价值链地位的提升，进而增加对最终品的需求以及提升最终品市场的提供能力。在调整产业结构的过程中，应不断改造和提升传统产业，如巩固和加强农业基础地位，发展先进制造业，还要加快发展高技术产业，增强高技术产业对经济增长以及消费需求的带动作用。对于信息产业要优先发展，大力推进信息化的同时，要注重用信息技术改造传统产业，提高传统产业的生产效率，特别是要通过信息化推动制造业的发展。通过产业结构的调整，使出口贸易的重点转到高增加值的产品上来。这样不但可以增强产品的国际竞争力，减少中国与其他发展中经济体在低端出口产品竞争上的可能性，而且可以带动国内相关产业结构和贸易结构的优化和升级。

第二，提高中国出口企业的技术水平，增强出口企业的创新能力。出口产品国内价值的高低，本质上源于出口企业技术水平的高低。因此，应通过鼓励出口企业的技术创新和创造具有自主知识产权的品牌来改善企业在全球价值链分工体系中的地位。对于劳动密集型产业要提升质量水平，增强技术创新能力；针对技术密集型和资本密集型产业，对于已经掌握核心技术的产业来说，比如通信设备、核电、轨道交通、基础设施建设、航空航天等领域，要强化中国品牌和中国标准，提升国际合作话语权，通过制定标准扫除进军国际市场的阻碍，参与全球生产网络；对于缺乏关键核心技术的产业领域，一方面鼓励自主创新研发，另一方面鼓励企业“走出去”，通过并购等获得国外先进技术。同时，一国在出口中所使用的要素种类和数量，本质上源于该国国内技术水平和要素禀赋结构的变化。要实现中国出口的要素禀赋比较优势由资本和低技术劳动向高技术劳动的转变，从根本上来说，还应通过提高出口企业的技术水平来实现。因此，从长期来看，通过增加出口企业在教育和研发上的投入，将有助于促进中国出口中所使用的本国要素从中、低技术劳动向高技术劳动转变。

第三，扩大高技术密集型中间投入品的进口。在全球生产分工体系日益密切的现实下，一国出口产品质量和价值的高低不再单纯的取决于本国要素禀赋的情况，还取决于其进口中间投入品的质量和技术水平。由于自主创新具有风险大、周期长的特点，无法在短期内实现中国出口中的国内增加值的显著提升。因此，在短期内可以通过适度扩大外国高技术密集型中间品的进口的方式来提高中国出口产品的质量和技术密集度，从而提高出口国内增加值。这是由于从发达国家进口的高技术中间品，相较于发展中国家国内生产的产品，其技术水平更高，因而技术转移效应更强，并且往往还附加诸如设计图、质量控制软件、培训工程师等各种形式的“知识”。因此，在短期内可以通过技术溢出效应提升技术水平和劳动者素质，进而促进中国出口中对高技术劳动的投入和使用。从进口中间投入的来源来看，应增加对来自东亚、欧盟和美国等发达国家和地区的中间投入品进口，来自上述国家和地区的中间投入品的进口由于其技术含量相对较高，其所进口的中间投入品可以有效的提高中国出口商品的技术水平，从而最终实现优化中国制造业行业就业结构的目的。

第四，在进一步扩大中间品和最终品进口的同时，兼顾中间品进口和最终品进口。虽然中间品进口和最终品进口，特别是中间品进口，具有缓解国内资源禀赋压力、促进国内技术水平升级、促进中国国际收支平衡等作用，但也应注意中间品进口和最终品进口给中国要素收入分配所带来的负面作用。因此，应保证不会由于过分偏向于某一类进口而导致不同要素报酬的失衡；进一步通过诸如扩大转移支付力度、加强对中、低技术劳动者的培训等方法来缩小不同要素在要素报酬方面的差距。同样，在扩大服务中间品出口的同时，兼顾服务最终品的出口，通过政策引导等方式，鼓励部分有比较优势的服务最终品的出口，特别是要鼓励对中、低技术劳动需求较大的资源密集型服务最终品和中、低技术密集型服务最终品的出口。通过诸如鼓励服务企业对中、低技术劳动者的在职培训，加大对中、低技术劳动者的转移支付力度等方式来缓解服务中间品出口对中国中、低技术劳动者在收入方面所可能造成的负面影响。

第五，鉴于中国服务业中资本、高技术劳动两种生产要素报酬所占比重上升可能是由生产要素价格扭曲所导致的。因此，应该进一步打破服务业中所存在的垄断，促进服务企业的竞争，降低服务企业的生产成本，缓解服务行业中存在的生产要素价格扭曲来达到提高服务业中技术劳动者和低技术劳动者要素报酬的目的。

第六，中国在全球价值链上位置的变动有助于提高中国各行业的技术水平和国内增加值，同样，参与全球价值链也有利于促进中国的技术进步、就业增加、经济发展，但无论是全球价值链地位变化，还是深度融入全球价值链，都将可能将扩大中国资本和高技术劳动与中、低技术劳动在要素报酬的差距。因此，在进一步融入全球价值链，获取全球价值链收益的同时，要警惕其在中国行业内要素收入分配方面所造成的负面影响，需要通过鼓励企业和职业院校通过合作来增加对中、低技术劳动者的在职培训，以增强中、低技术劳动者的技术水平。

第七，全球价值链长度主要是通过影响不同技能劳动力的供需状况进而对其工资差距产生影响，而通过生产技术水平这一路径对工资差距产生影响的效果不显著。基于此，中国各行业应该适当延长其价值链长度，以减少劳动力之间的不公平性。但是依靠低技能劳动力优势而非提升生产技术水平这一路径缩小工资差距在一定程度上不利于中国经济的健康可持续发展，使中国在国际竞争中长期处于不利地位。因此，在适当延长价值链长度、参与价值链分工程度加深的同时，还应当注重提升中国各行业在全球价值链分工中的地位，充分利用参与全球价值链分工，积极进行技术引进、技术模仿等促进中国各行业的技术进步，不断增强中国的技术吸收能力。

第八，重视偏向型技术进步在工资报酬方面的作用。虽然技术进步在短期会对中、低技术劳动者收入造成影响，但从长期来看，偏向型技术进步将扩大劳动者的收入份额，从而有利于缩小中国资本和劳动者报酬的差距。所以应该注重提高出口产品的技术含量，调整出口产品结构，使技术进步更偏向于高技能劳动力，形成贸易与劳动力结构相互促进的良性循环。此外，为缩小高技能和低技能劳动的要素差距，应当促进教育公平，增加教育投入，注重对各类人才的培养，提高中国劳动力的素质。同时，通过职业教育、在职培训等各种途径提高非熟练劳动力的技术水平以提升其收入水平。最后，建设高素质的人才队伍，完备人才培育体系，通过设置良好的竞争环境和就业环境，引进、吸收并留住高技术人才，为中国产业迈向全球价值链中高端提供坚实资源。

参考文献

[1] 鲍晓华，张莉．中国工业行业外包水平的测度［J］．统计研究，2011（4）：24－32.

[2] 北京大学中国经济研究中心课题组．中国出口贸易中的垂直专门化与中美贸易［J］．世界经济，2006（5）：3－11.

[3] 蔡宏波．外包与劳动生产率提升——基于中国工业行业数据的再检验［J］．数量经济技术经济研究，2011（1）：63－75.

[4] 蔡宏波，陈昊．外包与劳动力结构——基于中国工业行业数据的经验分析［J］．数量经济技术经济研究，2012（12）：53－64.

[5] 陈波，贺超群．出口与工资差距：基于中国工业企业的理论和实证分析［J］．管理世界．2013（8）：6－15.

[6] 陈银娥，魏君英．国际服务外包对中国就业结构的影响分析——基于1997—2007年时间序列数据的计量检验［J］．中国人口科学，2010（2）：55－64.

[7] 程惠芳，丁小义，翁杰．国际产品内分工模式对中国工业部门收入分配格局的影响研究［J］．中国工业经济，2014（7）：58－70.

[8] 程盈莹，逯建．国际垂直专业化对劳动力就业结构的影响——基于中国工业行业数据的实证检验［J］．国际商务（对外经济贸易大学学报），2013（6）：73－83.

[9] 邓世专．亚洲工厂零部件产品依存度分析［J］．山西大学学报（哲学社会科学版），2013（4）：97－103.

[10] 丁一兵，刘璐，傅缨捷．中国在东亚区域贸易中的地位变化及其经济意义［J］．吉林师范大学学报（人文社会科学版），2013（3）：58－61.

[11] 范爱军，卞学字．服务贸易与货物贸易对中国收入差距扩大的影响及比较［J］．国际贸易问题，2013（6）：98－105.

[12] 郭沛，李亚成．中国承接离岸服务外包的工资差距效应——基于世界投入产出数据库数据的再检验［J］．经济学家，2016：97－104.

[13] 郭沛，秦晋霞．中国制造业价值链长度对就业弹性影响的实证［J］．统计与决策，2019（1）：138－141.

[14] 郭沛，秦晋霞．价值链长度对工资差距的影响——基于世界投入产出数据库的实证研究［J］．东北师大学报（哲学社会科学版），2017（9）：14－25.

[15] 郭沛，寿光旭．服务投入对中国货物贸易行业价值链长度的影响——基于WIOD数据的实证研究［J］．现代财经（天津财经大学学报），2017（10）：14－25.

[16] 郭沛，孙莉莉．服务业投入与出口产品国内附加值：基于中国货物分行业数据的实证研究［J］．东北师大学报（哲学社会科学版），2015（4）：34－43.

[17] 郭沛，吴云霞．中日双边贸易中的国内生产要素分解：基于 WIOD 数据库的实证分析［J］．现代日本经济，2016（9）：38－50.

[18] 黄建忠，袁珊．大陆与台湾服务贸易自由化评估——基于两岸加入 WTO 与 ECFA 框架下服务贸易开放承诺的比较［J］亚太经济，2011（4）：130－136.

[19] 黄宁，蒙英华．中国出口产业结构优化评估——基于垂直专业化比率指标的改进与动态分析［J］．财贸经济，2012（4）：90－97.

[20] 胡昭玲，李红阳．参与全球价值链对中国工资差距的影响——基于分工位置角度的分析［J］．财经论丛，2016（1）：11－18.

[21] 蒋庚华，郭沛，刘舒野．WTO 新贸易统计数据的优势及对我国的影响［J］．经济纵横，2013（2）：95－99.

[22] 蒋庚华．服务业投入对中国工业离岸货物外包的影响——基于中国工业行业动态面板数据的理论与实证［J］．国际贸易问题，2014（1）：108－119.

[23] 蒋庚华．服务贸易进口对中国离岸工业外包的影响——基于中国工业行业动态面板数据的实证研究［J］．世界经济研究，2014（2）：54－60，88.

[24] 蒋庚华．服务中间品出口、服务最终品出口与服务业生产要素报酬差距——基于 WIOD 数据库的实证研究［J］．东北师大学报（哲学社会科学版），2016（9）：80－89.

[25] 蒋庚华，陈海英．全球价值链参与率与行业内生产要素报酬差距——基于 WIOD 数据库的实证研究［J］．世界经济与政治论坛，2018（2）：25－44.

[26] 蒋庚华，郭沛．进口中间投入对中国就业结构的影响——基于中国货物贸易行业数据的再检验［J］．经济问题探索，2015（3）：161－169.

[27] 蒋庚华，林丽敏．中日双边贸易分解：基于世界投入产出数据库的研究［J］．现代日本经济，2014（3）：52－62.

[28] 蒋庚华，吴云霞．全球价值链位置对中国行业内生产要素报酬差距的影响——基于 WIOD 数据库的实证研究，2017（9）：44－52.

[29] 蒋庚华，张曙霄．中国出口国内增加值中的生产要素分解［J］．中南财经政法大学学报，2015（2）：94－102.

[30] 蒋庚华，张曙霄．服务贸易壁垒对离岸货物外包的影响：基于中国的理论与实证［J］．经济问题探索，2016（8）：113－123.

[31] 蓝天．全球价值链背景下中国增加值贸易要素含量与就业拉动效应研究［J］．产业组织评论，2015（3）：115－122.

[32] 蓝天．中国通信设备制造业的出口空间分布、产业内贸易与出口质量［J］．产业组织评论，2015（3）：16－32.

[33] 蓝天，吕文琦．中国文化创意产品出口增长的二元边际及其影响因素研究［J］．国际贸易问题，2018（12）：67－81.

[34] 蓝天，毛明月．国际缘何对华反倾销？基于负二项面板回归的多样化动因分析［J］．南开经济研究，2019（4）：25－41.

[35] 李淑娟．东亚区域内贸易发展的特点及成因［J］．当代亚太，2006（1）：36－42.

[36] 李晓、冯永琦．中日两国在东亚区域内贸易中地位的变化及其影响［J］．当代亚太，2009（6）：

26－46.

［37］李晓、付竞卉．中国作为东亚市场提供者的现状与前景［J］．吉林大学社会科学学报，2010（2）：17－28.

［38］李晓、张建平．东亚产业关联的研究方法与现状——一个国际/国家间投入产出模型的综述［J］．经济研究，2010（4）：147－160.

［39］梁运文，张帅．垂直专业化、层次国际竞争力与中国制造业发展态势［J］．世界经济研究，2013（5）：3－10.

［40］廖泽芳，宁凌．中国的全球价值链地位考察——基于增加值贸易视角［J］．国际商务（对外经济贸易大学学报），2013（6）：21－30.

［41］林桂军，邓世专．亚洲工厂及关联度分析［J］．世界经济与政治，2011（11）：124－136.

［42］林桂军，汤碧，沈秋君．东亚区域生产网络发展与东亚区域经济合作的深化［J］．国际贸易问题，2012（11）：3－18.

［43］林玲，容金霞．参与全球价值链会拉大收入差距吗——基于各国后向参与度分析的视角［J］．国际贸易问题，2016（12）：27－39.

［44］刘海云，廖庆梅．中国制造业参与全球价值链对母国就业结构的影响分析［J］．经济问题探索，2016（11）：82－90.

［45］刘戒骄．生产分割与制造业国际分工——以苹果、波音和英特尔为案例的分析［J］．中国工业经济，2011（4）：148－157.

［46］刘瑶．参与全球价值链拉大了收入差距吗——基于跨国跨行业的面板分析［J］．国际贸易问题，2016（4）：27－39.

［47］刘遵义，陈锡康，杨翠红，等．非竞争型投入占用产出模型及其应用——中美贸易顺差透视［J］．中国社会科学，2007（5）：91－103，206－207.

［48］陆铭．空间的力量［M］．上海：格致出版社，2013.

［49］马方，王铁山，郭得力，等．中国服务外包产业集聚与协同创新研究——以软件与信息服务外包业为例［J］．经济问题探索，2012（7）：63－68.

［50］马风涛．中国制造业全球价值链长度和上游度的测算及其影响因素分析——基于世界投入产出表的研究［J］．世界经济研究，2015（8）：3－10.

［51］倪诗佳．中国证券业服务贸易自由度测量［J］．世界贸易组织动态与研究，2010（6）：36－43.

［52］裴长洪，高培勇．出口退税与中国对外贸易［M］．北京：社会科学文献出版社，2008.

［53］蒲华林．产品内国际分工与中国外贸增长——理论、实证与对策［M］．北京：经济科学出版，2011.

［54］屈韬．“新三角贸易”模式下的贸易、投资与创新绩效——基于知识溢出与吸收能力视角的研究［J］．亚太经济，2012（1）：39－46.

［55］单希彦．中间产品进口与工资差距——以进口关税为工具变量的实证分析［J］．国际贸易问题，2014（10）：155－165.

［56］上海 WTO 事物咨询中心．全球化下国际贸易价值链重估和统计方法改革研究［R］．商务部委托课题“全球化下国际贸易价值链重估和统计方法研究”，2012（5）：105－106，108.

［57］邵建春．中国对主要新兴经济体出口的影响因素研究——基于面板数据 SUR 模型的实证分析

[J]. 国际经贸探索，2013 (10)：4 – 14.
[58] 盛斌，马涛 . 中国工业部门垂直专业化与国内技术含量的关系研究 [J]. 世界经济研究，2008 (8)：61 – 67，89.
[59]《世界银行：2020 年的中国》编写组，2020 年的中国：新世纪的发展挑战 [M]. 北京：中国财政经济出版社，1997.
[60] 水清木华研究中心 . 2005—2006 年中国笔记本电脑产业研究报告 [R]. 水清木华研究中心网站 http：//www. pday. com. cn.
[61] 宋冬林，王林辉，董直庆 . 技能偏向性技术进步存在吗？——来自中国的经验证据 [J]. 经济研究，2010 (5)：68 – 81.
[62] 孙文杰 . 国际外包、劳动力市场进入歧视与行业技能工资差距——基于 1995—2011 年中国工业行业的面板数据 [J]. 经济评论，2014 (2)：102 – 114.
[63] 谭人友，葛顺奇，刘晨 . 全球价值链重构与国际竞争格局——基于 40 个经济体 35 个行业面板数据的检验 [J]. 世界经济研究，2016 (5)：87 – 98.
[64] 唐玲 . 国际外包率的测量及行业差异——基于中国工业行业的实证研究 [J]. 国际贸易问题，2009 (8)：66 – 74.
[65] 滕瑜，朱晶 . 中间产品贸易对中国熟练和非熟练劳动力收入分配的影响——基于工业部门 31 个细分行业的实证分析 [J]. 国际贸易问题，2011 (5)：3 – 13.
[66] 童伟伟，张建民 . 中国对美出口的国内外价值含量分解研究 [J]. 国际贸易问题，2013 (5)：55 – 66.
[67] 王岚 . 融入全球价值链对中国制造业国际分工地位的影响 [J]. 统计研究，2014 (5)：17 – 23.
[68] 王岚，李宏艳 . 中国制造业融入全球价值链路径研究——嵌入位置和增值能力的视角 [J]. 中国工业经济，2015 (2)：76 – 88.
[69] 王林辉，袁礼 . 要素丰裕度、技术进步偏向性与中国农业部门要素收入分配结构 [J]. 东北师大学报（哲学社会科学版），2015 (1)：70 – 80.
[70] 王荣艳，齐俊妍 . 东亚生产性服务与商品的贸易模式研究：基于制造业生产分割框架的探析 [J]. 世界经济，2009 (2)：23 – 36.
[71] 王中华，代中强 . 外包与生产率：基于中国工业行业物品外包与服务外包的比较分析 [J]. 当代经济科学，2009 (4)：56 – 62.
[72] 王中华，梁俊伟 . 中国参与国际垂直专业化分工的收入差距效应 [J]. 经济评论，2008 (4)：58 – 64.
[73] 魏浩 . 中国对外贸易出口结构研究 [M]. 北京：人民出版社，2010.
[74] 卫瑞，张少军 . 中间品出口对中国就业结构的影响——基于技能、来源地和部门视角的分析 [J]. 财经研究，2014 (11)：133 – 144.
[75] 吴云霞，蒋庚华 . 全球价值链位置对中国行业内劳动者就业工资报酬差距的影响——基于 WIOD 数据库的实证研究 [J]. 国际贸易问题，2018 (1)：58 – 70.
[76] 吴云霞，马野驰 . 全球价值链参与率对中国行业内劳动者就业结构差距的影响——基于 WIOD 数据库的实证研究 [J]. 国际经贸探索，2018 (5)：4 – 18.
[77] 肖芍芳，王俊杰 . 外包与生产率和就业：基于中国的实证 [J]. 国际经贸探索，2012 (2)：54 – 66.

[78] 徐毅. 外包与工资差距——基于工业行业数据的经验研究 [J]. 世界经济研究, 2011 (1): 44-48.

[79] 徐毅, 张二震. 外包与生产率: 基于工业行业数据的经验研究 [J]. 经济研究, 2008 (1): 103-113.

[80] 薛蕊, 苏庆义. 要素禀赋是否影响了贸易结构?——基于经验研究文献的述评 [J]. 中南财经政法大学学报, 2014 (2): 57-64.

[81] 闫森. 东盟五国服务贸易壁垒的测度分析 [J]. 亚太经济, 2006 (1): 36-39.

[82] 杨春艳. 贸易开放与工资差距——基于中国制造业行业面板数据的实证研究 [J]. 世界经济研究, 2012 (7): 41-45.

[83] 杨文芳, 方齐云. 产品内国际生产分工对中国的劳动需求效应分析——基于制造业转移承接国的视角 [J]. 财贸研究, 2010 (5): 55-62, 137.

[84] 杨玉华. 国际贸易对就业的影响 [M]. 北京: 经济管理出版社, 2007.

[85] 杨振兵, 张诚. 中国工业部门工资扭曲的影响因素研究——基于环境规制的视角 [J]. 财经研究, 2015 (9): 133-144.

[86] 于洪霞, 陈玉宇. 外贸出口影响工资水平的机制探析 [J]. 管理世界, 2010 (10): 47-57.

[87] 俞灵燕. 服务贸易壁垒及其影响的量度: 国外研究的一个综述 [J]. 世界经济, 2005 (4): 22-32.

[88] 喻春娇, 胡小洁, 肖德. 台海两岸 ICT 制造业的贸易模式及其决定因素分析 [J]. 世界经济研究, 2012 (3): 81-86.

[89] 喻美辞. 中间产品贸易、技术溢出与发展中国家的工资差距: 一个理论框架 [J]. 国际贸易问题, 2012 (8): 14-21.

[90] 袁欣, 张辰利. 加工贸易的本质——从产业链和要素的分析视角 [J]. 国际经贸探索, 2014 (6): 101-112.

[91] 臧旭恒, 赵明亮. 垂直专业化分工与劳动力市场就业结构——基于中国工业行业面板数据的分析 [J]. 中国工业经济, 2011 (6): 47-57.

[92] 张车伟, 蔡昉. 就业弹性的变化趋势研究 [J]. 中国工业经济, 2002 (10): 22-30.

[93] 张海燕. 基于增加值贸易测算法对中国出口地位的重新分析 [J]. 国际贸易问题, 2013 (10): 65-76.

[94] 张纪. 产品内国际分工中的收益分配——基于笔记本电脑商品链的分析 [J]. 中国工业经济, 2006 (7): 36-44.

[95] 张杰, 陈志远, 刘元春. 中国出口国内增加值的测算与变化机制 [J]. 经济研究, 2013 (10): 124-137.

[96] 张莉, 鲍晓华. 外包量化方法的新进展: 文献述评 [J]. 财贸经济, 2010 (2): 92-97.

[97] 张庆昌, 蒋殿春, 张宇. 美国跨国公司服务中国市场——为什么偏爱出口贸易? [J]. 经济学季刊, 2012 (1): 203-222.

[98] 张少军. 全球价值链降低了劳动收入份额吗——来自中国行业面板数据的实证研究 [J]. 经济学动态, 2015 (10): 39-48.

[99] 张艳, 唐宜红, 周默涵. 服务贸易自由化是否提高了制造业企业生产效率 [J]. 世界经济, 2013

(11): 51 -71.
[100] 张燕，张先锋．国际贸易成本的测度方法：一个文献综述 [J]. 云南财经大学学报，2013 (3): 15 -21.
[101] 赵放、成丹．东亚生产性服务业和制造业的产业关联分析 [J]. 世界经济研究，2012 (7): 73 -79.
[102] 郑昭阳，孟猛．基于投入产出法对中国出口中价值含量的分析 [J]. 南开经济研究，2011 (2): 3 -15.
[103] 郑昭阳，周昕．中国在东亚地区贸易结构中的地位和作用——基于零部件贸易的研究 [J]. 世界经济研究，2007 (8): 22 -29.
[104] 中华人民共和国商务部政策研究室．服务贸易壁垒 [J]. 国际经贸探索，2008 (8): 61.
[105] 周禄松，郑亚莉．出口技术复杂度升级对工资差距的影响：基于中国省级动态面板数据的系统 GMM 分析 [J]. 国际贸易问题，2016 (12): 27 -39.
[106] 宗毅君．国际产品内分工与中国经济 [M]. 上海：上海三联书店，2010.
[107] AMADOR J, CABRAL S. International Fragmentation of Production in the Portuguese Economy: What do Different Measures Tell Us? [Z]. Banco de Portugal Working Paper, 2008, No. 11.
[108] AMIGHINI A. China in the International Fragmentation of Production: Evidence from the ICT Industry [J]. The European Journal of Comparative Economics, 2005, 2 (2): 203 -219.
[109] ATHUKORALA P C, YAMASHITA N. Production Fragmentation and Trade Integration: East Asia in a Global Context [J]. North American Journal of Economics and Finance, 2006, 17 (3): 233 -256.
[110] BACKER K D, MIROUDOT S. Mapping Global Value Chains [R]. OECD Trade Policy Papers, 2013, No. 159.
[111] BAI C, QIAN Z. The Factor Income Distribution in China: 1978—2007 [J]. China Economic Review, 2010, 21 (4): 657 -683.
[112] BAUMGARTEN D, GEISHECKER I, GÖRG H. Offshoring, Tasks, and the Skill—wage Pattern [J]. European Economic Review, 2013, 61: 132 -152.
[113] CAMPA J, GOLDBERG L S. The Evolving External Orientation of Manufacturing Industries: Evidence from Four Countries [Z]. NBER working paper, 1997, No. 5919.
[114] DAUDIN G, RIFFLART C, SCHWEISGUTH D. Who Produces for Whom in the World Economy? [J]. Canadian Journal of Economics, 2011, 44 (4): 1403 -1437.
[115] DAVERI F, JONA -LASINIO C. Off -shoring and Productivity Growth in The Italian Manufacturing Industries [Z]. CESifo working paper, 2008, No. 2288.
[116] DEAN J, FUNG K C, WANG Z. How Vertical Specialized Is Chinese Trade? [Z]. U. S. International Trade Commission Working Paper, 2008, No. 2008 -09 -D.
[117] DIETIENBACHER E, LOS B, STEHRER R, TIMMER M and VRIES G. The Construction of World Input -Output Tables in the WIOD Project [J] . Economic Systems Research, 2013, 25 (1): 71 -98.
[118] DORNBUSCH R, FISCHER S, SAMUELSON P A. Comparative Advantage, Trade, and Payments in a Ricardian Model with a Continuum of Goods [J]. The American Economic Review, 1977, 67 (5):

823 – 839.

[119] EGGER H, EGGER P. The Determinants of EU Processing Trade [J]. The World Economy, 2005, 28 (2): 147 – 168.

[120] FALK M, KOEBEL B. A Dynamic Heterogeneous Labor Demand Model for German Manufacturing [J]. Applied Economics, 2001, 33: 339 – 348.

[121] FALLY T. Foreign Entry and Spillovers with Technological Incompatibilities in the Supply Chain [J]. Journal of International Economics, 2013, 90 (1): 123 – 135.

[122] FEENSTRA R C, HANSON G H. Globalization, Outsourcing and Wage Inequality [J]. American Economic Review, 1996, 86 (2): 240 – 245.

[123] FOSTER – MCGREGOR N, STEHRER R. Value Added Content of Trade: A Comprehensive Approach [J]. Economics Letters, 2013, 120: 354 – 357.

[124] GASIOREK M, LOPEZ – GONZALEZ J. China – EU Global Value Chains: Who Creates Value, How and Where? [M]. An Analysis Prepared for the European Commission' s Directorate – General for Trade, 2014: 150 – 154.

[125] GEISHECKER I, GÖRG H. Winners and Losers: a Micro – level Analys is of International Outsourcing and Wages [J]. Canadian Journal of Economics, 2008, 41 (1): 243 – 270.

[126] GEISHECKER I. Does Outsourcing to Central and Eastern Europe Really Threaten Manual Workers' Jobs in Germany? [J]. World Economy, 2006, 29 (5): 559 – 583.

[127] GÖRG H. Fragmentation and Trade: US Inward Processing Trade in the EU [J]. Whltwirschaftliches Archiv, 2000, 136 (3): 403 – 422.

[128] HIJZEN A, GÖRG H, HINE R C. International Outsourcing and the Skill Structure of Labor Demand in the United Kingdom [J]. The Economic Journal, 2005, 115 (506): 860 – 878.

[129] HUMMELS D, ISHII J, Yi K. The Nature and Growth of Vertical Specialization in World Trade [J]. Journal of International Economics, 2001, 54 (1): 75 – 96.

[130] ITO K, FUKAO K. Physical and Human Capital Deepening and New Trade Patterns in Japan [R]. International Trade in East Asia, NBER – East Asia Seminar on Economics, University of Chicago Press, 2005.

[131] JOHNSON R C, NOGUERA G. Accounting for Intermediates: Production Sharing and Trade in Value Added [J]. Journal of International Economics, 2012, 86: 224 – 236.

[132] JONES R W, SCHEINKMAN J A. The Relevance of the Two – Sector Production Model in Trade Theory [J]. Journal of Political Economy, 1977, 85 (5): 909 – 936.

[133] KOOPMAN R, WANG Z, WEI S J. Give Credit Where Credit Is Due: Tracing Value Added in Global Production Chains [Z]. NBER Working Paper, 2010, No. 16426.

[134] KOOPMAN R, WANG Z, WEI S J. Estimating Domestic Content in Exports When Processing Trade Pervasive [Z]. Journal of Development Economics, 2012, 99: 178 – 189.

[135] KOOPMAN R, WANG Z, WEI S J. How Much Chinese Export Is Really Made in China: Assessing Foreign and Domestic Value – added in Gross Export [Z]. NBER Working Paper, 2008, No. 14109.

[136] KOOPMAN R, WANG Z, WEI S J. Tracing Value – Added and Double Counting in Gross Exports

[Z]. NBER Working Paper, 2012, No. 18579.

[137] KOOPMAN P, WANG Z, SHANG J W. Tracing Value – Added and Double Counting in Gross Exports [J]. American Economic Review, 2014, 104 (2): 459 – 494.

[138] LALL S, ALBALADEJO M, ZHANG J K. Mapping Fragmentation: Electronics and Automobiles in East Asia and Latin America [Z]. Queen Elizabeth House (Oxford University) Working Paper Series, 2004, No. 115.

[139] LINDEN G, DEDRICK J, KRAEMER K L. Innovation and Job Creation in a Global Economy: the Case of Apple's Ipod [Z]. Working Paper, Personal Computing Industry Center, UC Irvine, 2009.

[140] LONG N V. RIEZMAN R. SOUBEYRAN A. Fragmentation and services [J]. The North American Journal of Economics and Finance, 2005, 16: 137 – 152.

[141] MAURER A, DEGAIN C. Globalization and Trade Flows: What You See is not What You Get! [J]. Journal of International Economics and Policy, 2012, (3): 1 – 27.

[142] MIROUDOT S. Global Forum on Trade Statistics [S]. 2011, April (8): 2 – 4.

[143] MIROUDOT S. LANZ R. RAGOUSSIS A. Trade in Intermediate Goods and Services [Z]. OECD Trade Policy Working Paper, 2009, No. 93.

[144] NG F, YEATS A. Major Trade Trends in East Asia: What are Their Implications for Regional Cooperation and Growth? [Z]. The World Bank Trade, Development Research Group, Policy Research Working Paper, 2003, No. 3084.

[145] NG F, YEATS A. Production Sharing in East Asia: Who Does What for Whom, and Why? [Z]. The World Bank Trade, Development Research Group, Policy Research Working Paper, 1999, No. 2197.

[146] STRAUSS – KAHN V. The Role of Globalization in the Within – Industry Shift away from Unskilled Workers in France [C]. Challenges to Globalization: Analyzing the Economics. University of Chicago Press, 2004.

[147] SWENSON D L. Overseas Assembly and Country Sourcing Choices [J]. Journal of International Economics, 2005, 66: 107 – 130.

[148] TIMMER M. The World Input – Output Database (WIOD): Contents, Sources and Methods [Z]. WIOD Working Paper, 2012, No. 10.

[149] TIMMER M P, ERUMBAN A A, LOS B, et al. Slicing up Global Value Chains [J]. The Journal of Economic Perspectives, 2014, 28 (20): 99 – 118.

[150] VENABLES A J. Fragmentation and Multinational Production [J]. European Economic Review, 1999, 43: 935 – 945.

[151] WANG Z, WEI S J, ZHU K F. Quantifying International Production Sharing at the Bilateral and Sector Levels [Z]. NBER Working Paper, 2013, No. 19677.

[152] WINDMEIJER F. A Finite Sample Correction for the Variance of Linear Efficient Two – step GMM Estimators [J]. Journal of Econometrics, 2005, 126 (1): 25 – 51.

[153] WTO. World Trade Report 2013: Factors shaping the future of world trade [S]. World Trade Organization, 2013.

[154] YEATS A J. Just How Big is Global Production Sharing? [J]. Fragmentation: New Production Patterns

in the World Economy, 2001: 108 – 143.

[155] YI K M. Can Vertical Specialization Explain the Growth of World Trade? [J]. Journal of Political Economy, 2003, 111 (1): 52 – 102.

[156] ZEDDIES G. Determinants of International Fragmentation of Production in the European Union [Z]. Halle Institute for Economic Research (IWH) Discussion Papers, 2007, No. 15.